JN097128

内村鑑三聖書注解全集

第五巻

例　言

一、本巻は詩篇、箴言および伝道の書に関する注解文を集めて、聖書の章節の順に配列編集したものである。ただし伝道の書では、その内容にかんがみ、一部分を例外としてあつかった。

一、詩篇、箴言および伝道の書に関連する注解文で本巻以外の他の巻に編集されているものもある。これらの関係については第十七巻の聖句索引につかれたい。

一、本文および引用の聖句には書きかえが加えられた。

一、各文の終りの年月および誌名はその文が発表された年月と掲載誌名とを示す。

一、以上の諸点の詳細については第一巻の「編集に関することば」を参照されたい。

一、本巻には巻末に解説をつけた。

目次

詩篇

善悪の差別（一・一―六）……九
詩篇第一篇の研究（一・一―六）……一〇
詩篇第十二篇（一二・一―八）……一六
世人と神人（一七・一四―一五）……二一
詩篇第十八篇（一八・一―五〇）……二三
もろもろの天は神の栄光をあらわし（一九・一―一四）……二四
詩篇第十九篇（一九・一―一四）……二七
詩篇第十九篇の研究（一九・一―一四）……二八
詩篇第二十篇（二〇・一―九）……三六
詩篇第二十三篇（二三・一―六）……三八
ダビデの牧羊歌（二三・一―六）……四六

詩篇第二十四篇（二四・一—一〇）……………………………………五〇
詩篇第二十五篇（二五・一—二三）……………………………………五一
詩篇第二十六篇（二六・一—一二）……………………………………五三
エホバはわが光なり（二七・一—一四）……………………………………五四
詩篇第二十七篇（二七・一—一四）……………………………………五七
詩篇第二十八篇（二八・一—九）……………………………………五八
詩篇第三十篇（三〇・一—一二）……………………………………五九
詩篇第三十篇五節（三〇・五）……………………………………六一
詩篇第三十一篇（三一・一—二四）……………………………………六二
詩篇第三十二篇（三二・一—一一）……………………………………六四
詩篇第三十三篇（三三・一—二三）……………………………………六七
詩篇第三十四篇（三四・一—二二）……………………………………六九
義者と患難（三四・一八—二〇）……………………………………七三
義人と患難（三四・一九）……………………………………七六
詩篇第三十五篇（三五・一—二八）……………………………………七七

詩篇第三十六篇（三六・一—一二）……八〇
詩篇第三十七篇（三七・一—四〇）……八三
鹿の谷水を慕いあえぐがごとく（四二—四三）……八八
詩篇第四十五篇（四五・一—一七）……九一
詩篇第四十六篇（四六・一—一一）……九二
平和の希望（四六・一—一一）……九四
詩篇第五十篇二節（五〇・二）……九七
詩篇第五十五篇二十二節（五五・二二）……九八
詩篇第六十二篇九節（六二・九）……九九
秋郊の歌（六五・一—一三）……一〇〇
豊稔の歌（六五・九—一三）……一〇一
詩篇第七十一篇二十節（七一・二〇）……一〇三
詩篇第七十二篇（七二・六—七、一七）……一〇四
詩篇第七十六篇（七六・一—一三）……一〇五
詩篇第七十七篇（七七・七—八）……一〇六

モーセの祈禱（九〇・一―一七）……………………一〇七
人　と　神（九〇・一―一七）……………………一一一
詩篇第百篇（一〇〇・一―五）……………………一一三
エホバをほめまつれ（一〇三・一―二二）……………………一一四
エホバのあわれみ（一〇三・八・一三）……………………一一九
詩篇第百六篇十五節（一〇六・一五）……………………一二〇
詩篇第百十八篇（一一八・一―二九）……………………一二一
詩篇第百十八篇八、九節（一一八・八―九）……………………一二四
詩篇第百二十篇五節（一二〇・五）……………………一二四
われ山に向かいて目を挙ぐ（一二一・一―七）……………………一二五
詩篇第百二十一篇一、二節（一二一・一―二）……………………一二六
幸福なる家庭（一二八・一―四）……………………一二七
兄弟の親睦（一三三・一―三）……………………一二九
詩篇第百三十六篇（一三六・一―二六）……………………一二九
感謝の心（一三六・五―二二）……………………一三四

ユダヤ人の愛国歌（一三七・一―九）……一三七

箴言

箴言第一章第七節（一・七）……一四三
知識の本源（一・七）……一四五
箴言第一章七―九節（一・七―九）……一五〇
知識と聡明の獲得（二・一―二二）……一五四
長命と名誉と富貴（三・一―一〇）……一五六
知識と聡明と知恵（三・一三―二〇）……一五九
知恵第一（四・一―九）……一六三
心の防衛（四・二三）……一六四
身の清潔（五・一―二三）……一六七
保証の危険（六・一―五）……一六九
ありに学べ（六・六―一一）……一七一
よこしまの人（六・一二―一九）……一七三

姦淫の世（七・一―二七）……一七六
知恵は語る（八・一―一一）……一七九
知恵の前在ならびに人格性（八・二二―三一）……一八一
ユダの理想婦人（三一・一〇―三一）……一八四

伝道の書

伝道の書について……一八九
伝道の書解訳
人生の事実（一・一―一一）……二〇〇
至上善の探求（一・一二―八・一五）……二〇一
至上善の発見（八・一六―一二・七）……二〇四
人生の目的（一二・八―一四）……二一九
空の空（一・二）……二二一
伝道の書第一章（一・二）……二二三
事業熱に捕えられしコーヘレス（三・一―五・一八）……二二五

コーヘレスの中庸道（七・一—八・一五）……二三六
官吏生活を試みしコーヘレス（九・一—一〇・二〇）……二四七
コーヘレスの発見（一一・一—一二・八）……二五七

伝道の書の研究

一　時を知るの必要（三・一—一二）……二六三
二　時をえらばざる事業（一一・一—六）……二六五
三　神に仕うるの時期（一二・一—七）……二六八

解　　説……山本泰次郎……二七三

詩　篇

善悪の差別

詩篇一篇一—六節

さいわいなるかな、
悪しきもののはかりごとに歩まず、
罪人の道に立たず、
あざけるものの座にすわらざるものは。(一)
彼はエホバの法（のり）をよろこび、
日も夜もその法について思う。(二)
かかる人は流れのほとりに植えし木のごとし、
時に至りてその実を結び、
その葉もまたしぼむことなし、
そのなすところみな栄えん。(三)
悪しき人はしからず、
風の吹き去るもみがらのごとし。(四)
されば悪しきものはさばきに耐えず。
罪人は正しきもののつどいに立つことを得ず。(五)
エホバは正しきものの道を知りたもう。
されど悪しきものの道は滅びん。(六)

略　注

この詩、何びとの作とも知れず。けだし詩篇全篇に附する序言としてその巻頭に加えられしものならん。

「さいわいなるかな」 詩篇全篇にわたる主音なり。詩篇百五十篇中、幾回となくこの語の反覆せらるることあるも、かつて一回も「わざわいなるかな」の文字の使用せらるることあるなし。詩篇は主として歓喜の譜なり。「さいわいなるもの」の揚げし声なり。　始めに義人の何たるかを述ぶ。詩人はいう、義人は悪人とくみせざるものなりと。すなわち彼はまず消極的に義人なりと。彼は悪人の計画にあずからず、罪人と道をともにせず、神をあざけり人をそしるものと席を同じゅうせずと。かくも悪に近づかざる彼は、エホバの法をもって彼の自由を束縛する枷（かせ）なりとは思わず、かえってこれをよろこび、日も夜もこれについて思うと。すなわち彼は消極的に義人なるのみならずまた積極的にもしかりとなり。水辺に植えし木の比喩は、南方ユダヤの乾燥の地にありて何びとも深く感ずるところなるべし。

義人はかくのごとし。されども悪人はしからず。彼に鞏固なるところあるなし。ゆえに、彼はもみがらのごとく風とともに飛ぶ。ヘブライ語にて彼を rāshā というは「不定」の意なりという。悪人はまことに主義なき、信仰なき、恒心なきものなり。すなわち今日のいわゆる俗人なり。 彼、悪人は審判に耐えず。平和の日にありては彼はおごりて世を濶歩すといえども、一朝、審判の火の天より臨むあれば、彼は草花の熱風に会うて枯るるがごとくに倒る。困難は善悪を識別するための火なり。義人の義も悪人の悪も試錬の火をもって顕色さる。悪人は逆境に耐うるあたわず。彼はまた義者の集会の中に立って長くその席に耐うるあたわず。彼の主張はいかに立派なるも、根本的に野卑醜猥なる彼は、義者のつどいに入って魚の水中を出でしがごとき感あり。彼は艱難に耐えず。また義者の禍祚に耐えず。そは彼は暗きをこのむものなればなり。 義者の道はエホバこれを知りたもう。そのなすところみな栄ゆるはこれがためなり。されど悪人の道はかならず滅びん。そはこれ悪人自身の命ずるところのものにして、エホバの知りかつ選びたもうところのものにあらざればなり。（一九〇三年六月「聖書之研究」）

詩篇第一篇の研究

詩篇一篇一―六節

さいわいなるかな、悪しきもののはかりごとに歩まず、罪人の道に立たず、あざけるものの座にすわらざるものは。(一)

彼はエホバの法（のり）をよろこび、日も夜もこれを思う。(二)

かかる人は水の流れのほとりに植えし木のごとく、時に至りてその実を結び、その葉もまたしぼむことなし、そのなすところみな栄えん。(三)

悪しき人はしからず、風の吹き去るもみがらのごとし。(四)

されば悪しきものはさばきに耐えず、罪人は正しき人のつどいに立つことを得ず。(五)

エホバは正しきものの道を知りたもう。されど悪しきものの道は滅びん。(六)

「三つよりのなわはたやすく切れざるなり」(伝道の書四・一二)。聖書は三つよりのなわである。歴史（過去）と実験（現在）と預言（未来）との三筋の糸をもってなわれしなわである。ゆえに聖書の註解はつねにこの三方面よりしなければならない。聖書は第一にこれを歴史的に研究すべきである。第二に、これを実験的に信者の日々の霊的生涯に適用して解すべきである、第三に、これを未来の預言として観察すべきである。三者その一に偏せんか、あるいはわれらの心霊の要求に触れず、あるいは事実を無視し、あるいは迷信におちいるであろう。されども歴史、実験、預言の三方面を具備して初めて聖書の真理を誤らず看取することができる。

詩篇はその第三篇以下にはみな明白に歴史を付記せるも、第一第二の両篇にはこれを欠いている。ここにおいてか、学者はこれについて種々なる説を唱うるのである。あるいはいう、これダビデがその初めの詩集五十篇の序文としてしるしたるものならんと。またある人はいう、ソロモンがその父に対する尊敬を表せんがためこれを作りしならんと。またある人（たとえばチーネ博士のごとき）はいう、ダビデまたはソロモンよりはるか後世に至り、エズラが、ダビデ全集の序文として添付したるならんと。これらの諸説はいずれも確実なる根拠を有せざるものである。しかしながら一事は明白である。すなわち詩篇第一第二の両篇は詩篇全部またはその初めの五十篇に対する序文として見られ得べきものなること、これである。この両篇は詩篇を総括したるものにして、エホバの律法と約束とをたたえたるイスラエルの信仰的実験の記録である。

「さいわいなるかな」 この語は原文に従い、これを劈頭に訳出すべきである。かくのごとき語法はあるいは日本語の文法に逆らうであろう。しかしながら聖書は神の真理をあらわさんがために文法を破壊するのである。詩人が詩百五十篇の第一鍵を打つ時、鏗爾（こうじ）としてひびき出づるはすなわち「さいわいなるかな」である。音楽家の技倆はその力をこめてたたく第一鍵の音響いかんによってほぼこれを察することができる。福音の第一声は「さいわいなるかな」である。「恵まれたるかな」である。山上の垂訓もまたそうであった。「さいわいなるかな、心の貧しきものは」と。うるわしき語である。恵まれたるものはたれぞ。神に愛せらるるものは何びとぞ。これを明らかにするものがすなわち福音である。**「悪しきもののはかりごとに歩まず、罪人の道に立たず、あざけるものの座にすわらざるもの」**恵まれたるものはたれぞといいて詩人はまず消極的にこれに答えたのである。聖書において、悪者または罪人に対するものは、善人にあらずして義人である。善人の語に、堕落しやすき意味がある。義人とはただに人に対して義をおこなうのみならず、神の律法を守り神の心をわが心とする人である。さらに新約に入りては、神と正しき関係に入りたる人すなわち神に義とせられたる人である。しかして彼はまず第一に罪を拒絶するものである。初めに罪を拒絶して、しかるのちに恩恵は臨む。まず悪と絶たずして義人たることはできない。恵まれたるものは何よりもさきに罪を自覚しこれと絶縁したるものである。かのいわゆる広量大度と称して悪者と事を共にするもののごときは、神の恩恵にあずかるあたわざるものである。

「悪しきもの」「罪人」「あざけるもの」といい、「はかりごと」「道」「座」といい、「歩まず」「立たず」「すわらず」という。いずれも同じことのくりかえしにあらずして三段の進歩をあらわすのである。**「悪しきもの」**とは、英語にて the wicked または the ungodly すなわち獰悪または無神論者等の意であって、すべてエホバの心に逆らい、わが心をおこなわんとする人の総称である。**「罪人」**とは罪を習慣性として犯す人である。**「あざけるもの」**とは、さらに進んで、神、正義等に対して公然反対を試むるものである。また**「はかりごと」**は説あるいは思想である。**「道」**は行である。**「座」**はこれを確執することである。しかしてこれらの区別に応じて動詞にもまた三段の進歩がある。まず悪しきものの説に聞きて**「歩み」**、つぎに興味をもってその前に**「立ち」**、ついにその座に**「すわり」**こむに至る。悪魔の人を誘う径路を示して遺憾なしである。不良少年の堕落の順序もまたこれである。罪は初めよりただちにわれらを捕うるものではない。その接近し来たるや、まず、においをもってこれをさとることができる。しかして罪と絶つべきは実にこの時である。悪しきもののはかりごとに歩まず、従って罪人の道に立たず、あざけるものの座にすわらざるもののみが、神に恵まれたる幸福なる人である。(二)

「彼はエホバの法(のり)**をよろこび日も夜もこれを思う」**これ義人の積極的半面である。やまと言葉にてエホバの「**のり**」といいて、その意義の弛緩を感ぜざるを得ない。ヘブライ語の「**トラー**」は法律である。訓戒である。エホバの律法または神の教え全体である。ゆえにまたこれを聖書の意に解することができる。義人はただに律法または聖書をかしこみこれを重んずるのみならず、これをよろこび楽しみ、日も夜もこれを思うものである。律法を重荷と感ずるものはたれであるか。そのうちにわれらの罪のゆるさるべき道が備えられてあるではないか。いかなる書かロマ書第三章または第八章等にまさりてわれらの心の深き所に訴うるものがあるか。神のことばを正しく解するものにとりては、聖書こそもっともよろこぶべき宝である。彼は昼も夜もこれを思い、死ぬるも生きるもこれを思わざるを得ない。あたかも商人の行住坐臥ただ金を思い、政治家の造次顛沛にも政権を思うがごとくである。聖書は義人の全精神を引くの力を有するものである(三)。

「かかる人は水の流れのほとりに植えし木のごとく」わが国のごとく水多き土地にありては、木の繁茂するがため特に水流を要せざるも、エジプト、パレスチナ南部、またはアラビヤ等において木と称すべきものは水流のほとりに植えらるるしゅろである(かのエリコの町をしゅろの町というがごとし)。しかして生命の水に根ざせる義人をたとうるにもっとも適当なるものはこのしゅろの木である。

「時に至りてその実を結び」神のことばをよろこび昼も夜もこれに親しむものはしばしば隠退的信仰をもってそしらる。されども見よ、時至れば神のことばは彼らを動かして実を結ばしめるのである。聖書は人をして活動的ならしむ。聖書に親しみて、人は福音のために叫ばざらんと欲するもあたわないのである。十字架の福音は個人を動かし、家庭を動かし、社会を動かし、全人類を動かす。近世の大法理学者ジェームス・マッキントッシいわく「過去四百年間の世界を改善したるものは、人は信仰によって義とせらるるとの福音である」と。しかり、社会を改善するの力にして神のことばにまさるものはないのである。かのいたずらに実行実行と叫び改良改良と高唱して、神のことばを軽んじ十字架または再臨等をあざける教会が、もっとも実を結ばざる腐敗したる教会である。これに反して、もっとも善行に富むものはたれぞ。単純に神のことばを信じ、これをよろこび、これを楽しみ、昼も夜もこれを思う信者ではないか。ゆえにまず聖書を与えよ。さらば聖書が個人を救い社会を救い国家を救うであろう。

「その葉もまたしぼむことなし」すでに実を結ぶといえば足る。なぜ葉にまで言及するのであるか。これあるいは意味なき詩人の言であるか。いな、思想の簡潔なる発表にして聖書の言のごときはない。聖書には一の贅語(ぜいご)をも存しないのである。ゆえに葉もまたしぼまずといいて、決して無意義ではない。葉は木の外観である。水流のほとりに植えし木の、ただに実を結ぶのみならず、その葉もまたつねに光沢を帯びて若々しきがごとく、神のことばをよろこび昼も夜もこれを思う人はいつまでも老ゆることを知らないのである。頽齢六、七十にしてなお青春の溌剌たる生気を失わず、歓喜に満ちて生活するのである(三)。

「そのなすところみな栄えん」人はいう、聖書のみに親しむがごときものは失敗せんと。されども聖書はいう、「かかる人は成功せん」と。いずれがはたして真であるか。乞う、事実をしてこれを証明せしめよ。古来世界を動かしたるものにして十字架につけられたるイエス・キリストのごときはない。ナポレオンその晩年におよび嘆じていわく「今や余のために死せんとするもの一人もあるなし。しかるにナザレのイエスのためにはなお幾千万の人がその生命をささぐるのである」と。

「悪しき人はしからず。風の吹き去るもみがらのごとし」ユダヤにありては穀倉(こめぐら)を風当たり良き高地に造り、そこにて箕(み)をもってもみがらを除く。しかしてもみがらは強風吹き来たれば、たちまち散乱して跡をとどめざるに至る。神のことばに従わざる人はまさにそのごとくである。彼らはしばらく得意の境にありといえども、一朝たとえば経済界の大風吹き寄せんか、忽焉として転覆するをまぬかれないのである。これ多くの人のみずから実験して知るところである。

「されば悪しきものはさばきに耐えず、罪人は正しきもののつどいに立つことを得ず」神はつねにさばきを下したもう。今回の戦争のごときも確かに神の大審判の一つである。しかして神のことばにその根をおろして深く生命の水を味わうものは、たとえ大なるさばきに遭遇し涙を流して悲しむことありといえども、さらに新たなる希望を獲得するに反し、悪しきものにとりては、さばきすなわち最後である。彼らは倒れてまた立つことができない。彼らはまた正しき人のつどいに立つことができない。そこにいうべからざる不調和を感じ、これに耐えずしてみずから退去するのである。

しかしながら、ここにいう「さばき」とははたして何であるか。英語にて the を冠するさばきである。すなわちある特別のさばき最後の審判である。すべての人のためさるべきそのさばきである。悪しきものはあるいはこの世のさばきに耐うるであろう。されども最後の審判には耐うることができない。またその時義人の会合の中に立つことができない。人生何の不幸かこれにまさらんやである。

「エホバは正しきものの道を知りたもう。されど悪しきものの道は滅びん」「知る」といいて、単に上より見てこれを知りたもうのみではない。その道を助け、これをささえ、これを成功せしめたもうの意である。正しきものは決してエホバの助けを失わない。されども悪しきものはみずから神にそむく。ゆえにその道は滅亡のほかにない。

詩篇第一篇のこの短き六節の間に、義人と悪者との区別はもっとも明白に教えらる。永遠の知者より出づるにあらずんば到底この意味深長の言をなすことはできない。あたかも街路に横たわる一片の石塊の、取りてこれを砕き、顕微鏡下にこれを照らす時は、その中に大学者の一生の研究に値いすべき真理をふくむがごとくである。神の造りしものは小なりといえどもみな永遠の真理をふくむのである。（藤井武筆記）　（一九一八年一月「聖書之研究」）

詩篇第十二篇

毒舌絶滅の祈禱

詩篇一二篇一―八節

助けよ、エホバよ、仁慈は絶え、
誠実は人の子の中より失せたり。(一)
人はおのおの虚をもってその隣人と相語り、
なめらかなるくちびると二心をもってものいう。(二)
エホバの、すべてなめらかなるくちびると
大言を吐く舌とを滅ぼしたまわんことを。(三)
彼らはいう、われらは舌をもって勝たん、
くちびるはわがものなり、たれかわれらに主たらんやと。(四)
苦しむもの、かすめられ、貧しきもの、嘆くがゆえに、
われいま立たんとエホバいいたもう。
われはその慕いあえぐ安きに彼を置かんと。(五)
エホバのことばはまじりなきことばなり。
爐にて錬られたる白銀
七たび清められたる白銀なり。(六)
エホバよ、なんじは彼らをまもりたまわん。
なんじは彼らをとこしえにこのたぐいよりまぬかれしめたまわん。(七)
人の子の中に汚穢のあがめらるる時に、
悪人はここやかしこに歩むなり。(八)

略注

社会は腐敗をきわめ、仁愛と誠実とはその跡を絶ちたり。詩人は耐えられずなりて神に向かいて叫びていえり、**「助けたまえ」**と。

人の心に誠実絶えて、彼らは各自、空虚の人となれり。彼らは語るべきの誠実を有せず。ゆえに虚をもって相語るなり。虚偽をもってするはもちろんなり。すべてのこと、ことごとく虚なり。虚礼なり。無意味なり。すべて語るにあらず、飾るなり。言あり、いわく「言語は真実をおおうための技なり」と。人心の腐敗その極に達して、その言語は単に修飾の術たるに至る。

「なめらかなるくちびると二心」阿諛（あゆ）とあいまい、真実はいかなる場合においても語るべからずとなす。まことに耐えがたきはかかる社会の状態なり。しかも人はこれを避けんとせず。交際を求むると称してかえって身をその中に投ずるなり。まことに預言者エレミヤのいいしがごとし。

　なんじらは各自その隣人をあざむき、かつ真をいわず。その舌にいつわりを語ることを教え、悪をなすに疲る（エレミヤ記九・五）

と。社会はみだれてかくのごとし。ゆえに詩人は祈願を述べていう、「エホバの、阿諛のくちびると高言の舌とを絶ちたまわんことを」と。おもねるものは誇るなり。阿諛のくちびるに同時にまた高言の舌あり。同じく空虚なる心より発す。真実の語るべきなし、ゆえに鐃鉢（にょうはち）のごとくにひびき、大風のごとくに鳴るなり。ねがう、エホバのこれら二つながらを絶ちたまわんことを、と。

卑劣なる彼らはいう、**「われらは舌をもつて勝たん」**と。彼らは正々堂々義をとなえ理に訴えて勝たんとはせず。誹譏、讒謗、毒舌を弄して人を倒さんと計る。彼らに武士の勇気なし。君子の公明なし。彼らにただ蛇の舌あるのみ。あるいは教会に隠れ、あるいは文壇にひそみ、匿名をもって批評の矢を放ちて公人を傷つくるをもって楽しみとなす。彼らはいう、**「くちびる（あるいは筆）はわがものなり。たれかわれに主たらんや」**と。卑怯なる彼らは責任をもって語るの勇気を有せず。ただ言語は彼らの有なりと称し、これを束縛するものなしととなえて、気まま勝手にこれを弄するなり。しかり、人の作りし法律は緩慢にして言語の責任を問うに足らず。されども「すべて人のいうところのむなしきことばは、さばきの日にこれを訴えざるを得ず」とキリストはいいたまえり（マタイ伝一二・三六）。言語はまことに人のものにあらず。神はまことにこれをつかさどりたもう。しかして人の虚言を吐くものあれば、彼はこれをもかれをも滅ぼしたもう（コリント前書六・一三）。

詩人は虚偽の社会に耐えずなりて、阿諛と高言との絶たれんことを祈りしに、神はこれに答えていいたまえり。**「苦しむもの、かすめられ」**とは、暴主の圧制に会うてその所有をかすめらるとの意にあらず、または税吏の誅求に会うてその収入をかすめらるるの意にあらず、佞人の毒舌によって、その平和と名誉と、時にはその地位とを奪わるるの意なり。誹謗は最悪の圧制なり。これを訴うるの有司あるなく、これを裁くの法律あるなし。佞人の毒舌にかかりて、その災害は強盗の毒刃にかかるよりもはなはだし。**「貧しきもの、嘆くがゆえに」**普通の意味においての貧者にあらず、「貧しきものはさいわいなり」とキリストがいいたまいしその意味においての貧者なり。悪に会うて悪に抗せざるものなり。暴人の蹂躙におのが身をゆだぬるものなり。誹毀讒謗にその名を傷つけられながらあえて弁明を試みざるものなり。いうところの心の貧しきものにして、暴をもって暴にむくいんとする復讐の念をいだかざるものなり。**「嘆く」**は嘆願の意なり。人に訴うるも聞かれざるがゆえに、神に向かってなげき叫ぶなり。しかして神を動かすの力にして貧者の嘆願のごときはなし。世の法律に訴うるも益なき時は神の聖座に訴えて効あり。しかして佞人跋扈の時に際してわれらにこの最後の手段存す。感謝すべきにあらずや。

「われ今立たんとエホバいいたもう」大なる**「われ」**と強き**「今」**、万軍のエホバ、沈黙を守りて今に至りしといえども、無辜の叫号の声に応じていま立ちたまわんとなり。むかしはイスラエルの子孫エジプトにありて、その課せられし労役のゆえによりて嘆き叫ぶの声神に達しければ、神そのうめきを聞き、イスラエルの子孫をかえりみたまえりとあり（出エジプト二・二三以下）。しかして今やこれとひとしく、真実に神を愛するものの、あるいは文明を誇る社会にありて、あるいは神聖をてらう教会の中にありて、佞才の讒誣に会うて嘆き叫ぶの声神に達しければ、神はまた彼を救わんとて今また立ちたまわんとなり。エホバはまことになめらかなくちびるといつわりを語る舌とを切り捨てたもうべし。讒佞の除かるる時はかならず到る。彼の舌は彼のものにして彼のものにあらず。舌もまたエホバのものなり。彼は永久にその大言放語するをゆるしたまわざるなり。

鹿の谷水を慕いあえぐがごとく、わが魂はなんじを慕うなりと詩人はいえり（詩篇四二・一）。信者の慕いあえぐものは平和なり。佞弁のおこなわれざる所、平和の満ちあふるる所なり。しかるにわざわいなるかな、彼は今メセクにやどり、ケダルのかたわらに住めり（本巻「詩篇第百二十篇五節」を見よ）。毒舌の中にやどり、佞口のかたわらに住めり。その時、彼はまことに鹿の谷水を慕いあえぐがごとくに聖者の平康を慕うなり。しかして神は彼の嘆願に聞きて、彼をその慕いあえぐ平康に置きたまわんとなり。大なるかな、この恩恵！　しかも時いたりて神は必ずこの恩恵をわれらにほどこしたもう。かつては邪知、佞弁の渦中に漂流して、拠るに家なく立つに所なかりしものも、今は「淫婦バビロン」の手を離れて真愛自由の平康にあり。神が時にはわれらを讒害、毀謗、譏詐、詭譎の中に置きたもうは、われらをしてとこしえに平和のみぎわにいこわせたまわんがためなり。佞人もまた用なくして世につかわさるるものにあらず。彼が社会を乱し友団を乱るは、彼によりて平康の一層慕わしくならんがためなり。

エホバは詩人の祈願を聞きたまえり。彼は佞口讒舌を絶たんと告げたまえり。ここにおいてか詩人は絶えなんとせし彼の希望を復興し、エホバの誠実をたたえていえり。

「エホバのことばは純精のことばなり、炉にて錬られたる白銀のごとし。七たび煉られたる白銀のごとし」と。人のことばの虚偽のことばにして、あくたのごとく泥土のごとくなるにくらべていう。まことに人の声に慣れて、時に神のことばを耳にしてわれらにこの感なくんばあらず。ただにその称讃阿諛のことばにとどまらず。その哲学のことばも科学のことばも、ことごとくこれ汚穢、泥土たるの感なくんばあらず。しかして人のことばにくらべて神のことばのみひとり純金のことばなるをおぼゆ。しかり、しかり、いな、いなと。形容を要せず、修飾を要せず、ただちに心霊の奥底に達す。恩恵に富み、光明に富み、正義あふる。まことに人は各自虚をもってその隣人と相語りつつある間に神のみはひとり実をもってわれらと語りたもう。この虚偽空言の世にありて神のことばのみひとり真実のことばなり。ゆえにいう、なんじのことばは真理なり（ヨハネ伝一七・一七）と。信仰の耳をかたむけて時にエホバのことばに接して、この確信のますます強くせらるるをおぼゆ。

エホバのことばはあざむかず、彼は必ず彼らをまもりたもう。彼に叫び求むるものの声を聞きたまいて、そしるもの、おとしいるるものの舌より彼らをまもりたもう。エホバはまた彼ら全体をまもりたもうにとどまらず、さらに彼ら各自すなわち「彼」を助けたもう。エホバによび求むるものはこれをひとみのごとくにまもりて、そのつばさのかげに隠したもう（詩篇一七・八）。しかして彼を助けてとこしえにこの卑劣の徒よりまぬかれしめたもう。蛇の毒舌はその威をたくましゅうするも、そは永久に神のしもべをそこなうあたわざるなり。

神のしもべは安全なり。されども讒誣の徒のこの世より絶ゆる時はあらざるべし。人の子の中に汚穢の徒のあがめらるる時に、悪人はいたる所に跋扈するなり。彼らが政治家として尊まれ、牧師、神学者としてあがめらるる時に、佞人は政界に跋扈し奸物は教会に横行するなり。これ悲しむべき事実なり。されどもやむを得ざるなり。今は末の世なり。麦とからすむぎとが同時に同所にはゆる時なり。神にありては、からすむぎを抜き集めてこれを焼き捨つるは容易なり。されども収穫の時まで彼はこのことをなしたまわざるべし。しかしてその時に至れば

彼その使いたちをつかわして、その国の中よりすべてつまずきとなるもの、また悪をなす人をあつめて、これを炉の火に投げ入るべし。そこにて悲しみ歯がみすることあるべし。この時、義人は父の国において日のごとく輝かん（マタイ伝一三・四一以下）

とあり。義人は今は神の守護をもって足れりとすべし。悪人の絶滅はこれを来世において期せざるべからず。

さらばすさべよ、高ぶる舌よ、なんじの毒矢を放てよ。

彼その羽をもてなんじをおおいたまわん。
なんじ、そのつばさの下に隠れん。
そのまことは盾なり、また小盾なり、
夜はおどろかさるることあり、
昼は飛び来たる矢あり、
…………………………
千人はなんじの左に倒れ、
万人はなんじの右に倒る。
されどそのわざわいはなんじに近づくことなからん（詩篇九一・四以下）

と、エホバいいたまえり。讒者と佞人とは剣のごとくおのが舌を磨（と）ぎ、その弓を張りて矢を放つがごとくに毒言を放つといえども、われらはエホバにありて安し。われらは彼によりて勝たん（詩篇六四・三以下）。

約　説

佞人跋扈して、詩人、神に救助を求む＝一、二節
彼らの世より絶たれんことを祈る＝三、四節
祈禱の声に応じて神の言きたる＝五節
神の言に接して讃美の声、揚がる＝六節
さらに進んで援助到来の確信生ず＝七節
悪人は依然として横行すべし。しかも義人は彼らの中にありて安全なり＝八節

再　説

叫号の声＝一、二節
祈禱の声＝三、四節
感応の声＝五節
讃美の声＝六節
確信の声＝七節
覚悟の声＝八節

（一九一一年三月「聖書之研究」）

世人と神人

詩篇一七篇一四—一五節

エホバよ、み手をもてわれを人より助け出だしたまえ。
おのが受くべきものをこの世にて受け、
なんじの宝にてその腹を満たさるる
この世の人よりわれを助け出だしたまえ。
彼らは多くの子に飽き足り
その富をおさな子にのこす。（一四）

されどわれは義にありてみ顔を見ん、
目さむる時みかたちをもて飽き足ることを得ん（一五）

ここに世の人と神の人と、不信者と信者とが明白に判別さる。世の人はこの世において受くべきものはことごとくこれを受け、財貨も位階も欠くるところなく、肉に

つける良きものをもってその腹を満たし、おのれ一代に栄華に誇るのみならず、多くの子孫をもうけてそのありあまる富を左右をわきまえ得ざるおさな子にまでのこす。彼はまことに世の幸運児である。君に寵せられ、人にあがめられ、富貴に飽き足りて墓に下る。彼はまことに人にうらやまるる人世の成功者である。「なんじの宝にてその腹を満たさる」とありて、まことに神ご自身の愛子であるかのごとくに見ゆる。

されども神の人は全然これと異なる。彼はこの世にありてその受くべきものを受けない。彼は貧しくある。卑しくある。彼に子宝すくなく、またこれにゆずるべき遺産あるなし。もしエホバが彼に賜いしこの世の財貨をもっていわんか、彼は神に捨てられたるもの、預言者のいわゆる見るべきうるわしきすがたなし、慕うべきみばえなしである。世人の立場より見て、神の人は無きにひとしきものである。

されども神の人に世の人になきものがある。彼に位階なくして王者に近づくの資格なしといえども、義にありて神のみ顔を拝するの特権がある。彼の衣は金襴を打ちたる礼服ではない。神の賜いたる義の衣である。彼はこれに身をまとうて王の王なる神のみ前に立ち、そのみ顔を拝するの特権を有するのである。しかして事はこれにとどまらない。彼は目さむる時に神のみかたちをもて飽き足ることを得るという。目さむるとは、いうまでもなく、墓の中にねむりてのちに復活するをいう。彼は死後に復活して、飽き足るまでに神のみ姿を拝しまつるのである。まことに栄誉のきわみ、幸福の至りである。この特権と栄光とありて彼は他に何ものをも求めないのである。彼は今しばらくさまざまのなやみに会うてうれえざるを得ずといえども、かえって喜びをなすのである（ペテロ前書一・六）。彼の宝は神、彼の衣は義、彼の特権は神のみ顔を拝するのそれ。一たび墓に下り、その中にねむること暫時にして、ふたたび覚めて、寝ざめすずしくみかたちに飽き足るの光栄は彼のものである。かれとこれと、世の人と神の人と、信ぜざるものと信ずるものと、その間に天壌の差がある。今世にありて栄ゆるもの、来世にありて輝くもの、地上の成功者と天上の光栄者、ああ読者よ、なんじは二者いずれを選まんとするか。

旧約聖書は復活を説かずというは誤りである。ここに

「目さむる時」とあるは明らかにそれである。「みかたち」とあるは「その容貌変わり、その顔、日のごとく輝き、その衣は白く光れり」とある新約の語をもって解釈すべきものである（マタイ伝一七・二）。復活体をもって、ふたたびあらわれたもう栄光の主を拝するの意である。

（一九一八年三月「聖書之研究」）

詩篇第十八篇

詩篇一八篇一―五〇節

この篇を解するにまず詩篇の本文を精読するを要す。

詩篇第十八篇は五十節より成る長い詩である。これと同じものがサムエル後書二十二章にのせてある。ダビデ王の作にして、彼がおのが生涯を回顧して追想を述べたものであるは疑いない。彼は軍人なりしがゆえに、彼のことばに血なまぐさきものあるはまぬかれない。エホバの救いは主として戦場において彼に臨んだ。

なんじまたわが敵のそびらをわれに向けしめたまえり。
彼ら叫びたれども救うものなく、
エホバに向かいて叫びたれども答えたまわざりき、
われ彼らを風の前のちりのごとくにつきくだき、
ちまたの泥のごとくに彼らを打ち捨てたり（詩篇一八・四〇―四二）

と。これはキリスト信者にとり決してうるわしき讃美のことばでない。されどもその内にまた信仰の意をとどめざるにあらず。「なんじ、エホバの神、貴神が私の敵のそびらを私に向けしめたまえり」というのである。私が私の強敵に勝ったのではない、貴神（あなた）が私をして彼に勝たしめたもうたのであるというのである。ことにいちじるしきは第三十五節の言である。

なんじのへりくだり、われを大ならしめたまえり

と。謙卑または謙遜といえば弱い人間に限る徳であるように思わるるが、「神の謙遜」と聞いてわれらはおどろかざるを得ない。しかしながら神はまことに謙遜でありたもう。彼が謙遜の模範である。強き神の子と呼ばるる主イエス・キリストはご自身についていいたもうた、「われは心柔和にして、へりくだるものなり」と。神がへりくだるものであればこそ、私のごとき卑しきものを

かえりみたまいてこれに救いを賜うのである。もし神がこの世のいわゆる大臣、大家のごとくに尊大でありたもうならば、彼は決して私ごとき低き卑しきものをかえりみたまわない。「なんじの謙遜われをして大ならしめたまえり」という。この一言だけでこの一篇にいとも尊き真珠の価値がある。

さらにまた尊きは二五―二七節である。人の神はその人のごとしというのである。あわれみあるものはあわれみある神を拝し、きよき人はきよき神を求む。これに対し、ひがむものは神をひがむものとして見る。こは単に神は人の心の反映にすぎずというのではない。人は自己に無きものを神において見るあたわずというのである。神にゆるされんと欲せばまず人をゆるさざるべからず。神にあわれまれんと欲せばまず人をあわれまざるべからず。イエスは教えたもうた、「あわれみあるものはさいわいなり、その人はあわれみを得べければなり」と。人に小なるあわれみをほどこして神に大なるあわれみをほどこさる。

（一九二九年一月「聖書之研究」）

もろもろの天は神の栄光をあらわし

詩篇一九篇一―一四節

もろもろの天は神の栄光をあらわし、
大空はその手のわざを示す。(一)
この日ことばをかの日に伝え、
この夜、知識をかの夜に送る。(二)
語らず、いわず、その声聞こえざるに、(三)
そのひびきは全地にあまねく、
そのことばは地の果てにまでおよぶ。
神はかしこにあげばりを日のために設けたまえり。
(四)
日ははなむこが祝いの殿を出づるがごとく、
ますらおが競い走るをよろこぶに似たり。(五)
その出で立つや天の果てよりし、
そのめぐり行くや天の果てに至る。
ものとしてそのあたたまりをこうむらざるはなし。
(六)

エホバの法（のり）は全くして霊魂を生きかえらしむ。
エホバのあかしは確くして愚かなるものをさとからしむ。（七）
エホバのさとしは直くして心をよろこばしむ。
エホバのいましめはきよくして眼（まなこ）を明らかならしむ。（八）
エホバをかしこみおそるる道はきよくして世々絶ゆることなし。
エホバのさばきはまことにしてことごとく正し。（九）
これをこがねにくらぶるも、
多くのまじりなきこがねにくらぶるも、
いやまさりて慕うべし。
これを蜜にくらぶるも、
蜂の巣のしたたりにくらぶるも、
いやまさりて甘し。（一〇）
なんじのしもべはこれらによりていましめを受く。
これらを守らば大いなるむくいあらん。（一一）
たれかおのれのあやまちを知り得んや、
願わくはわれを隠れたるとがより解きはなちたまえ。（一二）
願わくはなんじのしもべを引き止めてことさらなる罪をおかさしめず、
それをわが主たらしめたもうなかれ。
さればわれはきずなきものとなりて、
大いなるとがよりまぬかるるを得ん。（一三）
エホバよ、わが岩よ、わがあがないぬしよ、
わが口のことば、わが心の思いをして
なんじの前に喜ばるることを得しめたまえ。（一四）

略注

ダビデの歌としてしるさる。牧羊の業を取りし彼が、ひとり荒野にありて天を仰ぎおのが心にかんがみてこの歌を作りしとの伝説ははなはだ受領しやすきものなり。

始めに造化にあらわれたる神の偉業を讃し（一節より六節まで）、つぎにその法に示されたるその威徳を頌し（第七節より一〇節まで）、終わりにその援助を得て心を聖うせん

ことを祈る（一一節より一四節まで）。その造化の偉業を讃するや、神を呼びまつるに神（El）（エル）の名をもってし、その徳をほめまつるや、エホバのみ名をもってす。エルは力の神にしてエホバは恩恵の神なり。しかしてエホバの律法はもとその恩恵に出でしものなり。 哲学者カントいわく「わが上の星の空とわがうちの道徳の法とは、これつねに新しき、かついや増さる敬虔の念をもってわが心を満たす二つのものなり」と。

「**もろもろの天**」はすべての天体をさしていうなり。いわゆる「天の諸軍」なり。他の国民はこぞってこれを神としてあがめし時に、ヘブライ人のみはこれを神のわざとなし、神の栄光をあらわすものとなせり（一）。

「**ことば**」は讃美なり。「**知識**」は説教なり。日は日につぎて讃美のことばを発し（伝えと訳せられし原語の意義はこれなり）、夜は夜に対して知識を述べ、もって神の威稜を永遠に伝う（二）。

宇宙に声なし、しかもこれに雷霆のひびきのごときものありてその教訓を全地に伝達す（三―四）。

天体中とくに日（太陽）の荘麗を歌う。彼（太陽）は神の愛子なり。神は彼のためにあげばりを設けたまえり。彼は新郎のごとし。勇士のごとし。天涯を走る走使のごとし。いたる処にあたたまりの恩恵を分施す（四―六）。

されどもさらに頌讃すべきは、宇宙にあらわれたる神の機巧にあらずして聖書に示されたる彼の聖旨なり。神はこの場合においては、契約の神、すなわちエホバとしてみずからをあらわしたもう。その聖旨の法として布（し）かるるや、完全にして霊魂を生かすの力あり、あかしとして立つや、確実にして迷者の愚意を確かむるに足る。さとしとして伝えらるるや、これに服従して心に歓喜あり、いましめとして示さるるや、純清にしてこれを仰いで眼光明らかなり……。エホバの法をたたえしことばにしてこれにまさりて荘麗なるはなし（七―一〇）。

エホバの法にのっとりて大なるむくいあり。これ「**隠れたるとが**」をあらわすもの、これによりて人は初めておのれの過失をさとり得るなり。もっとも恐るべきは「**故意の罪**」なり。もしこれをして「**わが主たらしめ**」ば、すなわちわれもしその支配するところとならば、われはついに「**大いなるとが**」を犯すに至らん。「**大いなるとが**」とは何ぞ。他なし、「神をそむき去ること」これなり（イザヤ書一・三）。この罪を犯してわれはほろびの子と化するなり。ゆえにエホバよ、わが隠るべき岩よ、わが罪のあがないぬしよ、わが全身をきよらかなるものとなして、わが口もわが心も、なんじの聖意にかなうものとならしめたまえ（二一—一四）。

（一九〇三年五月「聖書之研究」）

詩篇第十九篇

詩篇一九篇一—一四節

天然の法則と神の律法とをくらべしことばなり。天体に声なく、ひびきなきも、そのあたたまりは地にあまねきがごとく、神の真理に世のいわゆる勢力なるものの附随することなきも、これに疲れし霊魂を生きかえらしめ、愚者をさとからしめ、憂うる心をよろこばしめ、くもれる眼を明らかならしむる力存す。太陽の光線のあまねく照りわたりて、その達する所に物の隠れて現われざるものなきがごとくに、神の真理は人の心の深奥にまで透徹し、そこに隠れたるとがを発見し、神によりたのむものをして覊絆より脱することを得しむ。世に尊きものにして日光のごときはあらず。人に必要なるものにして神の真理のごときはあらず。純金も宝玉も、富貴も権勢も、これにくらべて糞土たるのみ。われらは太陽の光にひとしき神の真理を得んことを欲す。われらは心の奥底より洗いきよめられんことを欲す。しかしてわれらを中心よりきよむるものは聖書にあらわれたる神の真理のみ。人をして真実に悔い改めしむるものはこれのみ。他のものは社会と個人との外面を修補矯正するにすぎず。われらはわずかに暗夜に燈光を求むるものにあらず。われらはただちに進んで日光に出でんと欲するものなり。聖書研究の目的は霊魂の太陽を探るにあり。しかして身心をその大光にさらし、自己の罪過を識認し、すべての隠微のとがより解きはなたれ、もってわれらの口のことばと心の思いをして聖くして全能の神に受けいれらるるものたらしむるにあり。（第三回夏期講談会において読まれし聖語とその注解）

（一九〇二年八月「聖書之研究」）

詩篇第十九篇の研究

詩篇一九篇一―一四節

詩篇第十九篇は同第二十三篇とともに牧羊者の歌たること明白である。わが国にありては牧羊者の生涯を知ること困難なるも、彼らは夜々人なき山中にただ羊を友としてやどり、天を仰ぎつつ黙想にふけるのである。ことにシリア地方においては大気澄徹、天空晴明の季節ははなはだ長きがゆえに、大空をうかがうにもっとも適当である。されば「エホバはわが牧者なり……」と歌いし詩人が「もろもろの天は神の栄光をあらわし大空はその手のわざを示す」と歌うてすこしもふしぎはない。後年ベツレヘムの空に天軍あらわれ、天使とともに神を讃美して「天上には栄光、神にあれ……」と歌いし時、もっとも早くその声を聞きしものもまた「野におりて夜間その群れを守り」たる牧羊者であった。詩篇の作者について明白ならざるもの少なからずといえども、第十九篇が牧羊者ダビデの歌たることは疑いをいれないのである。

詩篇第十九篇の前半は天然を歌い後半は神の律法を歌う。ゆえにこの詩は同じ詩人の口より出でたるものにあらずして二箇の詩を接合したるなりというものがある。しかしながらこれ学者の机上の論である。天然と律法とは共に決して矛盾するものでない。その最も良き証明は哲学者カントの墓碑にきざまれし彼の有名なることばである。いわく「わが頭上には列星のひらめくあり、わが心中には道徳のかがやくあり」と。知るべし、蒼穹の諸星と胸裏の律法はひとしくわれを導く同一の威力なることを。道徳哲学者カントこれを歌い、牧羊詩人ダビデまたこれを歌う。天然と律法とは決して別ものではない。

もろもろの天は神の栄光をあらわし大空はその手のわざを示す（一）

夜の歌である。「**もろもろの天**」とは天体の全部、星座のいっさいをさす。牧羊者は澄みわたりし大空を仰いで嘆じていうたのである、「天界全体が神の栄光をあらわし大空に輝く森羅万象がそのみわざを示す」と。まことに天にあらわれたる神の聖業を知るは造化の偉大とわれらの生涯の微小とを学ぶために最も必要である。この点より見て、天文学は福音研究の大なる準備である。神を学ばんと欲するものはまた深遠なる知識と優美なる文才とを兼ねたる英国の天文学者プロクターまたは仏国のそれなるフラメリオンらの著書によりて造化の宏大無辺を学ぶべきである。世に太陽の大きさを知るもの、はたして幾人あるか。その容積よりすれば地球の六百万倍にして、もし地球の中心を太陽の中心にかさねんには、地球より月までの距離は太陽の表面までのなかばにすぎずという。夜々われらの頭上に輝く恒星中もっとも近きものといえども、その光のわれらに達するまでには一秒時間十八万六千マイルの速度をもってなお二十六年を要し、その遠きものに至っては、アダム、エバの時代に消え失せたる光がようやく現今われらの目に映じつつあるのである。また太陽系全体が一日四十二万六千マイルの速度をもって一つの恒星の周囲を廻転しつつありて、しかもこれらの星の相互の位地に何らの変化をもおよばさない。その他あるいは星の数についてはいかに。かつてエホバ、ある夜アブラハムを外にたずさえて出だし「天を望みて星を数え得るかを見よ。なんじの子孫はかくのごとくなるべし」と約束したもうた。しかるに天文学者中聖書をあざけりていうものがある、「古来、星の数はしばしば数えられたり。もっとも古きヒパーカスの目録には千八十を算したるが、そののち人の数え得る星は六千四十八と定められたり」と。されども近来望遠鏡ことに分光鏡の進歩により、写真器に映ずる恒星の数は三千万に達し、なおいくばくを増すかを知ることができない。しかもその恒星の周圍にまた幾千の遊星がある。しかのみならず、さらにこれら無数の星がおのおの相異なる光栄を有するのである。「この星とかの星と栄光を異にす」とパウロのいいしがごとくである。赤き星あり、青き星あり、黄なるあり、藍なるあり。幼きあり、若きあり、老いたるあり、消えんとするあり。人おのおのその天賦の才を異にするがごとく、またルビーとダイヤモンドとジャスパーと、珠玉おのおのその栄光を異にするがごとく、幾千万の星みなその栄光を異にするのである。

天界の宏大無辺、その栄光の燦爛微妙、まさにかくのごとくである。さらばこれを造りし神の偉大とその栄光とははたしていかに。しかしてわれらはキリストを信じてかかる神の子とせられたのである。神の子！　天地万物を造りし神の子！　そのいかに偉大なる事実なるかを思え。すべての天体と大空に輝く森羅万象とを造りし神を父と仰ぎて、われらはこの無限の世界の中に生存しつつあるのである。

この日ことばをかの日に伝え、この夜知識をかの夜に送る。語らず、いわず、その声聞こえざるに、そのひびきは全地にあまねく、そのことばは地の果てにまでおよぶ（二―四）

親の学びしところを子に伝え、子はさらにこれを孫に伝うというがごとし。「**この日**」というも、主として夜の福音である。しかして星のわれらに伝うる福音は時間的空間的に無限である。しかしながら、そのひびきはいかにして進むか。彼らは説教師のごとくに口を開かない。その他何らの運動をも試みない。彼らは毎夜静かに大空にその姿をあらわし、語らず、いわず、黙然としてただ東より西へ進むのみである。かくのごときをくりかえすこと千年また千年、何びとのおのれをかえりみざるをも憂いとしない。まことにもし言説は銀にして沈黙は金ならば、沈黙中の最大雄弁は、神の造りし天然ことに星の伝うる福音である。かつて米国の富豪ワナメーカー翁の第八十回の誕辰に当たり、翁のもとに来たりて米国人に何を教うべきかをたずねし人があった。その時翁は一冊の新約聖書を手にしつつ答えていうた、「他なし、ただ星のごとくなれ」と。すなわち黙して輝くべしとの意である。まことに深き真理である。

神はかしこにあげばりを日のために設けたまえり（四）

以下、昼の歌である。詩人が朝日を歌うて「神は太陽のために幕を張りたまえり」といいしをとらえて、ダビデは地球の廻転をさえ知らずというものがある。されども注意せよ。ダビデ時代の人は天文の知識において決して現代の普通人よりも劣らなかったのである。彼らの間に用いられたる暦のごときは大体において誤らざるものであった。何の星が、いつ、どこにあらわるるかを彼らはよく研究しておったのである。もちろんわれらは詩篇の中に天文学を学ぶことはできない。しかしながら彼らの知識の決して笑うべきものにあらざりしことはこれを記憶すべきである。

日は新郎が祝いの殿を出づるがごとく、勇士が競い走るをよろこぶに似たり。その出で立つや天の果てよりし、そのめぐり行くや天の果てに至る（五―六）

日の出をたとえて、新郎の新婦を迎うるがごとく選手の競走に臨むがごとしという。まことに適切である。男児青春二十有余、その心身まさに発達の極に達して今や美しき新婦をめとらんとする時、または壮漢七尺の巨軀をひっさげ威容堂々競走場裡にあらわるる時、確かに旭日の美観を髣髴せしむるものがある。諸君はかつて冬の朝、海岬上より日の出を望みしことあるや。偉大なるものはまことに日の出である。その水平線上に出づるに先だち、東天ようやく紅を呈し光景刻々変化する間に、巨人（ジャイアント）はまずその頭をもたげ、やがてその全身を波上にあらわせば、さながら床の間に大水晶をのせたるの観がある。しかしてのち今や離れんとするがごとくにして離れざること少時、その間あたかも太陽と地球と相引き相追うがごとくである。しかしてそのついに断然袂を別つや、すなわち堂々として昇り来たる。その壮その美、これを実見せずして味わうことができない。日没もまたしかり。一夕、武蔵野に出でて富士と函嶺山脈との間に沈みゆく夕陽を望み見よ。偉大なる日輪の、一日の労働を終えて今しもその姿を西山の後に没する時、いやしくも詩想あるものはわれ知らずグードバイをとなえ、あるいは双眼に涙をうかべてまた明日の再会を期するのである。しかして詩篇第十九篇はかくのごとき時にこれを読みて初めてその精神を解することができる。詩人ワルト・ホイットマンいわく「書はこれを読む場所によりてその価値を異にす」と。なんじの陰鬱なる書斎を出で、洋上または野外において日出、日没の壮観に対しつつこれを読むにあらざれば、この詩を味わうことはできない。

ものとしてそのあたたまりをこうむらざるはなし（六）

偉大なる太陽、勇士のごとく巨人のごとくその威力をもって四辺を圧する義の太陽である。しかしながら彼は同時にまた恩沢淋漓たる恵みの太陽である。ものとして彼のあたたまりをこうむらざるはない。彼は焼き尽くす火ではない。彼は厳にしてまた優である。しかしてここに天然をもって示さるる大なる福音がある。われらもまたキリストの霊を受けて彼のごとくならなければならない。われらもまた義のために強烈なると同時に、最もあたたかき情をもって隣人にあたたまりをこうむらしめなければならない。

詩人は星を歌い日を歌いて、天地万物の大と美とをたたえた。しかして詩はここにその一段を終わった。しかしながらいまだこれをもって終局に至らない。詩人の言はしばらくやみて音楽これに代わりしのち、さらにその調子を一変して詩人はふたたび歌い出づるのである。造化の讃美は詩人を駆りてさらに偉大なる律法の讃美におもむかしむるのである。

注意すべきは神に対する詩人の呼び方の変化である。さきには「神」と呼び今は「エホバ」と呼ぶ。その神と訳されしはヘブライ語のエルまたはエロヒムであって、つねに神の力を代表する時に用いらる。これに反しエホバまたはヤーヴェは、同じ神の恵みを表わす時に用いらる。神が天地万物にあらわるる時、彼はエルである。契約の神としてわれら各自の霊を愛するの関係に立つ時、彼はエホバである。ゆえに創世記においても明白にその区別を見ることができる。天地創造の神はエルまたはエロヒムであって、エデンの園における契約の神はエホバである。詩人はさきに星と太陽とにあらわれし神をたたえてエルというた。しかして今やその律法をたたえんとして、すなわちエホバと呼び代えたのである。

エホバの律法に関して詩人は六種の句をくりかえしている。これを左のごとくに読みて一層力がある。

エホバの法は完(まった)し、霊魂を生きかえらしむ。
エホバのあかしは確(かた)し、愚者をさとからしむ。
エホバのさとしは直(なお)し、心をよろこばしむ。
エホバのいましめはきよし、眼を明らかならしむ。
エホバをかしこみおそるる道はきよし、世々絶ゆることなし。
エホバのさばきはまことなり、ことごとく正し（七一九）法、あかし、またはさとし、いましめ等といいて、同じ律法を種々なる方面より見たる語である。もちろん律法はこの六方面をもって尽くるのではない。このことに関し詩篇第百十九篇は良き註解を供するものである。しかして以上の言は天体について述べたる言の継続としてこれを見なければならない。エホバの法は「**完し**」という。すなわち天の完全なるがごとくである。「**霊魂を生きかえらしむ**」という。すなわち連日の霖雨はれて輝々たる日光を仰ぎ、「ものとしてそのあたたまりをこうむらざるなき」を感ずるがごとくである。「愚者（自己の愚を知るもの、心の貧しきもの）をさとからしむ」という。すなわち、「語らず、いわず、その声聞こえざるに、そのひびきの全地にあまねく、そのことばの地の果てにまでおよぶ」を学ぶがごとくである。「**心をよろこばしむ**」という。すなわち「**新郎が祝いの殿を出づる**」に似たる日を見るがごとくである。「**眼を明らかならしむ**」という。眼を日光にさらすがごとくである。「**世々絶ゆることなし**」といい、「**ことごとく正し**」という。太陽によって日時を計りて毫も違算なきがごとく、また日蝕の始期あるいは金星の太陽面通過時等のことごとく正確にこれを測定し得るがごとくである。

詩人は天体の偉大と正確とに比して神の法もまた完全無欠なりと歌うた。「エホバのさばきはまことなり、ことごとく正し」。まことに有力なる信仰の表白である。この世においてわれらの理想の破壊せらるることは多い。しかしながら天体の運行の正確なるがごとくに神は必ず正しきさばきをなしたもうのである。「エホバの法は完し、霊魂を生きかえらしむ」。法とは何ぞ。これを詩人の時代までに成りし旧約聖書またはモーセの五書と見ることができる。しかして詩人はいう、「その聖書は、天地万物の完全なるがごとくに完全無欠である」と。しかり、聖書は無謬である。無謬なるがゆえに霊魂を生きかえらしむることができるのである。聖書全部神言論の唱道である。

これをこがねにくらぶるも、多くのまじりなきこがねにくらぶるも、いやまさりて慕うべし。これを蜜にくらぶるも、蜂の巣のしたたりにくらぶるも、い

やまさりて甘し（一〇）

金にくらべまた蜜にくらぶ。前者は質について後者は味についてである。金は量少なくしてしかも完全なるものである。まじりなきこがねとはさらにこれを鍛え上げたるものである。しかして聖書はこれに比して一層完全無欠であるという。また蜜の甘きは蜂の収集する花の種類によって異なる。パレスチナのごとく乾燥したる国においては香り高き植物多きがゆえに、蜜はとくに純良なるものがとりいれらるるのである。蜂の巣のしたたりとは、精製せざるままの自然にしたたる純粋の蜜の謂（いい）であって、甘きが上にも甘き蜜である。しかして聖書はこれに比して一層甘しというのである。

天地万物の宏大無辺と神の法の完全無欠とをたたえたる詩人の言はなおこれをもって終わらなかった。彼にしてもし今の学者または詩人のごとくならんには、彼の歌はここに至って尽きたであろう。しかしながらダビデは天体の観察者にして律法の讃美者なるとともにまた祈禱家であった。彼は宇宙と福音とによってあらわれたる真理をただちにおのが小さき霊魂に適用した。この個人的（personal）要素を欠かざることは、詩篇を通じての貴き特徴である。世に天地の荘厳を説く人はある。律法の偉大を叫ぶ人はある。しかしながら、もしこれをもっておのが霊魂に適用することなく、みずから罪の悩みより救われし経験に訴うるところなくば、そは全く意味なき能弁である。太陽の讃美は進んでわが霊魂の救いにおよばなければならない。ゆえに使徒パウロもまたそのロマ書において、神の救いを人類学上より歴史上よりまた哲学上より論じたるのち、一転して「われ」に移り、「ああわれ悩める人なるかな」と叫んだのである。救贖は人類の問題にしてまたわれ自身の問題である。造化の大と福音の美とはさらにこれをわが悩みの上に応用すべきである。このゆえに、律法をたたえしダビデは引きつづき歌うていうた、「なんじのしもべはこれらによりていましめを受く。これらを守らば大いなるむくいあらん」と（一一）。

たれかおのれのあやまちを知り得んや。願わくはわれを隠れたるとがより解きはなちたまえ（一三）

自覚せる罪はこれを避けんと欲して避くることができる。しかしながら恐るべきは「**隠れたるとが**」すなわち心中に潜在せる罪である。みずから知らざるのゆえをもってその責任をまぬかるることはできない。神より見て、罪は人の知ると知らざるとに論なく罪である。かのみずから罪人たるを知らずして俯仰天地に恥じずと称し、いたずらに世の罪を憤るもののごときはもっともあわれむべきである。さらば知らざる罪はいかにしてこれを避け得べきか。詩人は神に訴えていう、「神よ、わが罪をことごとく知るあたわず。願わくはわが知るあたわざる罪をゆるしたまえ」と。

　願わくはなんじのしもべを引き止めてことさらなる罪を犯さしめず、それをわが主たらしめたもうなかれ（一三）

隠れたる罪はやがて「ことさらなる罪」と変ずるのである。ことさらなる罪とはいうまでもなく、悪事と知りつつ犯す罪である。しかして罪はここに至りて「わが主となり」われを支配するに至る。われは罪の奴隷となり、習慣として罪を犯すに至るのである。

　さればわれはきずなきものとなりて、大いなるとがよりまぬかるるを得ん（一三）

「**大いなるとが**」とは何ぞ。「**ことさらなる罪**」のますます増大したるものの謂（いい）であるか。あるいはしからん。しかしながらその極はついに唯一の大いなるとがに達するのである。すなわち神を神として認むるあたわず、神の権威を蹂躙し、神なくして存在し得べしと思う状態、これである。これけだし罪悪の絶頂である。クリスチャンにとり恐るべきことにしてこの状態のごときはない。神の姿全くわが眼より消え失せ、祈りをささげんとしてささぐるあたわざるに至りて、われらはまさに最大の不幸におちいったのである。ゆえに信仰生活の進むに従いわれらの最も切なる祈願は神と絶縁せざらんことにある。「願わくはわが罪をその発芽たるの間に摘み捨てて、われをしてなんじと絶縁するの不幸におちいらしめたもうなかれ」と。これこの数節の意味である。

エホバよ、わが岩よ、わがあがないぬしよ、わが口のことば、わが心の思いをして、なんじの前に喜ばるることを得しめたまえ（一四）

口のことばと心の思いと、二つながら神の前に善しとして認められんことを祈る（聖書において「ことば」といえば「おこない」をもふくむ）。天地の偉大と聖書の完全とを知ってついにこの祈禱をささげるを得ない。

以上はその大意である。詩人はまず造化の中に神を学んだ。しかして真に造化を学ぶものはみなその中に神を認むるのである。今より百年以前、信仰のさかんなりし時代にありては、偉大なる科学者の間に熱心なるクリスチャンが少なくなかった。ニュートン、ファラデーらはそのいちじるしきものである。彼らは顕微鏡または望遠鏡の下に神を見たのである。有名なるハーバード大学の動物学者ルイ・アガシは、学生を集めて海産動物の瀕海研究をなすに当たり、必ずまず祈禱をもってこれを始めたという。まことに造化の研究は聖書の研究とひとしく神聖である。しかるに現代の科学はいかに。現代の科学に神あるなし。今や学者は天然を学んでその造り主たる神を知らない。この時に当たり、科学に一大革命を起こし、望遠鏡底に神を認め顕微鏡下に人道を発見するがごとき真個の学問を復興せしむるの必要がある。（藤井武筆記）

（一九一八年十二月「聖書之研究」）

詩篇第二十篇

詩篇二〇篇一―九節

美しき応答歌である。民が王の安寧幸福にかかわる希願を述べ、王これに答え、しかるのちに王と民と声を合わせて共同の信仰を唱う。君臣心をともにし、上下志を同じゅうする時にのみ見るうるわしき現象である。これを教師と弟子との間に、また家長と家族との間に適用することができる。すべて一人の人が多数の人を統べ治むる時に、この相互的信頼ありて、万事が円満に発展進行するのである。詩第百三十三篇と同趣の歌である。

第一節の

願わくはエホバ、なんじのなやみの日になんじに答えたまわんことをより五節の終わりまでが、民が王について願いを唱うることばである。これに対して第六節が王の答えである。民の祈りと願いとに対して王はひとり答えていう、

われ今エホバ、その受膏者を救いたもうを知る……と。民のこの熱心なる信仰の後援ありて、エホバ必ずわれを救いたもうを信ずと、王はここに彼の確信を述べたのである。しかしてのちに君臣声と心とを合わせて歌うたのである。

ある人は車を頼み、ある人は馬を頼む、されどわれらはわれらの神エホバのみ名を唱えんと。たぶん元詩は大敵を前にひかえて成ったものであろう。人は戦車と軍馬とを頼む。されどわれらはエホバに頼む。しかり、それ以上である。われらの勝利確実なれば、われらは今よりすでにそのみ名を唱えんとのこころである。

ある人は車を頼む、ある人は馬を頼む、されどわれらはわれらを救いたもうエホバの神のみ名を唱う。ある人は政府を頼む、ある人は教会を頼む、されどわれらは主イエス・キリストのおん父なるまことの神のみ名を讃美したてまつる。ある人は位階勲章を頼み、ある人は財産権力を頼む、されどわれらは、罪人に代わりて十字架のはずかしめを受け、死してよみがえり、今は父の右に坐して万物をつかさどりたもう救い主にして主イエスのみ名をほめまつる。われらは天地の造り主にして主イエス・キリストのおん父なるまことの神を信じて一体である。君臣、師弟、親子の差別は儼然として存して、しかも差別の下に動かすべからざる信頼和合の岩の横たわるを見る。民主国の民はあざけりていう、君臣師弟というがごときはこれ未開時代の制度の遺物である、今や四民平等、臣は君だけ貴く、弟子は師に劣らずと。あるいはしからん。されどもエホバによりたのむものはあえて差別の撤廃を求めない。今日の地位このままにてわれらはうるわしき相互的関係に入ることができる。われらはさらに付け加えていう。

ある人は社会組織に頼み、ある人は教会制度に頼む。されどわれらはわれらの霊魂に愛の聖霊をそそぎたもうまことの神を讃美したてまつると。

（一九二九年一月「聖書之研究」）

詩篇第二十三篇

詩篇二三篇一―六節

エホバはわが牧者なり。われ乏しきことあらじ。エホバはわれをみどりの野に伏させ、いこいのみぎわにともないたもう。エホバはわが魂を生かし、み名のゆえをもてわれを正しき道にみちびきたもう。たとえわれ死のかげの谷をあゆむともわざわいをおそれじ。なんじ、われとともにいませばなり。なんじの笞（しもと）なんじの杖われをなぐさむ。なんじ、わが仇のまえにわがためにむしろを設け、わがこうべにあぶらをそそぎたもう。わがさかずきはあふるるなり。わが世にあらんかぎりは必ず恵みとあわれみとわれに添いきたらん。われはとこしえにエホバの宮に住まん（詩篇二三・一―六）

牧羊詩人にして、のちにユダヤ国の大王たりしダビデ王の作として伝えらる。その内容実質より考えて、その大王の作たるを疑うものなし。

「エホバ」ユダヤ人の保護神の名なり。あるいはこれを「ヤーベ」ととなえしならんという。名は「ハヤー」（在る）なる名詞より来たりしものにして、「有りて在るもの」、すなわち永遠の実在者の意なり（出エジプト記三・一三―一四参照）。隣邦のモアブ人はケモシの神を拝し、カナン人はバールの神につかえ、アモン人はモロクの神にその幼児を燔祭に供せし時に、ユダヤ人は永遠の実在者にして霊なるまことの神をもってその保護神となせり。

「わが牧者なり」詩人彼自身が善き牧者たりし。彼、幼時、父エサイの羊をベツレヘムの附近に飼いしころ、一日、獅子と熊と来たりてその群れの羊を取りたれば、彼その後を追いてこれを打ち、羊をその口より救い出だせり（サムエル前書一七・三四―三五）。彼はまことにキリストの述べられし善き牧者の資格をそなえしものなり（ヨハネ伝一〇・一四―一五）。彼は綿羊のいかに弱きものなるを知りしがゆえに、世路の難に処する彼自身を羊にたとえ、彼の神なるエホバを彼の牧者にたとえしなり。牧者なり、また牧師なり。彼は野にありてひとり無知の羊を友とせしもの、彼に出席するの会堂はなかりしならん。彼に正道を説くの牧師はなかりしならん。彼はわずかに彼の腰笛に彼の心中無限の感を述べ、天上に輝く星に彼の寂寞を訴えしにとどまりしならん。されども彼は単独ならざるを知れり。彼は彼が彼の羊を導くがごとくにエホバの神の彼を導くあるを知れり。エルサレムの都城にありて荘厳なる神の宮にもうで、そこに高僧の祝福にあずかるものもあらん。されどもわれの僧たり教師たり牧師たるものは、朽つべき人にあらずして、「有りて在るもの」、すなわちかの天上の星を造り、地下に「死海」のくぼ地に沈め、岡を飾るに青草をもってせしエホバの神なりと。しかり、牧者ダビデは最良最善の牧師を有せしなり。

牧者なり、牧伯なり。政治家を称して牧民の職にあるものという。されども世の牧伯また世の牧師のごとく、おのれを愛するがごとくに民衆と会衆とを愛せず、牧師にして「おおかみの来たるを見れば羊を捨てて逃ぐ。おおかみ、羊を奪いてこれを散らす」底（てい）のものあれば、政治家、牧伯にして預言者エゼキエルのいえる「羊群をやしなわず、あぶらを食らい、毛をまとい、肥えたる羊をほふり、その弱きものを強くせず、その病めるものを癒やさず、その傷つけるものをつつまず、失せたるものを尋ねず、手荒らにきびしくこれを治む（エゼキエル書三四・二―四）るもの多し。されども彼、詩人、エホバを彼の牧師として仰ぎ、エホバを彼の牧伯すなわち政治家としていただく。彼の心に平和満ちて、彼の生涯に歓喜多きは、エホバが彼の牧者なるがゆえなり。

「われに乏しきことあらじ」われは欠乏を感ぜざらん。われの牧師たるエホバの神はわれに給するにつねに新鮮強健なる真理をもってすれば、われはわが霊のかてにおいて欠くるところなかるべし。われの牧民たるエホバの神はわが必要に応じてすべての善きものをわれに賜えば、われはわれの衣食において一つも欠くるところなけん。わが身を彼の手にゆだねて、ただ彼の命これ聞きて、われに不満あるなし、不足あるなし。

「エホバはわれをみどりの野に伏させ」青草繁茂の状を示す。われを乾燥無味の思想に迷わしめてわれに真理の饑饉を感ぜしむることなく、われを恐荒の社会に置きてわれに生命の不安を感ぜしむることなし。善き牧師にして善き主宰なるエホバは、つねにわれを甘露したたるばかりの野に伏さしめて、われをしてつねによろこびに堪えざらしむ。

「いこいのみぎわにともないたもう」われを青緑の野に伏さしめて饒多の食に飽かしむるのみならず、また清流のほとりにわれを導きてわれに渇を感ぜざらしむ。かの哲学と称して人生の苦痛をしてさらに重からしむるもの、かの政見と称して存在の恐怖をしてますます大ならしむるもの、これを供するものはこれ世の牧師なり、牧伯なり。清流に臨んで心思を休めしめ、天より霊の雨を招いて心の渇を癒やし、つねに生命の水に浴せしめてわが意と肉とをなめらかならしむるものは、われの牧者なるエホバたるなり。

「エホバはわが魂を生かし」絶望に沈めるわが霊魂を立たしめ、世の迫害と誹謗とに会うて死と墓とを思うに至りしわれをして、ふたたび世と戦うの決心をわがうちに起こさしめたもう。世に肉体は健全にして霊魂のすでに死滅に帰せる人多し。しかして彼のごときをしてふたたび人生の興味を感ずるに至らしめ、生きて甲斐あるの思いをいだかしむるものは、エホバの神が吾人に下したもう天の真理なり。わが父わが君はわが体を養うを得ん。されども霊魂を生かしむるの力はひとりエホバの手に存す。

「み名のゆえをもてわれを正しき道にみちびきたもう」恩恵の神、契約の神たるの名義のゆえをもって、すなわち彼が正義仁愛の神たるの栄光を汚さざらんがために、われを正しき道に導きたもうとなり。神は、吾人に恩恵を彼より要求するの価値あるがゆえに吾人を恵みたまわず。神はそのうちに存する無量の慈愛のためにわれらを導きたもうなり。われまず神に恵まるるの資格を作りてしかるのちに彼の指導にあずからんと欲するものは、永久これにあずかるあたわじ。神のよみしたもうものは悔ゆる砕けし心なり。彼をして彼の慈愛のために吾人を恵ましめよ。われ義人なればわれを恵めと神にせまるも、神はそのおごれる心をしりぞけて決して吾人を恵みたまわざるべし。「主エホバいいたもう、わがこれをなすはなんじらのためにあらず。なんじらこれを知れよ。イスラエルの家よ、なんじらの道を恥じて悔やむべし」（エゼキエル書三六・三二）。詩人ダビデの神に対して謙遜なりしは、彼が神の恩恵に頼って彼自身の正義に頼らざりしをもって知るべし。

「正しき道に導きたもう」われつとめて義人たるにあ

らず。しかり、

善なるものはわれすなわちわが肉にあらざるを知る（ロマ書七・一八）

人の道はおのれによらず。かつ歩む人はみずからその歩みを定むることあたわざるなり（エレミヤ記一〇・二三）

われら神に頼りキリストを信ずるものは、神の教導によってのみ義人たるを得るものなり。ゆえにわれらはわれらの義をもって誇るあたわず。そはわれらの義は神の義にしてわれらの義にはあらざればなり。

「たとえわれ死のかげの谷を歩むともわざわいを恐れじ」「死のかげの谷」、ユダの山地の「死海」に浜するあたりに数多存する深谷の状を形容していいし言ならん。ダビデ幾度か彼の綿羊を導きてこれら暗黒の峡路に迷い、恐怖不安の心をいだきしならん。されども彼自身よく迷羊を幽闇のうちに尋ね出だし、ふたたび光明の牧場に導きしごとく、彼は彼の牧者たるエホバが彼を世路の艱難より救い出だして、わざわいをして彼の身におよばざらしめたもうを信ぜり。虎ほえ、獅子たけり、大蛇毒言を吐いて吾人を恥辱の墓に葬らんとする時、エホバはわが霊を守りてわれをして失意的自殺をおこなわざらしむ。

「なんじ、われとともにいませばなり」世の忍びがたきの艱難に処して、わざわいのわが身におよばざるは、われに胆力の洪波をしのぐに足るものあるがゆえにあらずして、わが牧者なるなんじエホバの神がわれとともにいませばなり。友はことごとくわれを去るに至らん。わがすべてのものは取り去られて、われは世路に彷徨するに至ることあらん。しかり、なんじの最終の召状は来たりて、われはわが愛する友と家とを去りてひとり死のかげの谷に進入する時は来たらん。されどもなんじエホバわれとともにありたもうがゆえに、われはわざわいを恐れざるなり。われは神とともにこの無情なる人世を通過せんと欲し、われは神とともに死の眠りにつかんと欲す。国人何ものぞ、友人何ものぞ、妻子、父母、兄弟、眷族すべて何ものぞ。われ死のかげに入る時はわれはひとり入るべきものにあらずや。国人こぞってわれを攻むる時に、そのすべての苦痛を感じ得るものはわれ一人なり。われの骨肉にしてわれを攻むることあり、われの父と母とにしてわれを捨つることあり（詩篇二七・一〇）。わが友はわれにそむき、わが近親のものさえわれを疑うに至らん。この時にあたってわが友たり、わが父母たり、わが慰者たり得るものはエホバの神を除いて他にあるなし。人はひとりこの世に臨んでひとりこの世を去るものなり。神もしわれとともならずば、われはいかに単独寂寞たるものならずや。

「なんじ、われとともにいませばなり」何らの光栄ぞ。何らの慰藉ぞ。宇宙を造りたまいし神はわれとともにいますという。さらばわれは何をか恐れん。葬れよ、社会。埋ずめよ、地。なんじわが師にしてわが友なる大なるエホバの神を葬り得ざるかぎりは、なんじらはわれを葬りあたわざるなり。

「なんじの笞(しもと)**なんじの杖われをなぐさむ」**牧羊者に彼の杖あり。帝王の権柄のごときものなり。彼これをもって彼の羊を導く。その彼の命に従わざるものをこらし、彼の道を歩まざるものをもどらす。エホバまたわれを導くに笞と杖とをもってす。笞はわれをこらすもの、杖はわれを導くものなり。彼われを教うるに時には笞をもってす。われ時にはその苦痛を感ず。されどもわれ彼をうらまず。そはわれは人のその子をいましむるごとくエホバもわれをこらしめたもうを知ればなり(申命記八・五)。また主はその愛するものをこらしめ、またすべてその受くるところの子をむち打てり(ヘブル書一二・六)と聖書に示しあればなり。わが神にしてつねにわれを愛撫するのみならんにはわれは彼を信ぜざるべし。されども彼、時にはわれの頑愚を怒り、われの罪過を憤り、わが身に加うるにほとんど忍びがたきほどの懲戒を加えたもうゆえ、われは彼の愛心の老婆のそれのごときものにあらざるを知り、わが苦痛を感じながらふたたび彼のもとに至って彼の恩恵にあずからんと欲するなり。

されどもわが神は憤怒と刑罰とのみの神にあらず。彼はまた宥恕の神なり。慈愛の神なり。父のその子を愛するごとくわれを愛するの神なり。彼の一手にわれをこらすための笞あれば、他の手にはわれを教えわれを導くための杖あり。正義の笞と慈愛の杖、この二者をもって彼はわれを救い、かつなぐさめたもうなり。しかり、慰藉は神の笞と杖とにあり。わが傷を癒やしたもうのみならず、時にはわれに傷を負わしめたもうの神、われを愛撫したもうのみならず、時にはわれをむち打ちたもうの神……慰藉を医癒と抱撫とのみに求むるものはいまだ神の慰藉の何たるを知らず。神に打たれ見よ。なんじは彼の医術のなんじの真髄にまで達するを知り、彼の恩恵をたたえて永遠に至らん。

「なんじ、わが仇の前にわがためにむしろを設け」神はついにわが恥辱をそそぎたもうとなり。わが仇はわが失敗を見てよろこべり。彼らはわが堕落をくわだてたり。彼らはわが苦痛の上に苦痛を加え、われの弱きに乗じてわれをくるしめ、われの骨肉の兄弟すらわが敵と和してわれを攻めたり。われは時には疑えり、「神もついにはわが敵とくみしたまわざりしや」と。われはわが仇の前に恥辱の泥中にまろび、われは神のみ前より追われしものなりと思えり。

されども

この苦しむもの叫びたれば、エホバこれを聞き、そのすべてのなやみより救い出だしたまえり（詩篇三四・六）

彼はわれをして永久に恥辱の淵に沈まらざらしめたり。時至ってわが懲罰のなわ目のわが身より取り去らるるや、神は前日にまさるの慈愛をもってわれを顧みたまい、美服をもち来たりてわれに着せ、わが指に環をはめ、わが足に靴をはかせ、またわがために小牛を引き来たりて、ほふり、楽あり舞ありてわがために勝利の大祝筵を開きたまえり（ルカ伝一五）。しかしてわが敵はこれを見ておどろけり。しかり、彼らは憤れり。彼らはわれの神の愛子にして彼らがわれをくるしめしはわが神の特命によりしことを知らざるなり。かくて神はわれをわが敵の前に義としたまい、われに賜うにわが敵をもゆるすの心をもってしたまい、われをしてわが神に謝して歓喜おくあたわざらしめたもう。われはその時にサムエルの母なるハンナとともに歌うなり。

わが心はエホバによりて喜び、
わが角はエホバによりて高し、
わが口はわが敵の上にはりひらく、
こはわれ、なんじの救いによりてたのしむがゆえなり。

エホバのごとく聖きものはあらず、
そはなんじのほかに有るものなければなり、
またわれらの神のごとき岩はあることなし。

なんじら、かさねていたくたかぶりて語るなかれ、
なんじらの口よりほこりごとを出だすなかれ。
エホバは全知の神にして、わざをはかりたもうなり。

ますらおの弓は折れ、
倒るるものは力を帯ぶ。
飽き足れるものは食のために身をやとわせ、
飢えたるものはいこえり。
うまずめは七人を生み、
多くの子を持てるものは衰うるに至る。

エホバは殺し、また生かしたまい、
陰府（よみ）に下し、また上らしめたもう。
エホバは貧しからしめ、また富ましめたまい、
低くし、また高くしたもう。

弱きものをちりの中より挙げ、
貧しきものをあくたの中よりのぼせて、
王公の中に坐せしめ、栄光の位を継がしめたもう。
地の柱はエホバのものなり、
エホバその上に世界を置きたまえり。
エホバその聖徒の足を守りたまわん。
悪しきものは暗やみにありて黙すべし。
そは人、力をもて勝つべからざればなり。

エホバと争うものは砕かれん、
エホバ天よりいかずちを彼らの上に下し、
地の果てをさばき、その王に力を与え、
そのあぶらそそぎしものの角を高くしたまわん（サムエル前書二・一―一〇）

「わがさかずきはあふるるなり」　われにこの勝利ありて、われにこの歓喜ありて、わが仇の前にわがためにこの大祝筵は開かれて、わがとがはゆるされてわれはふたたび神の顧みたもうところのものとなりて、わが恩謝のさかずきはあふれざらんや。もしこの大勝利にしてわれわが自身の力によりて得しものならんか、われはかくも喜ばざるべし。されどもそのわが神がわがために得しものなれば、われの歓喜は大なるなり。われは単にわが

敵の前にわれの恥辱よりそそがれしのみならず、われはわが神のわが味方なるを知るを得たれば、われはことさらによろこぶなり。われはわが業の成功を見て、わが力を誇らずして、わが神がわれに賜いし力と栄えとを讃美するなり。

「わが世にあらんかぎりは必ずめぐみとあわれみとわれに添い来たらん」われは知る、われをこの危険より救いしわが神は永久われを捨てたまわざらんことを。たれかエホバのめぐみ深きをあじわいしものにしてふたたび彼をはなれ得べけんや。神にしてもしわれを捨てたまわんにはこの時にわれを去りたまいしならん。されどこの大危難よりわれを救いし神は永久われを去ることとあらじ。そのめぐみとあわれみとはわが身に添いて、われはついに神において眠るに至らん。

クロムウェルまさに瞑せんとするや、彼の枕辺にはべりし教友に問うていわく「吾人は神の恩恵より落つるを得るや」と。教友答えていわく「なし」と。時に彼、声を高めていわく「さらばわれは安然なり」と。吾人の希望は神が過去におけりしがごとくまた未来においても吾人を恵みたまわんと信ずるにあり。かくて神は艱難を下したもうごとに吾人の信仰を固うし、ついに千難万苦に勝って、吾人は毫厘も神の恩恵を疑い得ざるに至る。信仰もとこれ経験の結果なり。友に売られ、国人に捨てられ、世に偽善者視せられ、すべての悲惨をなめつくしてのみ、吾人は神は永久変わらざるの愛なることを確信するに至る。

「われは永久にエホバの宮に住まん」「エホバの宮」、神のいましたもう処、必ずしも教会の意にあらず。エホバの宮に住むとは神とともに住むの意ならざるべからず。あるいは碧空の下、緑草の上においてするも、あるいは古人を友とする著述家の書室においてするも、あるいはもし神の命とならば錦繡の椅子に坐して民の政治をつかさどることあるも、あるいは野にたがやすも、工にはたらくも、わが身心を神にゆだね、神とともにはたらき、神とともに眠りにつかんのみ。われはふたたび神を離れて王公の宮殿に消ゆる栄華を求めんとはせじ。われはふたたび真理をさぐると称して神を有せざる哲理にわれの心をまかせじ。われは神以外に美と真とをたずねざるべし。われは永久に神の宮に住まんと欲す。貧者の茅屋か、獄牢のうちか。神のいます所ならんにはわれはわが住所をえらばざるべし。幸福なるかな、われ。われはわが心において永久にエホバの宮に住むを得るなり。

（一九〇〇年十二月『聖書之研究』）

ダビデの牧羊歌

詩篇二三篇一―六節

詩篇第二十三篇は旧約聖書中の真珠である。信者にしてこの詩がその口よりおのずから流るるように出で来たるにあらずんば、いまだ深く聖書を味おうたとはいえない。この篇は新約聖書における「主の祈り」とともに、信者がつねに心に銘じて誦すべきものである。

第二十三篇はその冒頭にいう、**「エホバはわが牧者なり」**と。これ全篇のおもなる題目である。聖書を学ぶ祕訣はその冒頭の数語の深き意味に注意することである。創世記第一章第一節に旧約書の全部がふくまれ、詩篇第一篇第一節に詩篇全体の序文があり、またマタイ伝第一章第一節にキリストの福音がすべて説かれてある。しかしてこの考えをもって「エホバはわが牧者なり」の一句を読むに、原語にてはわずかに四字なれど、おのおのみな重き意味の語なることがわかる。牧者とは何ぞ。イエスもみずからを牧者にたとえられしがごとく、牧者と羊とは聖書中において深き意義を有する。しかしてダビデはみずから牧者であった。サムエル前書第十七章以下には彼の牧者生活の詳細をのせている。彼はある時その愛する羊群が獅子と熊に襲われしを奪い返せし話もある。ゆえにダビデは羊をやしなうの苦心その他、これに関する全般の事情をわきまえておった。ゆえに彼が歌うて「エホバはわが牧者なり」といえる時、彼の全生涯の実験がこの数語に織りこまれているのである。ペテロ前書二章二十五節にも「霊魂の牧者」なる語がある。

牧者の尊さを知るには羊の愚かなるを知るを要す。そもそも羊を飼うには杖と笞（しもと）とが必要である。羊は集合的に動き雷同的にふるまう。ゆえに一疋にても群を離るれば全体たちまち四散する。治めがたきものにして羊のごときはない。これ牧者の苦心の存するところである。

かくのごとく羊に必要なるは善き牧者である。われら人生に必要なるは善き牧師である。国の政治をおこない地方を治むるにも牧民官を要する。善き牧民官のあるといなとは、人民の休戚に大関係がある。いわんや霊魂の場合においてをや。「わが魂を生かし、み名のゆえにわれを正しき道に導く」ものははたしてたれであるか。

　われらはまことに善き牧者を要する。今の世の牧師はたしてわが望みを満たすや。ことごとくしからずである。されどもただ一人の牧師あり、エホバはその人である。エホバあるがゆえにわれは善き牧師なきを悲しまない。たとえ悪しき数多の牧師ありといえども、その最後の頂上にはエホバなる大牧師あれば、われらは失望しないのである。

　「わが」といい、**「われ」**といいて、「われら」あるいは「クリスチャン」と書かざるは注意すべき点である。これ決して神を独占する意味にあらず。各自がひとりで特別に実験すべきことであるからである。エホバが各自にとりて特別に実験さるべき大牧師なることは、このダビデの独自の実験によりて示されている。「わが」または「われ」といいて単数にて書かれたるところに特に力があり望みがある。一般的（ゼネラライズ）にさるれば意味すこぶる薄弱となる。これを単数にて語りて初めて友に向かって語るがごとき信頼と親密とをあらわすのである。

　また**「ある」「なり」**とはヘブライ語、ギリシャ語にて大切なる文字である。とくに語気や意味を強めるために用いられる断定の言葉である。これまた深く味わうべきである。さらに第一節にいわく**「われ乏しきことあらじ」**と。けだしエホバを牧師として仰げば、もはや何らの欠乏を感ぜぬのである。人間には欠くるところが多い。感情こまやかなれば知識足らず、知識増せば信仰冷え、意志強ければ愛を欠く。これまことに人間の弱点である。しかしながらエホバはすべてこれらを備えたもう。愛と知識と感情と意志とみな完全に持ちたもうのである。ゆえにエホバを仰げばわが要求はすべて満たさるのである。

　「エホバはわれを緑の野に伏させ、いこいのみぎわにともないたもう」と。緑の野はわが日常の食物を作る畑である。いこいのみぎわはわが命の水を供給し、休息を与うる所である。エホバはわが食物にして同時に命の水である。エホバを信ずるものはほかに休息を要せない。

現代人は休息を山に求め海にあさり、夏には避暑冬には避寒せざれば神経衰弱を病むという。しかしながら休みは山になく海になし。エホバに頼めば、いこいおのずから成るのである。書斎にあり労働場にありて十分に休み得るのである。今のクリスチャンが外に休みを求めてやまないのは、頼むべき、いこうべき真の牧者がないからである。

「わが魂を生かし、み名のゆえをもてわれを正しき道に導きたもう」と。「生かし」は復活である。なえたる霊魂を新たにすることである。新しき希望と力とを与うることである。しかしてこの復活したる霊魂を悪魔の手にゆだねず、神のみ名の栄えをあらわすために使わんとて正しき道に導きたもうのである。単に救い出し新生命を吹きこむのみならず、これを正しく導き使いたもうのである。

「たとえわれ死のかげの谷をあゆむとも……」とある。「死のかげの谷」は、死に臨み神の側にあるを確かめたる言葉というよりも、むしろ吾人の日常生活に当てはまる言葉である。ヘブライ語に、相似たる二語がある。ツァルマルベースとツァルムートという。前者は「死のかげ」を意味し、後者は「うす暗き場所」の意である。この節は後者の意に解するが適切である。すなわちパレスチナの暗き谷間多き平地においては、獅子その他の猛獣がその間に隠れてしばしば羊を襲うのである。われらの日常生活はあたかも暗き谷間に近くさまよう羊の生涯と似ている。思わざる所に恐るべき誘惑があらわれ迫害が起こりてわれらを悩ます。しかしながらエホバによりたのむものはかかるわざわいを恐れない。神はいかなる時もわが側にありてわれらを守り、すべての必要なるものを与えたもうからである。

かくのごとく神はわれらの要求をいれ、休養を賜い、なぐさめを与えたもう。読んでここに至れば神はただありがたき一方である。浄土真宗の唱うる弥陀とほとんど異なるところがない。しかしながら聖書の特色はこの後にある。キリスト教の神は単にいこいを与うるのみでない。いこいの後にただちに活動を要求する。マルコ伝第九章にもあるごとく、イエスがペテロ、ヤコブ、ヨハネをともないて変貌の山に登りし時、ペテロはイエス、エリヤ、モーセのために庵（いおり）を結んで静かにきよき生涯を送らんというた。しかるにイエスこれを聞きたまわず、山を下りてそこに待つ数多の人の救いにいそぎたもうたのは、キリスト教が活動的であり積極的であるよき証拠である。ゆえに「エホバはわれを正しき道に導きたもう」といいて、その中に戦いがある。この世と戦うに必要なる休養すでに終わったのちは、ただちに出でて義のために戦えというのである。しかして敵と戦うに当たってはエホバの助け必ず至る。すなわち「**なんじの笞なんじの杖われをなぐさむ**」という。笞も杖も敵を防ぐために用うるものである。「なぐさむ」とは助くるの意である。しかしながら笞にはさらに他の意味がある。罰を加えることである。人があやまちにおちいった時は笞を用いてこれをただすのである。すなわち第四節は、単に外部の敵を防ぐのみならず、もしみずからあやまちにおちいったならば、神が笞を加えて罰を下したもう必要があることをいったのである。愛、濃ければ笞いよいよきびし。われらは内なる敵をこらす時に神の笞のありがたさをよく知ることができる。

第五節より全く題目が一転する。

「**なんじ、わが仇の前にわがためにむしろをもうけ……**」と。人生は戦いである。敵前に曝露しつつ与えらる糧（マナ）こそ真のご馳走である、休養にあらず、享楽にあらず、戦わんがための奨励である。慰安である。心せわしき中にエホバのご馳走を得て、ただちにつぎの戦いを戦うのである。わがこうべには油そそがれ、わがさかずきは満ちあふる。わが勇気は倍せざるを得ない。わが足は進まざるを得ない。

最後に第六節は二つに分かたる。まず「**わが世にあらんかぎりは必ずめぐみとあわれみとわれに添い来たらん**」と。これエホバによりたのむものに現世の慰安ゆたかなるを歌えるものである。つぎに「**われはとこしえにエホバの宮にすまん**」と。これエホバを待ち望むものに来世の希望動かすべからざるを示せるものである。この世にありては種々の悩みの中にエホバのめぐみとあわれみとになぐさめられ、この世を去ってはとこしえにエホバの側に天国の生活を送る。これクリスチャンの特権である。

エホバに飼われ、エホバに養われ、すべてエホバによりて生き、はたらき、ついにとこしえの生命に入る。クリスチャンのよりどころはエホバ、エホバ、エホバである。詩篇第二十三篇はダビデの宗教的自覚を歌いたる最もうるわしき詩である。この篇が詩篇中の雄篇と称せらるるはまことに当然である。

（一九一九年六月「聖書之研究」）

詩篇第二十四篇

詩篇二四篇一―一〇節

サムエル後書第六章にしるされたる歴史的事実の精神を歌うたる歌である。「エホバ鎮座の歌」というたならば、古い日本人にはよくわかるだろう。ダビデがイスラエルの選抜の勇士三万人をひきい、エホバの箱をバアレユダよりシオンの山にうつしまつりし、その時の心を歌いし歌である。おどろくべきは発端の一句である。

地とそれに満つるもの、世界とその中に住むものとはみなエホバのものなり（一）

という。イスラエル民族の神なるエホバは全地万有の神なりというと同じである。もし日本人が天照大御神は天地の主宰者なりというならば世界はこぞっておどろくであろう。しかしこの詩の作者はかくいうに充分の理由を持った。エホバは正義の神である。ゆえに正義のおこなわるる所に彼の支配はおこなわる。不義をおこなうものはたとえイスラエルの民なりといえどもエホバの民と称することはできない。ゆえにいう、「エホバの山に登るべきものはたれぞ？　手きよく、心きよきもの……」と。エホバがシオンに鎮座して万国の民を統べ治めたもうという明白なる理由はここにある。ユダヤ人なり日本人なるがゆえに特別に尊いのではない。正義をおこない正義に服従するがゆえに貴いのである。そのことを主張する点において聖書は誤らない。

七節以下はエホバの入城式とでも称して可なるものであろう。シオンの城門、エホバの前に開かるとの意である。その言葉のあまりに荘厳なるより、「山のぼりの歌」が後に「天のぼりの歌」となったのである。有名なる讃美歌の作者チャールス・ウェスレーがこの詩を基礎として Our Lord is risen from the dead（われらの主はよみがえりたまえり）の雄大なる讃美歌を作ったのである。われらの用うる讃美歌において第九十三番がそれに似よりたるものである。

とこしえの戸よ、揚がれ、栄光の王入りたまわん　(九)

とあるは、この世の王の入城式とは思われない。

かくのごとくにして詩篇第二十四篇はキリスト昇天の預言として見ることができる。エホバの箱がシオンの山にかき上げられしさまの極致に達せしものが復活後のキリストの昇天である。

門よ、なんじのこうべを揚げよ。とこしえの戸よ、揚がれ。栄光の王入りたもう。栄光の王とはたれぞ？　万軍のエホバ、彼が栄光の王である（九―一〇）

私は人間によって書かれたもののうちでこんな荘大のものの他にあるを知らない。もしダビデがこれを書いたとすれば、彼は確かに聖霊によって書いたのである。

（一九二九年一月「聖書之研究」）

詩篇第二十五篇

詩篇二五篇一―二二節

敵にかこまれ、困難に際して、神の保護と指導とを仰ぐ祈禱の言葉である。最後の一節は付けたりであって、詩は各部七節より成る三部に分かたる。われなんじを待ち望むというが基調である。能力われにあるなし、なんじの救いを待ち望むというが詩人の態度である。自己の決心または激励ではない。神の助けを待ち望むこと、すべてが信頼である。

まことになんじを待ち望むものは恥しめられず(三)という。「恥を負う」または「恥しめらる」という。敵にはずかしめらるるというがもちろんその一面である。されどもわが祈禱が聞かれずして神に対するわが信頼が裏切らるるというが深刻なる他の一面である。わが祈禱が聞かれずして、敵に「なんじの神はいずこにありや」といわれてあざけらるること、信者にとり苦痛の極とはこのことである。これはまことに主の十字架の苦痛であつた。神に捨てられて敵にあざけらるる時……この場合にエリ、エリ、ラマ、サバクタニ（神よ、何ゆえにわれを捨てたもうや）の叫びが信者の口よりおこるのである。

苦難に会うて第一に起こるのは罪の意識である。

> わが罪とがとを思い出でたもうなかれ……わが不義は大いなり。エホバよ、み名のためにこれをゆるしたまえ（七、一一）

と。祈禱が聞かれんがためには罪がゆるされざるべからず。患難はそのすべての形において罪の結果である。ゆえに罪をゆるされずして患難は去らない。神より保護指導を求むるにあたりて、まず罪のゆるしを祈るは正当の順序である。詩人はただひとえに神の恩恵を仰がんとしない。まずおのが罪を認めてそのゆるしを乞い求む。すべてききめある祈禱はこの順序を誤らざらんことを必要とする。

そしてゆるしも助けもすべて神の愛による。

> なんじのあわれみといつくしみとはいにしえより絶えずあり。エホバよ、このことを思い出だしたまえ（六）

とある。このことあるがゆえに、罪人に祈禱の勇気が起こるのである。万物の造り主にかれ相当のあわれみといつくしみとがある。ゆえにわが罪はゆるされ、助けはわれに臨みて、われはわが敵の無情の憎みより救い出ださるべしというのである。大敵を前にひかえての信者の祈禱はかくあらねばならぬ。敵に勝つ前にまずおのれに勝つ。神の仁慈に頼り、まずおのが罪をゆるされ、しかしてのちに敵の手より救われんと欲す。第十八節より二十一節までが明らかにこの順序を示す。

「なんじを仰ぎ望む」の語をもって始まりしこの詩は「なんじを待ち望む」の言をもって終わる。信仰の道は道徳でもなければ努力でもない。信頼である。神に信頼して、自己に勝ち世に勝たんとするのである。

（一九二九年一月「聖書之研究」）

詩篇第二十六篇

詩篇二六篇一—一二節

信者は神に対しては罪人である。神に対して立つ時に、彼に懺悔の言葉のほかに何もない。ダビデとともに「われはわがとがを知る。わが罪はつねにわが前にあり」といいて彼のゆるしを乞うまでである。されども罪の世に対しては聖徒である。おのが罪を認むるだけでも信者と不信者との間に雲泥の差がある。信者はおのが清浄を誇らないが、さればとて不信者と何の異なるところなきものにあらずといわない。しかり、そうあってはならない。信者は不信者の仲間にありて時々詩人とともにいうのである。

神様、私をさばいてください。私は正しき道を歩みます。われはたゆまず貴神(あなた)によりたのみます。
神様、われをただしてください。試みてください。
私の腎(むらと)と心とを照覧(み)てください(一—二)

と。もし腐敗をきわめたる東京市会議員の内に一人の清廉潔白の議員があるとするならば、彼はかくいいて神に訴えてすこしも不遜でないのである。「義人あるなし、一人もあるなし」。されども「われは賄賂(まいない)を取らず、悪計にたずさわらず」と断言し得ざるものは神のしもべたるあたわず。

キリストのしもべにとりこの世の人は「むなしき人」である。「悪を偽り飾る人＝面をかむる人、偽善者」である。社会は「悪をなすもののつどい」である。クロムウエルは第百二十篇五節の言を引いていうた、

わざわいなるかな、われはメセク（長引く）にやどり、
ケダル（暗黒）の幕屋のかたわらに住めり

と。聖徒にとりてはこの世は堪えがたき所である。ゆえにことさらに神の家を慕うのである。

エホバよ、われなんじのましますます家、
なんじが栄光のとどまる処を愛す（八）

感謝の声の聞こゆる所、くすしきことの宣べらるる所、同じくエホバを慕うものとともに祭壇をめぐる所を求む。不信者の集会に対する神の家、世にこんな対照はない。前者をきらいて後者を慕う。これ自然の情であ

る。真の信者はかくあらねばならぬ。

かくいいて、もちろん不信者の間に何の善きことなし、信者の間に何の悪しきことなしというのでない。われらはいわゆる信者の間に多くの堪えがたきことを見る。されどもキリストのみ名の唱えらるる所と唱えられざる所との間に何か根本的のちがいがある。そして信仰が進めば進むほど、このちがいが大きくかつ明白になる。パウロがいえるがごとし。

不信者とくびきを同じゅうするな。義と不義と何のあずかりかあらん。光と暗と何のまじわりかあらん

（コリント後書六・一四）

と。事業の共同はやむを得ざるも、主義の一致は不可能である。

（一九二九年一月「聖書之研究」）

エホバはわが光なり

詩篇二七篇一―一四節

エホバはわが光なり、またわが救いなり、
　われ誰をか恐れん。
エホバはわが命のとりでなり。
　われたれのためにかおののかん。（一）
悪人襲い来たりてわが肉をくらわんとせし時に、
わが敵、わが仇、われに近づきし時に、
彼らはつまずき、かつ倒れたり。（二）
たとえ万軍われにむかいて陣を張るも、
　わが心はおそれじ。
たとえ戦争わがために起こるも、
　われになおたのむところあり。（三）
われはただ一事をエホバに乞えり、われはこれを求む。
われは終生エホバの家にありて、

その美を仰ぎ、その宮をうかがわんことを。(四)
さればなやみの日に仮り屋の中にわれをひそませ、
その幕屋の奥にわれを隠し、
われを高く岩の上に置きたまわん。(五)
今わがこうべはわれをめぐれるわが敵の上にもたげ
られん。
われはエホバの宮にありて喜びの供え物をささげ
ん。
われは歌わん、しかり、エホバに讃美の歌をたてま
つらん。(六)

エホバよ、われ声をあげて叫ぶ時にわれに聞きたま
え。
わが上にあわれみをたれて、われに答えたまえ。(七)
「なんじら、わが顔を求めよ」とのたまいし時に、
「エホバよ、われはなんじのみ顔を求めん」とわが
心に答えにき。(八)
なんじのみ顔をわれよりそむけたもうなかれ。
怒りてなんじのしもべを遠ざけたもうなかれ。
なんじはわが助けなりし。われを去りたもうなか
れ。
ああわが救いの神よ、われを捨てたもうなかれ。(九)
わが父わが母われを捨て去りし時に、
エホバはわれを拾い上げたまえり。(一〇)
われになんじの道を教えよ、ああエホバよ、
わが敵われをうかがえば、われを平かなる道に導け
よ。(一一)
わが仇の望みにわれをまかしたもうことなかれ。
そは讒人われに逆らいて立ち、わがために狂暴を吐
けばなり。(一二)
われもし生けるものの地において、
エホバの恵み受うくるの頼みなからんには……
(一三)

エホバを待ち望め、
心を強くせよ、彼はなんじの心を堅くせん。
われはかさねていう、なんじ、エホバを待ち望め
と。(一四)

略注

ダビデの作として一般に認めらる。彼の生涯にこの詩に適合する境遇多かりし。

「悪人襲い来たりてわが肉をくらわんとせし時……」 ダビデがペリシテ人ゴリアテにむかいし時に彼ゴリアテが発せし言とその態度とを参考せよ（サムエル前書一七）。

「終生エホバの家にあらん……」とは、その殿守（とのも）りたらんとの意にあらず、「エホバの家にある」とはエホバとともにあることなり。**「その美を仰ぐ」**とはつねにその恩徳を思うことなり。**「その宮をうかがわん」**とは、エホバの真個の住み家なる宇宙の妙美を探らんとのことなり。

「仮り屋」は陰影のためのおおいなり。「昼は日なんじを打たじ」との言を対照せよ。**「高く岩の上に置く」**とは、高くして堅き安全の地位に置くをいうなり。

第六節をもって安泰の感を述べつくし、第七節をもって哀訴に転ず。しかしてこれをなすにあたって過去の恩恵を回顧して目前の援助を求む。**「わが父わが母われを捨て去りし時」**の一句に至って詩人の熱情はその絶頂に達せり。神の愛は父母の愛よりも大なり。父母はその生みし子を捨つることあり、されども神は世の父母が捨て去りし子を拾い上げたもう。しかして詩人はいう、彼も捨てられてまた拾い上げられしものの一人なりと。

第十三節は感動の辞なり。ゆえに完全なる文をなさず。しかもその文をなさざるところにいいつくされぬ情ありて存す。ああもしわれエホバの恩恵を知らざらんには、われはかかる境遇にありていかに成り行きしぞと。

第十四節において信仰の回復あり。詩人はおのれをはげましてかくいえり。

（一九〇三年五月「聖書之研究」）

詩篇第二十七篇

詩篇二七節一―一四節

詩篇第二十七篇は詩篇の内にあまたある信仰歌である。すなわち信仰の状態を歌うたる歌である。信仰歌に二種あり、上り歌と下り歌とである。上り歌は低きより高きに至る歌であって、下り歌は高きより低きにつく歌である。第二十七篇は下り歌の一つである。信仰のことにおいても、他のことにおけるがごとく、高きものは低くせられ低きものは高くせらるるである。わが信仰は確実なりと高言するものは、その信仰の頼るに足らざるを知らしめらる。詩第二十七篇はその一例である。

詩人はおのが信仰に関する自信をとなえていうた。

エホバはわが光わが救いなり。エホバはわが命のとりでなり。われたれをか恐れん、たとえ、いくさ人、営をつらねてわれを攻むるとも、わが心恐れじ。今わがこうべはわれをめぐれる仇の上に高く揚げらるべし。このゆえにわれ、エホバの幕屋にて歓喜の供え物をささげん。われ歌いてエホバをほめたたえん（一、三、六）

と。これは信仰の絶頂である。ここに立ちて祈願哀求の必要はないはずである。されどもわれ確かなりと思う時にわが足はすべるのである。信仰の頂きに立ちしかと思いし詩人はたちまち患難の谷の底よりエホバにむかいて叫ぶのであった。墜落である。しかしながら正直である。ゆえに愛すべくある。信仰の実験そのままである。

われ声をあげて叫ぶ時、エホバよ、聞きたまえ。またあわれみてわれに答えたまえ。ああわが救いの神よ、われを追い出だしたもうなかれ。われを捨てたもうなかれ（七、九）

と。さきの信仰消えて跡なしである。信仰は信頼である、ゆえにどこまでも自己不信であらねばならぬ。わが信仰に頼りて、信仰は信仰でなくなるのである。わが信仰は確かなりというものは、その瞬間にその信仰の頼るに足らざるをさとる。第三十篇六、七節にいえるがごとし。

われ安けかりし時にいえらく、とこしえに動かさるることなからんと。しかはあれど、なんじ顔をかく

したまいたれば、われおじまどいたり

されども信者にとり墜落狼狽は滅亡に終わらない。彼はふたたびエホバの取り上ぐるところとなる。彼は心を落ちつけ自己をはげましていう、

エホバを待ち望め、必ずやエホバを待ち望め（一四）

と。自己によりたのむなかれ、おのが信仰にたのむなかれ、エホバによりたのみ、そのたすけを待ち望めと。

わが父わが母われを捨つるとも、エホバ、われを迎えたまわん（一〇）

父母の愛にまさる愛なし。されども父母がその子を捨つることなきにあらず。ことに信仰を異にする場合にしかり。神の愛は父母の愛以上である。イザヤ書四十九章十五節を見よ。多くの信者が父母に捨てられて真の神を発見した。

（一九二九年二月「聖書之研究」）

詩篇第二十八篇

詩篇二八篇一―九節

第二十七篇が信仰の下り歌であるに対して第二十八篇は上り歌である。信仰衰退のどん底よりのぼりてその絶頂に達した経路を歌うた歌である。歌は祈禱の実験録である。詩人は祈禱に従事しつつある間に、知らず知らずの間に苦難の境遇を脱して歓喜の状態に入ったのである。まことに祈禱そのものが救いである。信者は祈禱に従事してすでに救われたのである。助けの到来を待つまでもない。祈りつつある間に霊はすでに救われて、身は救われざるにすでに讃美の声が揚がるのである。

まず初めに強い叫び声が揚がる。

ああエホバよ、われなんじを呼びまつらん。
わが岩よ、願わくはわれにむかいて唖者（おおし）たりたもうなかれ。
なんじ黙したまわんか、恐る、われは墓に入るものとひとしからん。（一）

詩人はみずから種々と救いの方法を講じた。されどもついにその道を発見せずして神にむかいて声を揚げて叫んだ。祈禱ほどたやすきものはなく、効果多きものはない。されども信者は万策つきるまで祈禱につかない。彼はまずみずからおのれを救わんとし、救うあたわずしてついに神に至る。「苦しき時の神だのみ」である。いかにも初めて神を発見したかのごとくに彼に強求する。彼に「唖者たるなかれ」と乞い「われ死せん」といいて訴う。そのあわてさかげんは事実そのままである。

詩人は人の頼むべからざるを悟った。味方と思いしものは敵であった。いわく

彼らはその隣人にやわらぎを語れども、
その心にはそこないをいだけり。（三）

人はすべてこれである。その親切は刃を包む袋である。人の親切を信じて滅びしもの何ぞ多き。イスカリオテのユダが接吻をもってその主を売りし例は、これをこの罪の世のいたる所に見るのである。

人に裏切られて困苦のどん底にまろびし詩人は、エホバを仰ぎ見ていまだ救われざるにすでに救いを感じた。

エホバを讃美せよ、彼はわが祈禱の声を聞きたまえり

と彼は頭をもたぐるやいなや叫んだ。

エホバはわが力、わが盾なり。
わが心これにより頼みたれば、われ助けを得たり
（七）

と彼は祈禱を終わるやいなやいうた。彼は祈禱によりて祈禱の内にすでに救われたのである。

（一九二九年三月「聖書之研究」）

詩篇第三十篇

詩篇三〇篇一―一二節

病にかかりこれを癒やされし時の歌である。何人びとも病にかかる。たいていの人は、一生に一度か二度は病のゆえに墓のまぎわにまで連れ行かれる。その時に死に直面して人生のもっとも深きことを学ばしめらる。そして信者には信者相応の病の実験がある。信者は病を神の警告または刑罰として感ずる。罪に目ざめたる彼にとり、しかあるのが当然である。罪のゆえに病にかかり、

罪を悔いて癒やさる。奇跡的に癒やさるといなとは別問題である。医術によって癒やさるるも、神に癒やさるることにおいては同一である。彼は癒やされしいかなる場合においても詩人とともにいうのである。

わが神エホバよ、われ、なんじに呼ばわりたれば、
なんじ、われを癒やしたまえり

と。

うるわしき言葉は第五節である。

その怒りはしばしにして、その恵みは命とともに長し。
夜はよもすがら泣き悲しむとも、朝には喜び歌わん
(五)

神の怒りは寸時、恩恵は永久、一時の病の結果として生命は新たにせられて永久に尽きじとのことである。後半節は左のごとくに訳すべきである。

うれいは夜やどるとも、朝には歓喜来たる

と。憂愁と歓喜とを二人の客人として見たるいい方である。憂愁の名を帯びたる客人は病を持参してわが家に一夜を過ごせしといえども、夜明けとともに彼は去りて、朝には彼に代わりて新客の歓喜入り来たれりとの意である。感情を人格化して、これを一層強く感ずるのである。

病によって信仰は試みらる。

われ安かりし時にいえらく、とこしえに動かさるることなしと。
エホバよ、なんじ恵みをもてわが山を堅く立たせたまいき。
されどなんじ、み顔を隠したまいたれば、われおじまどいたり。(六・七)

平安の時に患難を思わず。いう、繁栄はわが身の付きものなりと。いずくんぞ知らん、繁栄は、われ知らざるに、神われを守りてわれを堅く立たせたまいしがゆえなりしを。ゆえに一朝、彼そのみ顔を隠し、その恩恵の手を引きたまえば、われは患難の人となりて恥ずかしくも恐れおののく。健康を神の恩恵のたまものとして知らんがために病は必要である。「命ありてのものだね」という。しかしてその命は神のたまものである。人は神の恩恵の中にひたりながら、これを自然の権利と称して、神のたまものとして認めないのである。

死にいたらんとする病を癒やされて、信者に起こる感想が最後の二節である。「われ、わが栄えをもて、なん

じをほめ歌いて、黙すことなからんためなり」と。病にかかりこれを癒やされしはこれがためである。今日までの沈黙に代えて、わが全力をあげて神を讃美し、その栄光を世に知らしめんためである。

（一九二九年三月「聖書之研究」）

詩篇第三十篇五節

エホバの怒りはただしばしのみ、
されどその恵みは終身なり。
涙は一夜やどることあるも、
歓喜は朝とともに来たらん。（詩篇三〇・五）

エホバは怒りたまわざるにあらず。われらに刑罰の臨まざるにあらず。されどもこれただしばしのみ。彼の恩恵は延びて終生にいたるなり。懲罰は例外のみ。しかして恩恵は常則なり。涙は時に浮かばざるにあらず。されどもこれ単に旅人の一夜をわが家に過ごすがごとし。朝来たれば彼は去り、しかして歓喜は彼に代わりてとこしえにわれとともに住むなり。苦痛はしばしのみ。歓喜は永久なり。涙は旅人のごとくにして去り、感謝は家人のごとくにして来たり住む。しかり、歓喜は朝とともに来たらん。旭陽暗黒を排してのぼる時に、わがくちびるに讃美の声は揚がる。

（一九一一年三月「聖書之研究」）

詩篇第三十一篇

詩篇三一篇一―二四節

詩篇第三十一篇は祈禱である。祈禱といいてただに祈願でない。神との対話である。「人がその友と語るがごとくに、エホバは顔と顔と相対してモーセと語りたまえり」とあるがごとくに、ここに詩人は顔と顔と相対して神と語ったのである（出エジプト記三三・一一）。神聖なる密室のむつごとと解してその意味はわかるであろう。信仰といえばおおやけに発表せらるべきものとのみ解するがゆえに、聖書の内に解しがたいことをあまた見るのである。信仰は神と霊魂との親密なる交際である。ゆえにその内に他人のうかがい知るあたわざるところのものが多くある。ルーテルの言に「われ怒る時にもっともよく祈り得る」とあるがごとき、この種の消息を通ずるものである。信者が詩篇第三十一篇を味読せんがためには、彼が神との交際において密接ならんことを要す。この詩はイタリーの愛国者サボナローラの特愛の一篇であった。

その発端の一句が異常である。

エホバよ、われなんじによりたのむ、
願わくはいずれの日までも恥を負わしめたもうなかれ（一）

と。この場合に「**恥を負う**」とは何を意味するか。人の前に恥をさらすの意か。単にそのことばかりではない。エホバによりたのみ、彼、救いをほどこしたまわざれば、信頼を裏切られて、われ自身は失望し、人もまたわが信仰をあざけるに至らんこと、これ信者がもっとも恐るる恥である。神にわが信仰を裏切らるること、信者にとりこんな苦しいことはない。友人に信頼を裏切らるる苦痛を歌うた言でもっとも有名なるものがヨブ記六章十五節以下におけるヨブの言である。いわく

わが兄弟はわが望みを満たさざる谷川のごとし……
テマの隊商これを望み、シバの旅客これを慕う。
彼らこれを望みしにより恥を取り、
かしこに至りてその顔をあかくす

と。そして詩人がここに特に願い求めしことは、ヨブの友人らが彼の信頼を裏切りて彼に恥を取らしめしがごとくに神が詩人の信頼を裏切りたまわざらんことであった。エホバよ、われなんじに信頼せり、願う、いついつまでもこの信頼を裏切りてわれを絶大の失望に沈ましめまたわが敵の嘲笑の的たらしめたもうなかれとの祈禱である。信者の祈禱にしてこれよりも切なるものはない。これはわが幸福のみならず神ご自身のご名誉にかかわる問題である。「私の祈禱を取り上げたまわず、私に恥を負わして、あなたご自身の名をけがしたもうなかれ」との言である。人が神に対して発せる言として最も大胆なる、しかも最も切実なる言である。神と最も親密なる関係においてあるにあらざれば発するあたわざる言である。

この詩はこれを五段に分かつことができる。第一段は一節より四節までであって、詩人がおのが救出のために祈りし祈願である。第二段の五節より八節までは彼の生涯の過去にあらわれし恩恵の回顧である。第三段は九節より十三節までであって、彼の目下の窮状の列挙であ

る。第四段の十四節より十八節までが、エホバの正しきさばきの詩人の敵の上に現われんことを祈る、これまた祈願の言葉である。そして十九節以下二十四節までが最後の一段すなわち第五段であって、祈願はすでに受納せられて讃美と感謝に胸をおどらす詩人の心情の発露である。この篇もまた第二十八篇と同じく、信仰の上り歌であって、悲哀は転じて歓喜に化し、詩人はエホバと語りつつありし間に彼の祈願のすでにすでに聞かれしことを確信せざるを得ざるに至ったのである。

この篇に注意すべき一句がある。それは第五節の上半節である。いわく

われわが魂をなんじのみ手にゆだねまつる（五）

と。これはイエスが肉体にありし間に発したまいし最後の言葉なりとしてしるさる。ルカ伝二十三章四十六節にいわく

イエス大声に呼ばわりいいけるは、「父よ、わが霊をなんじの手にあずく」と。かくいいて息絶ゆ（旧訳）

と。マタイ伝二十七章にしたがえば、イエスはエリ、エリ、ラマ、サバクタニといいて詩篇第二十二篇発端の言葉を叫び、後ふたたび「大声に呼ばわりて息絶ゆ」（マタイ伝二七・五〇）とあれば、その最後の大声がルカ伝のしるせる第三十一篇のこの言葉たりしに相違ない。「父よ、わが霊をなんじのみ手にゆだぬ」と。死に臨んで短い強い言葉である。肉体の回復今や望みなし、さればわれ今わが霊魂をなんじにゆだねまつるというのである。絶望のごとくに聞こえてしからず。わが霊を霊なる神にゆだぬ、こんな安心なことはない。

そはイエスを死よりよみがえらししものは、そのわれら信者にやどるところの聖霊をもって、われらが死ぬべき体をも生かしたもうべければなり（ロマ書八・一一）

とあるがごとし。われらはまたわれらが愛するものの死の床にはべりて、彼の肉体に永久の別離を告ぐる時に、イエスによって引用せられし詩篇のこの言葉をもってその霊魂を父の膝下へ送るのである。

第二十二節もまた心情ありのままの告白として貫くある。

われ驚きあわてていえらく、なんじの目の前より絶たれたりと。

されどわれ叫びし時、なんじわが祈願の声を聞きたまえり（二二）

と。患難に会うてわれらは狼狽して不信におちいるが常である。されども神はそれがゆえにわれらを捨てたまわない。われらの祈禱に答えたもう。ありがたいことである。

（一九二九年三月「聖書之研究」）

詩篇第三十二篇

詩篇三二篇一―一一節

罪のゆるしとこれにともなう祝福を唱えたる歌である。ダビデの作とあれば、第五十一篇ならびにサムエル後書十二章とあわせ読んでその意味がわかる。初めの三節が罪のゆるしのさいわいをたたえたる言葉である。

さいわいなり、そのとがをゆるされその罪をおおわれしものは。
さいわいなり、エホバに不義を負わせられず、
その心に偽りなきものは。（一―二）

第一節はパウロによってロマ書四章七節において引用せらるる言葉である。とが、罪、不義は罪の諸方面をさしていう。その罪をゆるされ、おおわれ、負わせられずという。罪をそのすべての形において完全にゆるさるるをいう。かかるものはまことにさいわいである。その心に偽りなきとは、おおい隠すべき偽りなきをいうか、あるいは英語の guilt と同じく、おのが責むべき罪なきをいうか、判然しない。いずれにしろ、人は神にその罪をゆるされずして、彼に真の幸福はない。罪のゆるしはすべての幸福の始めである。そして神にありては人の罪を完全にゆるす、すなわち完全に取り除く道が備えられてあるのである。

第三節四節は、ダビデがおのが罪を罪として認めずしてこれを包み隠せし時の彼の状態である。

われ黙していいあらわさざりし時は、
ひねもす悲しみ叫びたるがゆえにわが骨古びおとろえたり。
なんじがみ手は夜も昼もわが上にありて重し。

わが身のうるおいは変わりて夏のひでりのごとくなれり。セラ（三—四）

罪を包み隠して、その罪はわがうちにありて重き重荷として存す。それがゆえにわが骨は枯れ、わが身の潤沢は去りて、夏のひでりのごとくに乾燥す。まことに事実そのままである。罪の悩みにまさる悩みあるなし。人生のすべての苦悩はこれを罪を罪と認めざる人の高ぶりに帰せざるを得ず。

第五節が告白である。

かくてわれわれが罪をなんじの前にいいあらわし、わが不義をおおわざりき。
われいえらく、われわがとがをエホバにいいあらわさんと。
かかる時しも、なんじ、わが罪の不義をゆるしたまえり。セラ（五）

われわが罪を認め、これをエホバの前にいいあらわさんと心をきめたり。しかして見よ、われ心にきめてこれを口にいいあらわさざるに、神はわが罪の不義をゆるしたまえりという。放蕩児のたとえ話において、子が悔い改めを決心し、立ちてその父に行くや、

なお遠くありしに、その父、彼を見てあわれみ、走り行き、その首を抱きて接吻しぬ（ルカ伝一五・二〇）

とあるがごとし。人が罪を心に悔ゆるその時に神のゆるしはおこなわる。あたかも神と人と心を一にするがごとし。

詩人はおのが実験にかんがみて人を教えていう。

されば神をうやまうものは、なんじに会うことを得べき間になんじに祈るべきなり（六）

と。神はかくも敏速に罪の悔い改めによる人の祈りを聞きたもうがゆえに、彼をうやまうものは何びとも、彼が祈りを受けいれたもう間に彼のゆるしにあずかるべきなりとのことである。今日という今日、神がそのみ顔をなんじよりそむけたまわざる間に、彼に帰り来たりてそのゆるしを受けよとの意である（ヘブル書三・一三—一四参照）。悔い改めにも時期がある。その期を逸すれば悔い改めは

その実を結ばざるべし。

いちじるしきは第九節である。神はかたくななる人を教えてのたまわく、

> なんじら、わきまえなき馬のごとくまた驢馬のごとくなるなかれ。
> 彼らはくつわ、たづなのごとき器具をもて引き止めずば近づき来たることなし。（九）

人はみずから選んでその父なる神に帰り来たるべきであるに、たいていの場合においては罪とその結果たる患難によってしいらるるにあらざれば悪を去りて善に来たらず。彼はかくのごとくにして、くつわとたづなとをもって制御せらるる馬と驢馬とに異ならず。患難にしいられてやむを得ず神に帰り来たる。人は神の子たらんがために一たびは放蕩児たるの必要はない。彼はイエスのごとくにつねに従順に父の愛子たることができる。罪の悔い改めは神の喜びたもうところたるに相違なしといえども、恥ずべきことであって誇るべきことでない。

しかしながら人は何びとも罪人であれば、悔い改めとこれにともなう罪のゆるしは、彼が救いに入る第一条件である。罪のゆるしの実験を経ずしてキリストの福音はわからない。福音これ罪のゆるしの福音である。この詩篇のごとき、福音の縮写の一である。たぶんサムエル後書十二章にしるされたるダビデの実験を歌にあらわしたものであろう。その十三節にいわく、

> ダビデ、預言者にいう、エホバに罪を犯したりと。
> ナタン、ダビデにいいけるは、エホバもまたなんじの罪を除きたまえり。なんじ死なざるべしと

注解者A・マクラレンはこの一節を評していわく、「これ福音を一節の内に圧搾せしものなり」と。まことにしかりである。ダビデの罪の告白と同時にエホバの罪のゆるしの宣告があった。われもまたなんじの罪を除くと。エホバはその義のゆえに人の罪をゆるしたもうというはこのことである。人の罪の告白に会うて、神はそのゆるしを義務としておこないたもうのである。罪のゆるしのことについては、神は義務をもってご自身をしばりたもうという。いかばかりの愛ぞ。

（一九二九年四月「聖書之研究」）

詩篇第三十三篇

詩篇三三篇一―二二節

正しき人に患難（なやみ）多しといいますが、それと同時にまた正しき人に喜びありであります。世は正しき人すなわち神と正しき関係においてある人の患難を知らないように、またその人の喜びを知りません。そしてその喜びたる、詩人がかつて

なんじのわが心に与えたまいし喜びは、
彼らの穀物と酒とのゆたかなる時にまさりき（詩篇四・七）

といいしがとおりであります。

さらば義人すなわち信者の喜びとはどういうものであるかというに、それは神はまことに生きていましてその正義を世におこないたもうことを実験する時に感ずる喜びであります。すなわち信者の信仰が事実となって現わるることであります。そのことが彼の唯一の喜びまた最大の感謝であります。その時、彼の全身は踊り全霊は讃美の歌にて満ちあふれます。そして詩篇第三十三篇がかかる場合に唱えられたる讃美の歌の一つであります。

正しきものよ、エホバによりて喜べ、
讃美は直きものにふさわしきなり。
琴をもてエホバに感謝せよ。
十絃の琴をもてエホバをほめまつれ。
新らしき歌をエホバに向かいて歌い、
喜びの声をあげて巧みに琴をかきならせ（一―三）

歓喜のほかに何もなし、讃美のほかになすわざなしという状態であります。そして信者にかかる場合があるのであります。信者といえばただ正義のために苦しむものとのみ思うは大なるまちがいであります。もちろんこの世は試練の世でありまして患難を絶つことはできませんが、しかし試練なるがゆえにこれに耐ゆるものに報いがかならずともなうのであります。そして天地万物の造り主がわが味方、わが助け手、わが父として事実をもって現われたもう時に、われらは手の舞い足の踏むところを知らず、ただ感謝と歓喜とにあふれて踊り喜ぶのであります。その最もいちじるしき例は、イスラエルの民が紅海を横断して彼岸に立ちてエホバを讃美した時でありま

す。事は出エジプト記第十五章に明らかであります。詩篇第三十三篇はこの章とあわせ読んでその意味がよくわかります。

われらの救い主は万物の造り主である。

もろもろの天はエホバのみ言葉によりて成り、
その万軍（群星）はその口の息によりて造られたり（六）

とあります。しかもただの、意味のない造化にあらず、

エホバは正義と公平とを愛したもう。
そのいつくしみはあまねく全地に満つ（五）

とあります。神に恵まれたる目をもって見れば、全地はこれ正義と公平と仁慈との満ちて、そのおこなわるる所であります。われらがこの世をただ優勝劣敗の競争場裡とのみ見るは、不信のゆえにわれらの目が閉ざさるるがゆえであります。神の大なるみ手が動いて、天地は依然としてそのたなごころの中にあることが明白になる時に、われらは真の意味においての楽天家となり、万物ことごとく神の義と愛とをおこなうための機関たるを知るに至るのであります。信仰の言葉をもってこのことを「造化の神は摂理の神なり」といいます。天然といいて、盲目の、目的なき造化にあらず、神の善きみ心をとぐるためのみわざであるとのことであります。

注意すべきは第十二節であります。

エホバをおのが神とする国はさいわいなり

まことにそのとおりであります。宗教でさえあれば何でもよいというは大なるまちがいであります。宗教にも善き宗教と悪しき宗教とがあります。神仏ととなえて、必ずしもエホバの神を信ずるの必要なしというものは、広いようで実は無学であります。国はエホバをおのが神として仰いで永久に繁栄を持続することができます。ケモシの神を仰ぎしモアブ、ダゴンの神をおがみしペリシテ、その他エホバならざる他の神をおがみしバビロン、エジプト、ギリシャ、ローマはとくに滅びて、エホバをおのが神としてこれにつかえしイスラエルは、第二十世紀の今日なお強大繁栄の民であります。そしてイスラエルよりこの神をうけつぎしいわゆるキリスト教国の民は、彼らに多くの責むべき欠点あるにかかわらず、ともかくにも世界優秀の民ではありませんか。世界の最大文明は彼らが産んだものではありませんか。仏教、回教、偉大なる宗教なりといえども、エホバ崇拝より起こ

りしキリスト教にくらべて比較にならぬものではありませんか。日本は西洋文明だけあればエホバの神はいらないのですか。日本人にイザヤ、エミレヤ、イエス、パウロの神を与うるの必要はないのですか。エホバをおのが神とする国はさいわいなり、しかり、せざる国はわざわいなりであります。なぜトルコはその優秀なる地位と国民性とをもって今日の衰退を招いたのですか。日本人にエホバの神を紹介するにまさる愛国的行為はないと思いますが、まちがいですか。

詩人はまた軍備の頼むべからざるを唱えていうた。

王者は軍人多きをもて救いを得ず、
勇者は力大いなるをもて助けを得ず。
馬は救いに益なく、
その大いなる力は人を助くることなし。
見よ、エホバの目は、彼をおそれ、
そのあわれみを望むものの上にあり（一六―一八）

と。馬は当時の最優武器であった。「益なし」とは、効力あるがごとくに見えて実はなしとの意である。

（一九二九年四月「聖書之研究」）

詩篇第三十四篇

詩篇三四篇一―二二節

信者の歌としては平凡の歌である。しかし不信者の歌としては非凡の歌である。そは信者の平凡は不信者の非凡であるからである。信者の日常生活を歌う信者の歌として見ることができる。

わが魂はエホバによりて誇らん。
へりくだるものはこれを聞きてよろこばん（二）

「誇る」「へりくだる」、信者は同時に誇るものでまたへりくだるものである。神のおん恵みについて誇り、自己の賤しきについてへりくだる。信者が不信者の目に大なるエニグマ（なぞ）としてうつるはこれがゆえである。自己に顧みて何のやましきところなしというのではない。パウロとともに「善なるものは、われすなわちわが肉におらざるを知る」というのである（ロマ書七・一八）。しかもこの人が誇るべき多くの理由を持つのである。かかる無価値のものに神がみ子をもってご自身をあらわしたもうた。ゆえにいう「誇るものは主によりて誇るべし」(コリント前書一・三一その他)と。へりくだるものは信者の別名である。

　この苦しむもの叫びたれば、エホバ聞きたまいて、そ
　のすべての患難(なやみ)より救い出だしたまえり(六)

他人のことではない、自分のことである。この苦しむ自分が叫びたれば、エホバはすべての患難より自分を救い出だしたまえり。自己の実験を述べて他人をなぐさむる言葉である。そしてこんな確かなることはない。全般的真理を述ぶるのではない、自己の実験にもとづいて人を教え導かんとするのである。かくなして初めて説教に能力があるのである。「この苦しむもの叫びたれば」と。大王ダビデはかくいいて恥じなかった。バンヤン、クロムウェルにもこの信仰的勇気があった。今の神学博士にない。ゆえに彼らの神学をもって人をも世をも救い得ないのである。

　エホバの使者はエホバをおそるるもののまわりに営を
　つらねてこれを助く(七)。

そうであろうか、あるまいか。列王紀下第六章十三節以下における預言者エリシャの実見を参照すべし。「エホバ、若者の目を開きたまえば、彼すなわち火の馬と火の車と山に満ちてエリシャのまわりにあるを見たり」とある。たぶんわれらの場合においても、神の使者はわれらを守らんために各自の周囲に営をつらぬるのであろう。われらはひとり敵と戦うにあらずして、天の万軍とともに敵に当たるのであろう。信者が一人、世界を相手に戦うて勝つはこれがためではあるまいか。

この詩は一部は実験である、他の一部は訓戒またはすすめである。実験によるすすめである、すすめを証明するための実験である。第四節より六節に至るまでが実験である。「われエホバを尋ねたれば、彼われに答えたまえり」といい、「この苦しむもの叫びたれば、エホバこれを聞きたまえり」というは詩人の実験である。そして彼はこの実験にもとづいて人をすすめていう、

　なんじら、エホバの恵み深きを味わい知れ。

エホバによりたのむものはさいわいなり（八）

われにならいてエホバによりたのみ、しかしてその恵み深きを味わい知れとの意である。味わうは実験するである。信仰は知識にあらずして実験である。味わいて、しかしてのちに知るのである。ゆえにいう、「味わい知れ」と。ペテロ前書二章三節に、信者を称して「味わいて主を恵みあるものと知るもの」という。真の信仰はつねにこの順序にしたがう。知って信ずるにあらず、味おうて信ずるのである。しかして味おうて信じて最後に知るのである。知識に出発せる信仰に迷謬多し。信頼するに足らず。人に信仰をすすむるにもまた実験によらねばならぬ。われ尋ねたれば……この苦しむもの叫びたればの……の実験により、人に主を味おうべきをすすめて初めて伝道の効果があがるのである。

第九節と十節とはまた深き実験の言である。エホバによりたのむものは乏しきことなしという。

若き獅子は乏しくして飢うることあり、
されどエホバを尋ぬるものは良きものに欠くることなし（一〇）

若き獅子は勢力旺盛なる獰猛の獅子である。彼は森の王であって、森にありては得んと欲してあたわざるものなきがごとし。しかるに事実はしからずして、彼さえも飢うることあり。されどもエホバを尋ぬるものは良きものに欠くることなしという。二者同じくこの詩の作者ダビデの実験であった。そしてまたすべての信者の実験である。われらもまたこの世の若き獅子らの飢うるを見た。兇暴なる政治家、悪辣なる実業家の、あるいは位をはがれ、あるいは産を失いて飢うるを見た。されどもエホバを尋ぬるものの良きものを欠きしを見たことはない。もちろん聖徒、時には飢うることなきにあらず。されども彼が彼の良きものに欠くることはない。そして聖徒の良きものはエホバご自身である。信者は何に欠けても神に欠くることはない。そして神を有して、他の良きものも、また、たいていは与えらる。ゆえに詩人は人生の実験として述べ得たのである。

われむかし年若くして今老いたりしも、
正しきものの捨てられその裔（すえ）の食乞い歩くを
見しことなし（詩篇三七・二五）

義人は餓死するにきまっているように人はいうも、それは大なるまちがいである。富者、山師、貴族が餓死し、または餓死に瀕する例は多くあるも、義者が餓死せし例はめったにない。例外は定則を証明する。きわめてまれなる義人の餓死はかえって詩篇のこの言の全体に真理なるを証明するものである。

第十二節以下は教訓歌である。ダビデはおのが人生の実験によりて後世を教えんとしている。「子よ、来たりてわれに聞け」というによってわかる。以下、意味は明白である。第十九節が有名である。

正しきものは患難多し、
されどエホバはみなその中より助け出だしたもう（一九）

平凡なるに似て驚くべき言である。義者に患難多し、義者独特の患難である。世人に患難でないことが、義者すなわち神に義とせられしものには患難である。世人は信者のさいわいを知らざるようにその患難をも知らない。そしてその患難ははなはだ多くある。患難よりまぬかれんと欲するものは信者たるべからずである。「されどもエホバはみなその中より助け出だしたもう」という。信者はこの世の勇者のごとくに、努力奮闘、身の患難を征服せんとしない。エホバによりたのみて彼にその中より助け出ださる。患難もまたこれを彼にゆだねまつる。そして彼はわれをすべてその中より助け出だしたもう。ただ信じて見ていればよいのである。かくのごとくにして、信者の敵は片はじより征服され、その姿は消えてしまう。「みな」の一字が意味深長である。一つ残らずである。

いやはてに滅ぼさるる敵は死なり（コリント前書一五・二六）

である。死が滅ぼさるれば患難は全部取り去らる。涙は完全にぬぐわる。信仰の報いは永生（限りなき生命）である。

第二十一節もまたいちじるしき言である。

悪は悪しきものを殺すべし（二一）

という。神は悪人を罰したもうべしといわない。神は義人を救い善人を恵みたもうというが、彼が悪人を滅ぼしたもうといわない。悪人を滅ぼすものは彼がおこなう悪である。イエス、ユダヤ人にいいけるは「なんじらはおのれの罪に死なん……なんじら、もしわれの彼なるを信ぜずば、おのれの罪に死なん」（ヨハネ伝八・二四）と。すなわち神に罰せらるるまでもなくおのれの罪に死なんと。これ聖書全体の教訓である。エホバがカインをさとしたまえる言にいわく

なんじ、もし善をおこなわずば、罪、門戸に伏す。彼（罪）なんじを慕い、なんじは彼を治めん（治めざるべからず）（創世記四・七）

と。すなわちカインの罪を罰するものは神にあらずして彼の犯す罪なるべしとのことであった。すなわちイエスのいいたまえる「なんじはおのれの罪に死なん」とのことであった。パウロは人を罰することを

かくのごときものをサタンにわたす（コリント前書五・五）

というた。神は悪人を罰するに耐えたまわない。罪をして罪を罰せしめたもう。罪の必然の結果は滅亡である。死である。罪の恐ろしさはここにある。罪は自殺的であるがゆえである。

（一九二九年四月「聖書之研究」）

義者と患難

詩篇三四篇一八―二〇節

正しきものは患難多し。
されどエホバはみなその中より救い出だしたもう。
（詩篇三四・一九）

「義者」この世のいわゆる義人ではない。聖人または忠臣または愛国者といわるるものではない。彼らは自身の修養と努力とによって義人たるを得しものである。聖書にいわゆる義者は全くこれと異なる。義者とは神と正しき関係においてあるものである。すなわち謙遜なるものである。心の砕けたるものである。魂の悔いくずおれたるものである（一八）。信仰をもって神の恩恵に浴するものである。必らずしも高潔の士ではない。忠烈の臣ではない。人の目に見ゆる義人ではない。神に義とせられたるものである。信者である。世のあくた、またよろずのもののちりのごときものである。されども神に愛せ

られ、その目の前に貴きものである。

「患難多し」患難はたれにもある。しかし神に義とせられしもの、すなわち信者にことに多くある。信者に世の人の知らざる患難がある。悪魔の誘惑がある。骨肉の叛逆がある。人として彼に臨むすべての患難のほかに、信者として彼に臨むいろいろさまざまの患難がある。彼にありては患難は単に患難として臨まない。悪魔の強き誘惑として臨む。彼はこれによって神を疑わんとする。摂理を悪意的に解せんとする。信者にありては患難は単に身の痛みではない。心の苦しみである。彼に患難は多くしてまたその痛みは強くある。

「されど」患難は患難として終わらない。患難は信者の生涯の終極ではない。信者に患難多し。されど。英語に *But* is a big word ということわざがある。「されど」は意味深長のことばであると。患難多し、されど。夜は暗し、されど、しののめは近し。聖書を解釈するにあたって「されど」なる単語に深き注意を払うを要す。

「エホバは」信者に患難多し。「されどエホバは」。ここに救助者のあらわれ来たるを見る。わが意志をもってこれに勝つにあらず、他人の援助を仰ぎてこれを除くにあらず、エホバによりたのむ信者に臨む患難は、エホバご自身これに打ち勝ちたもうと。

「みな」「ことごとく」、「一つをももらさず」、敵は一人もあまさずこれを平らげたもう。患難は一つももらさずこれに打ち勝ち、これを恩恵の機関と化したもう。恩恵に無益なるものがないように、患難にはまた無益なるものがない。まことに患難は恩恵である。

「その中より」患難に会わしめてその中より。患難を避けしめたまわない。これにおちいらしめたもう。しかしてその中より救い出だしたもう。患難をして充分にはたらかしめたもう。火をして焼きつくすだけを焼きつくさしめたもう。しかしてその中より救い出だしたもう。患難を避くるはこれに勝つの道ではない。患難は、これに当たり、一たびそののむところとなりてのみ、ついによくこれに勝つことができる。これがほんとうの救いである。患難に会うてこれに勝つの力を供給せられ、しかしてふたたびこれに会うもこれにのまれざるに至る。これがほんとうの救いである。死は死によってのみこれを滅ぼすことができる（ヘブル書二・一四）。患難は患難の中を通らずしてこれに勝つことができない。神は信者を患難の中より救い出だしたもう。しかして完全に彼を救いたもう。

「救い出だしたもう」ただに救いたもうにとどまらない。さらに進んで救い出だしたもう。救出は救済のさらに切実なるものである。神は天の高きにいましてただに命令を下して下界の人類を救いたまわない。みずから地上にくだりたまいて罪の束縛より彼らを解きはなちたもう。救出は救者自身の出動を要する。人を患難の中におとない、彼に同情し、彼と協力して彼をその中より救う。これを称して救出という。しかしてエホバはかくのごとくにして信者を多くの患難の中より救いたもうのである。ただに救いたもうのではない。救出したもうのである。われらの手を取りわれらの足をささえ、ご自身をわれらの境遇に置いて、われらを患難の中より救い出だしたもうのである。救出は親がその子を救う時の救済法である。しかしてエホバはこの切実なる方法をもって、信者を彼に臨む多くの患難の中より救いたもうとのことである。

かくて義者すなわち神に義とせられしものは、患難多きこの世にありて安全なるのである。彼に多くの患難臨み、世は神にのろわれしものとして彼を見んも、エホバは彼とともにいまして、ご自身、彼をみなその中より救い出だしたもうのである。

エホバは彼がすべての骨をまもりたもう。
その一つだに折らるることなし（二〇）

とある。エホバのほどこしたもう救済は完全である。まことにパウロのいえるがごとし。

それ神はあらかじめ定めたるところのものはこれをまねき、まねきたるものはこれを義とし、義としたるものはこれに栄えを賜えり。さらばこれらのことについてわれら何をかいわん。もし神われらを守りたまわば、たれかわれらに敵せんや。おのれの子を惜しまずしてわれらすべてのために渡せるものは、などかこれに添えて万物をもわれらに賜わざらんやと。（ロマ書八・三〇―三二）

（一九一二年十月「聖書之研究」）

義人と患難

詩篇三四篇一九節

正しき人は患難（なやみ）多し。されどエホバはみなその中より救い出だしたもう（詩篇三四・一九）

「正しき人」 世のいわゆる義人ではない。神の義人である。神に義とせられしものである。神と正しき関係においてあるものである。信仰の人である。ほんとうの意味においてのキリスト信者である。

「患難」 人に臨むすべての患難である。肉体の病である。事業の失敗である。肉親の叛逆である。世の誤解である。教会の嫌悪である。しかしてこれに加えて信者独特の患難がある。信仰のための迫害である。悪魔の襲撃である。疑問の簇出である。神が見えなくなることである。患難という患難はことごとく信者に臨むということである。

「多し」 人はキリスト信者となりて患難がなくなるというのではない。また患難が減ずるというのではない。かえって増すというのである。「患難多し」という。特に多しというのである。世にはキリスト教を信ぜしがゆえに、商売に成功して財産を作りたりというものがある。学問をおさめて声名を博したりというものがある。幸福なる家庭、社会と教会との名誉はキリスト教の信仰にともなうとは余輩がしばしば教会の説教において聞いたところである。しかしながら真のキリスト教はかかる結果を持ち来たさない。キリストを知ることによって人の患難は増すのである。それはそのはずである。人は天と地と二所において財を積むことはできない。天国の冠には必ずいばらがともなうのである。キリスト信者はキリストの一部分である。しかしてキリストは患難の人であった。患難を知らずしてキリストを知ることができない。しかしてキリストを知って彼に臨みしすべての患難が臨まざるを得ないのである。キリスト信者たるの確証は教会のバプテスマを受くることではない。その聖餐式にあずかることではない。キリストと苦難をともにすることである。この明白なる証拠がありて、たとえ大教会の大監督といえども、その人の真の信者たることをいなむことができないのである（ガラテヤ書六・一七参照）。

「救い出だしたまえり」義人に患難多し。彼は神を信ぜしがゆえに患難をまぬかるるあたわず。患難は信仰にとものうて来たる。信仰の進歩とともに増加す。患難のともなわざる信仰はうその信仰である。されども「エホバはそのすべての患難より救い出だしたもう」という。患難は信者に臨み、彼の身を去らずといえども、彼の霊魂に危害を与うるに至らず。「救い出だしたもう」とはこのことである。患難は信者を神よりはならすることあたわず、彼の生命（霊魂の）を奪うあたわずということである。ヨブの場合のごときはこれである。パウロの場合のごときもまたこれである。患難はいくら多く、いくら強くとも、われらをわが主イエス・キリストによれる神の愛よりはならすることあたわずということである（ロマ書八・三九）。患難より救い出だしたもうというは、患難を追いはらいたもうということではない。患難は依然として存すれども、その霊的悪結果を信者の霊魂におよぼさしめたまわずということである。

しかしてもしこのことを保証さるるならば、われらはいかなる患難をも恐れないのである。われらの恐るるものは、身を殺すとともに霊魂を殺すものである。しかしていかなる患難といえども信者の霊魂を殺すあたわずと聞いて、われらは安心するのである。しかしてこのことたる、ただに神の約束にとどまらないのである。これ信者の実験である。信者はまことにこのことの事実なるを知るのである。信者は患難によってますます深く神を知るのである。ますます多く光明の頒与にあずかるのである。神は確かに彼によるものをすべての患難より救い出だしたもうのである。

（一九一五年十月「聖書之研究」）

詩篇第三十五篇

詩篇三五篇一―二八節

人の性は善である、世に根本的悪人なるものはない、悪人と称するものは実は悪人として外に現わるるものであって、その内心においては善人である、あたかも栗の実のごとし、外にとげあり、とげの下に渋皮ありといえども、皮の内には甘き実がある、毬（いが）を見ればみにくしといえども、実は味おうて口に甘し、人をその内心に味おうて良からざるものなし、まことに人の性は善である、彼を罪人扱いするは愛の道にあらずと、かく唱うる人がある。そして一聞してそのことばに栗の実の甘きがあるように感ずる。

しかしながら聖書はかくのごとくに教えない。聖書は明白に根本的悪人のあることを教うる。

心はすべてのものよりも偽るものにして、はなはだ悪し（エレミヤ書一七・九）

という。世にいう悪人が必ずしも悪人でないかもしれない。されども悪人のあることは確実である。そして真の悪人は真の善人が現われて現わる。悪を知るは善を知るだけ難くある。真の善人が現わるるまで真の悪人は隠れている。神がイエス・キリストをもって世をさばきたもうというはこのことである。キリストによって真の善人とともに真の悪人が現わるるのである。聖書は始めより終わりまでこの真理を示す。人類の歴史は善悪判別の歴史である。善人アベル対悪人カインをもって始まりし歴史は、キリスト対サタンをもって終わったのである。

このことを心に置いて詩篇第三十五篇の意味がわかる。ここに善人対悪人の好き対照がある。第十一節以下十六節までがその最も明らかなるものである。

心悪しき証人立ちて、わが知らざることをなじり問う。
彼らは悪もてわれらに報い、わが霊魂をよるべなきものとせり。
されどわれ、彼らが病みし時に荒布を着け食を絶ちてわが霊魂を苦しめたり……わが祈禱はふところに帰れかし。
わが彼になせることはわが友わが兄弟に異ならず。母の喪にありてなげくがごとく悲みうなだれたり。
されど彼らはわが倒れんとせし時、喜びつどい、わが知らざりし時、他国者集まり来たりてわれを攻め、われを裂きたり（一一―一五）

かかる善人とかかる悪人とが実際にあるのである。悪の悪たる、主として忘恩において現わる。人がその恩人にそむいてこれを攻むる時に、その心よりの悪人なることがわかる。人の敵はその家のものなりであって、友が化して敵となる時に最も恐ろしい敵になるのである。ここに根本的悪人を見る。そして詩人はこの最悪の敵より救い出されんことを神に祈ったのである。

　詩人の言葉に激烈なるものがある。敵をのろうがごとくに見ゆるものがある。イエスが十字架の上より「父よ、ゆるしたまえ、彼らは何をなすかを知らざるなり」といいし語気をこの詩において見ることができない。しかしながら、敵をゆるすの精神に欠けているが、敵を憎むの心はない。第一に、みずからさばかんとしない。さばきはこれをエホバにゆだねまつる。エホバの彼に代わって戦いたまわんことを祈る。

> 盾と大盾とを取りてわが援助に立ちたまえ。
> 戟（ほこ）を抜き出だしてわれに追いせまるものの道をふさぎたまえ。
> わが霊魂に「われはなんじの救いなり」といいたまえ（二―三）

　これは弱者が神の盾の背後にかくれて強き敵と戦うのさまである。ことに「わが霊魂にわれはなんじの救いなりといいたまえ」というに至っては、詩人の、たけき勇者にあらずしてかよわき婦人なるかのごとき観がある。

　第二に、詩人は敵に勝ってみずから誇らんとするにあらず、エホバをほめたたえんとする。彼は自己のために勝利を願わず、エホバのためにこれを求む。

> わが霊魂はエホバによりて喜び、その救いをもて楽しまん。わがすべての骨はいわん、エホバよ、なんじは苦しむものを助け出だしたもう、たれかなんじにくらぶべきものあらんと。（九―一〇）
> われ大いなるつどいにありてなんじに感謝し、多くの民の中にてなんじをほめたたえん（一八）

　クロムウェルの凱旋はつねにかくあった。彼は凱旋を喜ばずして万民歓呼のうちに首を垂れたとのことである。いわく「なんじら主をほめたたえよ」と。よし敵を愛し得ずとも彼を憎まない。敵の敗滅を見て喜ばない。主のみ名の揚がりしを喜ぶ。

　人として生まれて敵を持つはやむを得ない。最善の人が最悪の敵を持った。ただいかにして敵に対するか、それが問題である。そして聖徒は自分で敵を処分しない。

これを神にゆだねまつる。そして神のさばきのおこなわるるを見て彼を讃美しまつる。それ以上を敵に対してなさず、またなすことができない。人は神の友となって神の敵をおのが敵として持たせらる。そして神の敵は神ご自身これを処分したもう。われらもし戦うべくば神に代わって戦うのである。ゆえに戦いに勝って勝ちに誇らずして神を讃美しまつるのである。最後の一節がそれである。

われはひねもすなんじの義を思い、わが舌はなんじのほまれを語らん（二八）

わがうらみの晴れんがための勝利でない。神の義が現われその栄光の揚がらんがための勝ちであった。ゆえに永久に変わらざるうるわしき黙想の種となり、絶えざる讃美のもととなりてのこるのである。

（一九二九年五月「聖書之研究」）

詩篇第三十六篇

詩篇三六篇一―一二節

ここにまたことばは簡単にして意味深長なる一篇がある。一節より四節までが悪人の描写である。まことに深刻をきわむ。悪に関する聖書の記述はあまりに深刻にしてその意味を探る難し。第一節がその一例である。和訳はたぶん正確なるものであるまい。老デリッチ先生の訳を訳すれば左のごとし（チーニー氏の訳もこれに似ている）。

悪人の心に悪の霊示あり。
その目の前に神をおそるるのおそれあるなし（一）

「悪の霊示」とは恐ろしい言である。神の霊示すなわちインスピレーションに対していう。神にそむいて、人はその心に神の言を聞かずして、悪すなわち悪魔の言を聞くのである。そして悪の霊は悪人の霊にささやいていう、

「神はあることなし」と。彼が無神論を唱うる前に、彼はその霊示を悪魔より受くるというのである。まことに世には God-inspired man と Devil-inspired manとがある。悪人が神とキリストとをそしる言は、往々にして人の言にあらずして、下なる地獄よりひびく声である。

「悪人は悪をきらわず」という。これはたしかに彼の一特質である。悪は実にきらうべきもの、断乎として排斥すべきもの、仮借すべからざるものである。しかるに悪人は心に悪を喜び、そのみにくきさまを見ては時に目をそむけることありといえども、これを心より忌みきらわない。明白なる罪が社会より絶えない理由はここにある。罪を忌みきらうものが少ないからである。ことに罪が芸術化さるる場合にはこれを歓迎するものがはなはだ多いからである。善は愛すべし、悪は憎むべし。満腔の憎悪をもって罪を忌みきらうは決して悪事でない。きらわざるが大なる罪である。

詩人はまず暗黒をえがいて、しかしてのちに光明におよぶ。そして暗をえがくに冥晦なる彼は光をえがくに鮮明である。六節より九節に至るまで、その意味は明白にして真昼の太陽を仰ぐがごとし。

　エホバよ、なんじのめぐみは天にあり、
　なんじのまことは雲にまでおよぶ（五）

悪人世に跋扈し、暗黒全地をおおうといえども、エホバは地の上にいましてその仁慈は天に満ち、その真実は雲にまでおよぶという。あたかも光明の宇宙にただよう暗黒の一点というがごとし、ゆえに悪の跋扈を見て恐れないのである。神の仁慈は天にあり、その真実は雲にまでおよぶ。暗きは人の世のみ。他は光の無限の大洋であるという。楽天主義もここに至ってその極に達したのである。仁慈は神の心、真実は彼が人に対して取りたもう道である。そしてさらにいう、

　なんじの義しきは神の山のごとく、
　なんじの審判（さばき）は大いなる淵なり（六）

と。義はシオンの山のごとくに堅し、審判は大海のごとくに深し。義は動かず、審判は確実なり。されどもその方法たるや深くして探りがたし。パウロがいえるがごとし。

ああ神の知と識の富は深いかな、そのさばきは測りがたく、その道はたずねがたし（ロマ書一一・三三）

と。審判の方法に人の探知しがたきものがある。されどもそのおこなわるるは確実である。ヘーゲルいわく「世界の歴史はその審判なり」と。充分に時を与うれば、未来の審判を待つまでもなく、審判はたいていこの世においておこなわる。ただその方法が人の予想外なるのみである。ゆえにいう、「その審判は大いなる淵なり」と。深淵にして測りがたしと。

仁慈と真実と義と審判とについて述べて、のちにいう、

エホバよ、なんじは人と獣とをまもり（保存し）たもう（六）

と。やさしき言である。天の仁慈が地におこなわるるをいう。悪人は暴威をふるうも、神は地を見捨てたまわず、人と獣とを保護したもうという。洪水全地をおおいし時に、神がノアの一族とともにすべての生物を箱舟に集めてその生存を計りたまいしがごとし。

全篇にわたる最も深くしてうるわしき言は第九節である。

生命の泉はなんじにあり。
われらはなんじの光を見ん（九）

エホバは生命の泉である。単にその源でない。源たるはもちろん、さらに泉である。生命の豊富なる源である。こんこんとして湧いて尽きざる泉である。ただ行いて、くんで飲めば、渇を癒やしてなおあまりある生命の泉である。そしてこれは修辞（かざり）でない。事実である。詩人実験の言である。われらもまた証明することのできる実験の言である。

神は生命でありまた光である。彼をはなれてまた光もない。「われら、なんじの光によりて光を見る」という。広い言であってまた深い言である。真、善、美を光として見て、神の光によらずしてこれをほんとうに認むることはできない。世に善事はおこなわれないではないが、神の光を受けずしてその善たるを知ることはできない。ゲーテいわく「悪は浅し。何びともこれを見るを得

べし。されども善は深し。哲人にあらざればこれを見出だすあたわず」と。善事を見るに、神にきよめられたる目が必要である。知識の光も同じである。真理は単に学究によって見出だすことはできない。「神をおそるるは知識の始めなり」であって、神の光によりてのみすべての真理を見ることができる。信仰と学識とはその出所を異にしない。宗教改革が欧州学界に新期限を劃した。有名なるG・J・ローマネスはいうた、「心の状態は脳のはたらきに関係する深し」と。（一九二九年五月「聖書之研究」）

詩篇第三十七篇

詩篇三七篇一―四〇節

四十節より成るやや長篇の詩である。第三十四篇同様、アルファベット順に配列さる。ただし一句にして一節以上にわたるものもあるがゆえに、二十二節より成るべき一篇が四十節に延長されたのである。全篇これを四段に分かつことができる。第一段は義者の福祉をとなえ、一節より九節に至る。第二段は悪人の覆滅を叙し、十節より二十二節に至る。第三段は義者に関する詩人の観察を語りて、二十三節より二十九節に至る。第四段は悪人に関する実見を述べて、三十節より四十節に至る。アルファベット順の詩篇のつねとして、節と節との間に前後の連絡なく、ただ金玉の文字をつなぎ合わせたるの観ありといえども、しかもその間に一脈の主旨のつらぬくありて、全篇を通じて一大教訓として輝くを見る。第三十四篇同様、平凡なるがごとくに見えて非凡なる人生の観察を詩に編み歌に歌いたるものである。

うるわしきは発端の言葉である。

悪をなすもののゆえに心をなやめ（いらだて）
不義をおこなうもののゆえにねたみを起こすなかれ。
彼らはやがて（すみやかに）草のごとくに刈り取られ、
青菜のごとくに打ちしおるべければなり（一―二）

これを普通の言葉に書き直していうならば、悪人の成功を見て心をいらだつるなかれ。不義の繁栄を見て不平を起こすなかれ。そは悪人は遠からずして草のごとくに刈り取られ、青菜のごとくにしぼむべければなりということになる。すなわち時を与えよ、審判は必ず正確におこなわるべしとのことである。不義を憤るにおよばず、不義は自滅すべしという。永久的真理である。これを信じて心に真の平安がある。

事実以上のごとしであれば、

エホバによりたのみて善をおこなえ。
国にとどまりて真実を糧（かて）とせよ（三）

不平を起こして悪人に対して反抗運動を起こすことなく、エホバによりたのみ、審判を彼にゆだねまつりて依然として善をおこなうべし。国を去るにおよばず、秩序の回復を待ち望み、真実に生きよ。

なんじの道をエホバにゆだねよ。
彼によりたのめ、彼これをなしとげたまわん（五）

エホバは生ける神、彼はただ黙して万事を成り行きにまかせたまわず、なんじに代わり、なんじがなさんと欲することをなしとげたもうべし。神は自己を助くるものを助けたもうというも真理である。されども神は自己を神にゆだぬるものを救いたもうというは、さらに大なる真理である。信仰は怠慢でない。おのが道を神にゆだねまつりてその遂行を待ち望むことである。これに不断の祈禱が必要である。警戒を怠りてはならない。生ける神のつかさどりたもう宇宙人生であれば、そのみ心の必ず成るを信ぜねばならぬ。そしてかく信じかくおこないて、神がわれらのなさんと欲することをなしとげたもうは確実である。「彼これをなしとげたまわん」。信者の平安はこの一言にある。信者が信じて待ち望んで、成らぬこととてはないのである。

光のごとくなんじの義を明らかにして、
真昼のごとくなんじの訴えを明らかにしたもうべし
（六）

隠れて現われざるものなし（ルカ伝八・一七）。悪人の不義のゆえになんじの義のおおわれて隠るることありといえども、その朝日のごとくに明らかになる時至るべし。なんじが提出せし訴訟はたとえ人なる審判者にしりぞけらるるとも、その真昼の太陽のごとくに光り輝く時来たるべしと。多くの誤解されたる人物はかくのごとくにして正解せらるるに至った。ただ時間の問題である。充分に時間を貸せば「隠れて現われざるものなし」とは絶対的真理である。この真理によりて来世の存在までが証明せらるるのである。

なんじ、エホバの前に口をつぐみて待ち望むべし。
おのが道を歩みて、栄ゆるもののゆえをもて、
悪しき謀略をとぐる人のゆえをもて、心をいらだつるなかれ（七）

沈黙と待望、信じて静かに神のみ心のおこなわるるを待つ。悪人の繁栄を見て心をいらだてず。信者はおのが道を神にゆだぬるものなるに、悪者はおのが道を歩み、おのが謀略をとげんと欲するものである。神によりたのむものと自己に信頼するものと、信不信の別はここにあり。

怒りをやめよ、憤りを捨てよ。
心をいらだつるなかれ、これ悪にかたむかん（八）

不平憤怒を禁ぜよ、悪を怒りて悪にかたむくのおそれあり。怒りて罪を犯さざるは難し。でき得べくんば怒らざるにしかず。そして神とその審判を信じて、怒らずしてすむのである。義憤は良心の鋭敏を示すがゆえにこれを禁止すべきにあらずといえども、されども憤りて罪を犯すの危険を忘れてはならない（エペソ書四・二六参照）。

そは悪をおこなうものは絶滅され、
エホバを待ち望むものは、国を嗣ぐべければなり
（九）

怒るの必要なき理由はここにある。悪者は絶滅されるからである。ゆえに彼はあわれむべきであって怒るべきでない。われらは悪人が刑に処せらるるを見て涙を禁じ得ざるがつねである。ゆえにいまだ罰せられずといえども刑罰を受くるは確実なれば、彼をあわれみ彼のために

祈るべきである。

詩篇第三十七篇はその第二十五節をもって有名である。この一節あるがゆえに、全篇が人類の注意を引いてやまない。

われむかし年若くして今老いたり。
されど正しきものの捨てられ、
あるいはその裔（すえ）の糧（かて）乞いあるくを見しことなし（二五）

言そのものはあまりいちじるしいものでない。その示さんとする事実もまた厳密の意味においてことごとく真理として認むることはできない。しかしながら聖書の言として一種特別の力がある。またこれを読んで何びとも注意を呼び起こされざるを得ない。これ、はたして真理なるかと、彼はおのれに問うていう。そして外見の矛盾の底に永久の真理を発見せんとする。

詩人は自己の実験を述べてかくいうたのである。自分の永い生涯の間に、義者が捨てられ、その子孫が乞食（こつじき）となりしを見しことなしと。そしてそれがこの詩の作者一人の実験であることなれば、これに対し何びとも反対を唱うる理由がない。彼以外の人は別の実験を有し、詩人の実験の全般的真理ならざるを立証するといえばそれまでであって、彼のこの言を問題として研究するにおよばない。されどもかかる言明をなしたものはこの詩人一人にとどまらないのである。われら日本人は、キリスト教に接する前に、これと同じようなことをシナの聖人に教えられたのであって、聖書のこの言を聞いてことさらに耳新しく感じないのである。いわく（言は易経繋辞下伝にあり）

積善の家には必ず余慶あり、
積不善の家には必ず余殃あり

と。そして日本人全体はその真理なるを信じて疑わないのである。深くその源をきわむれば、わが国の家族制度なるものはこの教えに基いするのである。家は祖先の血統を引くがゆえに貴いのでない。これに積善の宝あるがゆえに滅びないというのである。皇室の貴尊を唱うるにあたりて、単に国家存立上の必要よりせずして、この全般的真理の立場よりしてこれを論ずるならば、一層深く国民の心に訴え、世界の嘆称をひくであろう。いわゆる名家の繁栄はこの道徳的理由によるのである。約千年間の源家の繁栄は、頼光、頼義、義家らの積みし善行の結果と見てまちがいないと思う。この点において東洋歴史は西洋歴史にまさる。後者は優勝劣敗の歴史たるに、前者は善勝悪敗のそれである。善行の永続的効果については、聖書の説くところは儒教に一致して、西洋歴史家の唱うるところに反対する。

しかしながら詩人の言は文字どおりに事実なるか。義者が神に捨てられしがごとくに見ゆる場合なきか。イエスご自身すら「わが神わが神、何ゆえにわれを捨てたまいしや」と叫びたもうたでないか。ルーテルの妻は彼の死後、かて乞いたりといわれ、いわゆる名家の裔にて路頭に迷うものあるをたびたび報ぜらるるにあらずや。これに対して私は左のごとくに答う。

第一　詩人の実験は全般的真理である。時に例外あるは、この真理の全般的価値をこぼつあたわず。

第二　裔は単に肉身的血統をのみいうにあらず。道徳的伝統をも含む。子を生んでこれを教えざれば、彼はわが子たらざるに至る。子もまた父母の善行を嗣いでまことにその子たるに至る。パウロがいえるごとく、「イスラエルより出でたるものはことごとくイスラエルにあらず、即ち肉によりて子たるものこれらは神の子たるにあらず」（ロマ書九・六八）と。子たるに、肉的関係以上に霊的関係が必要である。

第三　義者とは単に義人でない。神に義とせられたるもの、すなわち信者である。パウロがいえる「約束によりて子たるもの」である。選ばれたるもの、恩恵の子供である。そしてかかるものは捨てられず、その裔は永久に栄ゆべしというのである。天然の法則がしからしむべし、義の必然の結果としてしかあるべしというにあらず、神のお約束により、恩恵により、しかあるべし、というのである。ゆえに事は信仰に属することであって、理論をもって定め得らるべきことでない。詩人は信仰の実験としてこのことを知ったのである。

私もまたほとんど七十年の生涯を送り、詩人同様に「むかし年若くして今老いたり」といえども、いまだかつてこの不信国にありて大胆に勇敢に信仰を維持したもののの、神に捨てられ、その子のかて乞いあるくを見たことはない。私は富豪の家が倒れ、その子孫の乞食以下の悲境におちいりし場合をいくつも見せられた。しかしキリストのみ名を恥とせずしてこれを人の前にいいあらわせしものの飢えになやむを見たことはない。そしてこれ神のお約束とこれにともなう恩恵によるのである。私はまた背教者の多くのあわれむべき終焉（おわり）を見た。大天才をいだきながら恥ずかしき死をとぐるを見た。その妻子が社会の憐愍に訴えてわずかに生活をいとなむを見た。キリストのおん父なるまことの神を信ずるは善きことであり、信ぜざるは悪しきことであり、一たび信じてふたたびそむくことはもっとも悪しき、なげかわしき、いたましき、悲しきことである。

第二十六節は二十五節の布衍（ふえん）である。

　正しきものはひねもす（終生）恵みて貸し与う。その裔はさいわいなり（二六）

と。終生神に恵まれて人を恵み、神より受けて、人に借ることなくして貸し与う。その子孫は世に神のさいわいを分かつための器（うつわ）たらんと。

（一九二九年六月「聖書の研究」）

鹿の谷水を慕いあえぐがごとく

詩篇四二―四三篇

注解にあらず、訳解なり。なるべくだけ注解を加えずして聖書そのままの真意を読者に解せしめんとするにあり。注解のごとくくわしからず。しかもその労たるや注解のそれに劣らず。もし幾分たりとも聖書敬読の快を増すを得ば幸甚。

第四十二篇

一

アア神よ、めじかの谷川を慕いあえぐがごとく、
　わが魂はなんじを慕いあえぐなり。（一）
わが魂はかわけるごとくに神を慕う。生ける神をぞ慕う。
　いずれの時にかかわれ行きて神のみ前に出でん。（二）
彼らがひねもすわれに向かいてなんじの神はいずくにありやとののしる時に、
　わが涙は昼夜そそぎてわが糧（かて）なりき。（三）

われむかし群れをなして祭の日をまもる多くの人とともに行き、
喜びと讃美の声を揚げて彼らを神の家にともなえり。
今これらのことを追想してわがうちより魂をそそぎ出だすなり。(四)
アアわが魂よ、なんじ何ぞうなだるるや。
なんぞわがうちに思い乱るるや。
なんじ神を待ち望め、われにみ顔の助けありて、
われなおわが神をほめたとうべければなり。(五)

二

アアわが神よ、わが魂はわがうちにうなだる
さればわれヨルダンの地より、ヘルモンより、
ミザルの地より、なんじを思い出づ。(六)
なんじの大滝のひびきによりて淵々呼びこたえ、
なんじの波、なんじの大波、ことごとくわが上を越え行けり。(七)
しかはあれど、昼はエホバ、そのあわれみをほどこしたまいき。
夜はその歌われとともにありき。
この歌はわがいのちの神にささぐる祈りなりき。(八)
ゆえにわれわが岩なる神にいわん、なんぞわれを忘れたまいしや。
なんぞ、われは仇のしいたげによりて泣き悲しむやと。(九)
わが骨も砕くるばかりにわが敵はわれをののしれり。
彼らはひねもすわれに向かいていえり、なんじの神はいずくにありやと。(一〇)
アアわが魂よ、なんじなんぞうなだるるや。
なんぞわがうちに思い乱るるや。
なんじ、神を待ち望め。そはわれはわが顔の助けなる
わが神をなおほめたとうべければなり。(一一)

三

第四十三篇

神よ、願わくはわれをさばき、情を知らぬ民にむかいてわが訴えをあげつらい、
たばかり多きよこしまなる人よりわれを救い出だ

したまえ。(一)
なんじはわが力の神なり。なんぞわれを捨てたまいしや。
なんぞ、われは敵のしいたげによりて泣き悲しむや(二)。
願わくはなんじの光となんじのまこととを放ち、われを導き、
なんじのみ山となんじのあげばりとに行かしめたまえ。(三)
さらばわれ神の祭壇に行き、
またわが喜びのきわみなる神に行かん。
アア神よ、わが神よ、われ琴をもてなんじをほめたたえん。(四)
アアわが魂よ、なんじなんぞうなだるるや。
なんぞわがうちに思い乱るるや。
なんじ、神を待ち望め。そはわれはわが顔の助けなる
わが神をほめたとうべければなり。(五)

略注

神の聖殿より追われ、その聖き会合に参するあたわず、ひとり不信者の中にありて、その嘲弄罵詈に身をくるしめられ、はるかにシオンのかなたを望んで懐旧の情を述べし歌なり。

魂は女性なり。ゆえにこれをめじかにたとう(四二・一)。**「涙をかてとす」**悲痛のきわみなり。**「魂をそそぎ出だす」**おさえきれずして感情を外に表わすの意(三)。

「ヨルダンの地……ヘルモン……ミザル」パレスチナの東北隅なるヨルダン水源近き地の名称なり。この詩の作者は聖殿の所在地より追われてここにありしがごとし(六)。

衷心の艱苦を附近の大滝にたとえていう。瀑布轟然として淵々を圧するがごとく、患難の大波はわが魂を圧すとの意(七)。

第一段より第三段に至るまで信仰の進歩あり。始めは苦痛を訴うること多くして、終わりは歓喜と讃美とをもって満ちあふる。神を信ずるものの艱難に遭遇する時の実験をうつし得てあますところなし(七)。

(一九〇三年三月「聖書之研究」)

詩篇第四十五篇

詩篇四五篇一―一七節

王の結婚を歌うたる歌である。作者は歓喜にあふれてこの歌を作った。

わが心はうるわしきことにてあふる。わが舌はすみやけくもの書く人の筆なり（一）

という。ここに理想の新郎（はなむこ）と新婦（はなよめ）がえがかれる。新郎は柔和なる人、同時にまた勇ましき、さらにまた正しき人なりという。義にして、しかして勇、しかして仁なりという。「気はやさしくして力持ち」それに「なんじは義をいつくしみて悪を憎む」とありて、正義を愛するの心を加えたるものなりという。またことに理想の新郎である。ゲーテの名作『ヘルマン・ウント・ドロテア』において彼がえがきし新郎ヘルマンはかくのごとき新郎であった。

理想の新郎に対し理想の新婦があった。彼女はもちろん美しくあった。同時にまた従順であった。

さらば王はなんじのうるわしきを慕わん。王はなんじの主なり、これを伏しおがめ（一一）

とある。新婦は新郎を主として仰ぎ、これに服従すべしとのことである。「妻なるものよ、なんじらその夫に従うべし」とパウロが教えしそのことである。ことに注意すべきは新婦のその里方、すなわち生みの父と母とに対する態度である。

女よ、聞け、目をそそげ、なんじの耳をかたむけよ、

なんじの民となんじが父の家とを忘れよ（一〇）

というのである。女はその生みの父の家を忘れて夫の家のものとなるべしとのことである。これは純然たる東洋思想であって、西洋人ことに米国人のとうてい承認するあたわざる教えである。しかも聖書の教えたるをいかんせん。西洋人ことに米国人は創世記二章二十四節を引き「人はその父母を離れてその妻に合い（すがり）、二人一体となるべし」と唱え、そのとおりに実行する。しかし聖書は公平である。聖書は女にもまた「なんじの民となんじが父の家を忘れよ」と教う。聖書は女本位の米国人にも適し、また男本位の日本人にもかなう。聖書は米国

人のみの書ではない。また日本人の書である。そして聖書は全体に西洋的なるよりも東洋的である。男にその父母を離れてその妻に合うべしというよりも、女に「なんじの民となんじの父の家とを忘れてその夫に属し、これに服従すべし」と教う。これ決して男尊女卑にあらざるは、聖書全体の精神に照らして見て明らかである。

結婚のこと、家庭のことについて、日本人は西洋人ことに米国人にならう必要はすこしもない。日本人もまた聖書によりてその家庭制度を維持することができる。クリスチャン・ホームの模範を米国人に求むる必要はすこしもない。日本人はその従来の家庭にキリストの臨在を祈求(もと)めてただちにこれを日本人特有のクリスチャン・ホームとなすことができる。詩篇第四十五篇はことに日本人の結婚歌と見てことに貴くある。

（一九二九年一月「聖書之研究」）

詩篇第四十六篇

詩篇四六篇一―一一節

この詩、何びとの作なるや、知るあたわず。あるいはエルサレム城外よりアッシリヤ軍の退陣ののち、預言者イザヤの指導によりて作られしものなるべしというものあり。あるいはしからん（列王紀下一八―一九章参照）。されどもその何びとの作たるにかかわらず、神を信ずるものの堅城鉄壁の何たるやを歌いしものとして、聖詩中とくに人目を引くものなり。有名なるルーテルの讃美歌にして「宗教革命時代の軍歌」ととなえらるる Eine feste Burg ist unser Gott（堅き城はわれらの神なり）はこの詩を義訳せしものなり。その中に勇気りんりんとして動かすべからざるものあれば、また清流の芳味ひとり静かに感謝して掬すべきものあり。過去三千年の長き間、神を信ずるものの恐怖を静め、敵軍いなごのごとくに立ちて彼をかこみし時に彼に神の助けを待ち望ましめしこの聖詩を、われら今日の日本人もまた深く味わわずしてやむべけんや。

　篇中「神の都」は往時の聖都エルサレム、今の「神の教会」なり。これをうるおす川は尽きざる聖霊の流れなり。

神はわれらの堅き城、また力なり。
なやめる時のいと近き助けなり。(一)
さればわれらは恐れじ、たとえ地は変わり、
山は海の真中に移さるとも、(二)
よしその水は鳴りとどろきてさわぎ、
そのあふるるがために山はゆるぐとも。
　万軍のエホバはわれらとともなり、
　ヤコブの神はわれらの城なり。(三)
川あり、その流れは神の都を喜ばしむ。
いと高きものの住みたもう聖所をよろこばしむ。(四)
神、その中にいましたもうがゆえに都は動かじ。
神は、かしこを助けん、すみやかにかしこを助けん。(五)
もろもろの民はさわぎたり、もろもろの国はゆるぎたり、
彼は一声を放ちたまえり、しかして地は消えんとせり。(六)
　万軍のエホバはわれらとともなり、
　ヤコブの神はわれらの城なり。(七)
来たりてエホバのみわざを見よ、
地になせるその掃攘のみわざを見よ。(八)
エホバは地の果てまでも戦いをやめしめ、
弓を折り、戈を断ち、戦車を火にて焼きたもう。(九)
なんじら静まりてわれの神たるを知れ。
われは万民にあがめられ全地に尊まるべし。(一〇)
　万軍のエホバはわれらとともなり、
　ヤコブの神はわれらの城なり(一一)。

（一九〇二年十月「聖書之研究」）

平和の希望

詩篇四六篇一―一一節

神はわれらの避け所、またとりでなり。
なやめる時のいと近き助けなり。(一)
さればわれらは恐れじ、たとえ地は変わり、
山は海の真中に移さるとも。(二)
たとえその水は鳴りとどろきてさわぐとも、
山はそのあふれ来たるによりてゆるぐとも。
　万軍のエホバはわれらとともなり、
　ヤコブの神はわれらの高きやぐらなり。(三)

川あり、その流れは神の都を喜ばしむ。
いと高きものの住みたもう聖き所を喜ばしむ。(四)
神、その中にいませば、都は動かじ。
神は朝つとにこれを助けたまわん。(五)
もろもろの民はさわぎたち、もろもろの国は動きたり、
神その声を出だしたまえば、地はやがて溶けぬ。
(六)
　万軍のエホバはわれらとともなり、
　ヤコブの神はわれらの高きやぐらなり。(七)

来たりてエホバのみわざを見よ、
エホバは多くの驚くべきことを地になしたまえり。
(八)
エホバは地の果てまでも戦いをやめしめたもう。
弓を折り、戈を断ち、火にて戦車を焼きたもう。(九)
彼はいいたもう、「静かにしてわれが神たるを知れよ、
われは全地に、万国の民の中にあがめらるるべし」
と。(一〇)
　万軍のエホバはわれらとともなり、
　ヤコブの神はわれらの高きやぐらなり。(一一)

意解

われらにも城塁あり。われらにも要塞あり。されどもこれ山に拠(よ)り石をもって築かれしものにあらず。わ

れらの城塞は生けるまことの神なり。彼は天地の造り主にしてわれらの父なり。われらは彼の中に難を避くるを得、彼によりてすべての敵を防ぐを得るなり(一)、

われらの城塞は軍人がよってもって頼るそれとは異なり、**「なやめる時のいと近き助けなり」**われらはこれに入らんと欲して、海を渡り大陸を横ぎるをもちいず。彼はわれらの「いと近き助け」なれば、われらは今ただちに彼の中に隠るるを得るなり。彼はわれらの周囲にあり、またわれらのうちにいましたもう、われ、彼を呼びまつれば彼はただちにわれに答えたもう(一)。

ゆえにわれらは恐れざるなり、たとえ地は変わりて淵となり、山は海の真中に移さることあるも、たとえ海の水は鳴りとどろき、かつ泡立ちて（さわぐの原意）その岸にあふれて、山はそれがために動くこともあるとも。しかり、われらは恐れず、たとえ国民は起こりあるいは滅び、擾乱絶ゆることなくして世界は沸騰するとも。乱世何かあらん。敗壊何かあらん。われには全地がくずるともくずれざるのとりであるあり。ああ、われ何をか恐れん(二―三)。

万軍われにせまり来たるもわれは恐れじ。そは万軍を支配するの神はわれとともにいませばなり。「彼、一たび命じて波に声なし。彼、三たび令して万軍潰（つい）ゆ」。勝敗は将官の作戦計画の巧拙によらず。普国大帝フレデレッキいわく「大戦争はつねに雲上のかなたにおいて決せらる」と。神に頼りてのみ永久の勝利はあるなり。

「万軍のエホバはヤコブの神なり」すなわち宇内を統御したもう神はまた契約の神なり。山を平らげ海を乾（ほ）したもう神は、イエス・キリストにありてわれらの霊魂を救いたもう神なり。われらの高きやぐらとしてよりたのむものは、裁判の神にしてまた赦免の神なり。偉大にしてかつやさしき神なり。

世は大海の乱すところとなり。その山は動きその陸はくずれんとす。されどもわれらには川ありて、われらの中に流れ、われらの渇を癒やし、われらに生命を供す。川は至上者の所より出づる聖霊なり。神の住みたもう聖徒の心をよろこばしむ。その支流は信徒各自の心をうるおす。

同じく一つの聖霊なれども、彼その心のままに各人に分け与うるなり（コリント前書一二・一一）

世は洪水のおおうところとなりてかえって渇を感ずる

時に、われらは静かに神の命に聞いて清水のうるおすところとなる㈣。

この生命の水の絶えざるあり。神の城砦はいかでか落ちん。神、時にはわれらを敵の重囲の中に置きたもうことありとも、彼はその時に至ればわれらを助けたまわん。われらが思わざる時に急にわれを助けたまわん（朝つとにとの意義はけだしこれなるべし）㈤。

もろもろの民はさわぎたち、もろもろの国は動きたり。すべての国民は武装せり。世界的大戦争の起こらんとする徴候あり。されどもわれら何をか恐れん、神その一声を発したまえば全地はやがて溶けんのみ㈥。

ゆえにわれらはふたたび歌いていう、万軍のエホバはわれらとともなり、ヤコブの神はわれらの高きやぐらなりと。すなわち勢力の神はまた恩恵の神なりと㈦。

来たりてエホバのみわざ（奇跡）を見よ。彼は多くの驚くべきことをなしたまえり。彼は弱者をして強者をくじかしめたまえり。小児をして獅子と熊とを導かしめたまえり。剣を用いずして強敵を倒したまえり。すなわち人の思いおよばざる大なる奇跡をなしたまえり。なんぞ兵数をもって国の強弱を計るや。なんぞ政略をもって民の振興を画するや。エホバは幼な子をベツレヘムの僻邑に下して全世界を改造しつつありたもうにあらずや。ああ盲者よ、策略家よ、来たりてなんじらの眼を開いてエホバのなしたまいしみわざを見よ㈧。

エホバは地の果てまでも戦闘をやめしめたもう。彼は絶対的に非戦主義を実行したもうべし。彼は旧時の武具なりし弓を折り、戈を絶ち、火にて戦車を焼きたまいしがごとくに、今また銃を折り、剣を絶ち、砲車を焼きつくしたもうべし。しかしてイエス・キリストの父なる神は剣をもっては剣を絶ちたまわざるべきも、しかも諸民、諸王、諸族の心の中に彼の霊を下し、戦争の罪と愚とを知らしめ、彼らをしてついに彼らの狂猛に恥じて、武器を排棄して平和の神に仕うるに至らしめたもうべし。人は平和会議幾回をかさぬるとも兵をやむることあたわざるべし。されども神がふたたびキリストにありて栄光の主としてこの世にあらわれたもう時に、彼は地の果てまでも戦闘をやめしめたもうべし㈨。

声をひそめ、静かにエホバの神たるを知れよ。神として金銀を拝するなかれ。力として武に頼むなかれ。武は平和を来たさず、金銀を愛するはすべての罪悪の始めなり。エホバの神のみ真の神たるなり。彼のみはついに世の帝王がこぞってなさんと欲してなしあたわざる戦争全廃を実行したもうべし。われらはその時に彼のまことに神なるを知らん。その時に、エホバの名は全地に万国の民の中にあがめらるべし。われらはいま平和を唱えて、その喜ばしき時の至るを待たん。主は必ずわれらの中に臨みたもうべし。われらはその時に、戦争を賛せしものとして彼の怒りに触れざらんことを努むべし（一〇）。

われらは三たびかさねていわん、万軍のエホバはわれらとともなれば、われらの最後の勝利は確かなり、ヤコブの神はわれらの高きやぐらなれば、天下何ものもわれらの事業を害し、これを失敗に終わらしむるものなしと（一一）。

荒れよ、世の嵐、荒れてなんじの猛威をたくましくせよ。なんじが敗壊を終えしのちに、主の十字架は世の唯一の勢力として残らん。しかしてその時に、エホバの栄光は水の大洋をおおうがごとくに全地をおおい、その平和は地の四方におよばん。その時

エホバはもろもろの国の間をさばき、多くの民を責めたまわん。かくて彼らはその剣を打ちかえて鋤となし、その鎗を打ちかえて鎌となし、国は国にむかいて剣をあげず、戦いのことをふたたび学ばざるべし（イザヤ書二・四）

（一九〇四年九月「聖書之研究」）

詩篇第五十篇二節

美のきわみなるシオンより、
神は光を放ちたまえり（詩篇五〇・二）

「美のきわみ」とはラファエルの絵画ではない。またアンゲローの彫刻ではない。バッハ、ベートーベンの音楽ではない。また清麗玉をあざむく美人ではない。美のきわみとはシオンである。神のいましたもう所である。彼のみこころのおこなわるる所である。彼の聖徒の彼とともにある所である。すなわち天国である。義と愛との満ちあふるる所である。美のきわみは美形ではない。また美音ではない。美のきわみは美徳である。愛である。

愛の行為である。愛が完全におこなわるる所、それが美のきわみである。しかしてそれが神の宝座のあるところのシオンである。

「神はシオンより光を放ちたまえり」おのれを人の子に示したまえり。さきにはシナイの頂きより火と煙の中にその律法をモーセに授けたまえり。のちにはセラピムのつばさの上よりその義と聖とを預言者らに示したまえり。しかしてついにはその子イエス・キリストをもってそのめぐみとまことを下したまえり。神は神として超然として天の高きにとどまりたまわず。へりくだりておのれを人にあらわしたもう。美のきわみは天のシオンである。われらは地にありてこれを実見することはできない。しかしながら、われらは天よりくだりたまいし神のひとり子をその聖なる美において仰ぎまつりて、いささか天の極美の一端をうかがうことができるのである。今はまことに暗黒の勢力である。されども神はすでに美のきわみなる天のシオンよりその光を放ちたもうた。光は今や暗きを追いやりつつある。朝は近し。全地が神の栄えの輝きをもっておおわるる時は、まさに近きにあるのである。

（一九一一年十月「聖書之研究」）

詩篇第五十五篇二十二節

なんじの重荷をエホバにゆだねよ。
彼はなんじをにないたまわん。
彼は義人の動かさるることを決してゆるしたまわざるべし（詩篇五五・二二）

「なんじの重荷をエホバにゆだねよ」　自身これを負わんとするなかれ。みずからこれをになわんとするなかれ。みずからこれをになわんとするがゆえに、なんじに耐えがたきの苦痛あるなり。これをエホバにゆだねよ。彼はたやすくこれをにない得るなり。しかしてなんじの重荷をなんじに代わってにないたもうにとどまらず、これとともになんじ自身をもにないたまいて、なんじの心に平康（やすき）を賜うなり。

彼は義人すなわち彼によりたのむもの、すなわち彼と正しき関係においてあるものの動かさるることを決してゆるしたまわざるべし。しかり、決してゆるしたまわざるなり。世のいわゆる義人の動くことはあり、されども神の義人の動くことはなし。神の義人は信仰の人なり。信頼の人なり。義を神より仰ぐ人なり。われは義人なりという人にあらず。罪人なるわれをあわれみたまえといいて神の慈愛にすがるものなり。しかしてかかるものは決して動かさるることなし。彼が毅然として動かざるにあらず。愛の神が彼の動かさるることをゆるしたまわざるなり。信仰の人は弱きがごとくに見えて強し。そは大能のエホバ、彼を彼の重荷とともにになないたまえばなり。彼自身は弱し。されども彼をにないたもうエホバは強し。彼は世の嘲弄の中にありながらついに世を彼の足台となすものなり。

（一九一一年十月「聖書之研究」）

詩篇第六十二篇九節

げに低き人はむなし、
高き人は偽りなり。
はかりに掛くれば上にあがり、
息よりも軽し（詩篇六二・九）

人に貴賤上下の別なし。彼らはすべてむなしく、また偽りなり。貴族なればとて貴からず。されば平民なればとて信ずるに足らず。貴族も平民もひとしく神にそむきしものにして、彼の目の前には滅びの子なり。これを正義のはかりに掛けんか、少数の貴族も多数の平民も、おもりに対して上にあがり、軽きこと息のごとし。さらばわれらは貴族にも頼らざるべし。平民にも頼らざるべし。帝国主義をも取らざるべし。社会主義をも唱えざるべし。われらは神に頼り、彼の福音を唱道すべし。いわゆる階級戦争に加わりて、上にくみして下を圧せざるべし。また下にくみして上を苦しめざるべし。われらは神にくみして、善はいたるところにこれを助け、悪はいたるところにこれを排すべし。

（一九一一年三月「聖書之研究」）

秋郊の歌

詩篇六五篇一―一三節（私訳）

沈黙はなんじの前にふさわし、シオンにいます神よ。
誓いはなんじに果たさるべし、なんじ、祈りを聞きたもうものよ。
人はみななんじに至るべし。
わが罪はわれに対して強し、
されどなんじは、しかり、なんじはこれをはらいたもうべし。
なんじに選まるるものはさいわいなるかな。
なんじに近づきまつりて宮の大庭に住むものはさいわいなるかな。
われらをしてなんじの家の良きものをもて飽かしめよ。
なんじは地を見舞いてこれに水そそぎたもう。
なんじは大いにこれを富ましたもう。
神の川は水にて満つ。
なんじ、かく地を備えて、彼らに穀物を与えたもう。
なんじ、ゆたかにみぞをうるおし、うねを平らかにし、
なんじ、白雨（むらさめ）をもてこれをやわらかにし、
その萌芽を祝したもう。
なんじ、恵みをもて年を冠したもう。
なんじの道にあぶらしたたる。
そのしたたりは野の牧場をうるおし、
小山はよろこびをもて帯さる。
牧場は羊の群れを着、谷は麦をもて飾らる。
彼らは喜びをもて相こたえ、かつ歌う。（六五・一―一三）

（一九一一年十月「聖書之研究」）

豊稔の歌

詩篇六五篇九—一三節

なんじは地を見舞いてこれにみずそそぎたもう。
なんじは大いにこれを富ましたもう。
神の川は水にて満つ。
なんじ、かく地を備えて彼らに穀物を与えたもう
(九)

神は地を造りてこれをいわゆる天然の法則に放任したまわず。年ごとにこれを見舞いて、これに水そそぎ、これを富ましたもう。豊熟は直接に神のたまものなり。金波の田園に揚がるは神が耕耘にたずさわりたまいしがゆえなり。「神の川」は天より降る雨なり。人のうがちしみぞのごとくに水に欠乏することなし。驟雨沛然として降り、乾枯ために蘇生す。神はかくのごとくにして地を備えたまいて、人と獣とに食物を与えたもう。

なんじ、ゆたかにみぞをうるおし、うねを平らかにし、
なんじ、白雨(むらさめ)をもて、これをやわらかにし、その萌芽を祝したもう(一〇)

ただに雨をくだして全地をうるおしたもうにとどまらず、みずから田畝に臨みたまいてその耕耘を助けたもう。水を畦溝にそそぎ、うねの隆起をけずり、さらに白雨をくだしてこれをやわらかにし、植生の萌芽を助けたもう。「わが父は農夫なり」とイエスはいいたまえり(ヨハネ伝一五・一)。神はまことに忠実なる農夫なり。彼は植生の細事にまでたずさわりたもう。彼は種子をまもり、これをあたため、これをうるおし、その萌芽を見てよろこんでこれを祝したもう。彼を万軍の主と呼びまつりて宇宙の主宰とのみ見なしまつるは否なり。彼は空の鳥をまもりたまいて、その一羽たりとも彼のゆるしなくして地に落つることなし(マタイ伝一〇・二九)。彼はまた野の百合花を愛し、これを飾るにソロモンの栄華のきわみの時だにも見るあたわざりしよそおいをもってしたもう(マタイ伝六・二九)。まこと

に悪魔は都会を作り、神はいなかを造りたまえりという。神は涼しき樹木のかげにいまし、もえ出づるうねの間を歩みたもう。彼は農夫の心をもって種子の萌芽を祝したもう。祝すべきかな、この神！　彼は聖殿の聖所にいまして民をさばきたもう神にあらず、畎畝（けんぽ）の間にくだりて畦丁（けいてい）と並び耕したもう神なり。

なんじ恵みをもて年を冠したもう。
なんじの道にあぶらしたたる（一一）

地を見舞い、これに水そそぎ、みぞをうるおし、うねを平らかにし、土を水にひたしてこれをやわらかにし、種子の萌芽をうながしその成長を助け、その花を開かせ、その実をみのらせ、しかしてついに豊熟の恩恵をもって一年の勤労を冠したもう。戴冠は栄華のきわみなり。事の完成に達する、これをその加冠と称す。年は地の一期なり。しかして豊熟はその冠なり。国王がその頂きにいただく金の冠にあらず。黄金色を帯びたる重き禾穀の冠なり。

目をあげて見よ、田はいろずきて刈り入れ時になれり（ヨハネ伝四・三五）

とキリストはその弟子たちにいいたまえり。なんじ、年の冠を見んと欲するか、目をあげて見よ。平野一面金砂をしくがごとく、秋風その上を吹いて、水ならざる海の金波の揚がるを見ん。神は年ごとに地を冠したもう。紅葉の錦をもってよそおい、禾穀の金冕（きんべん）をもってこれを冠したもう。国に一人の王を挙げて民衆をしてひざまずきてこれを拝せしむるの類にあらず。あまねく地を冠したまいて万民をして各自自由の王たるの感あらしめたもう。神が豊熟の恩恵をもって年に冠を加えたもう時に、地はまことに「王者の国」となりて、その内に王たらざるもの一人もなきに至るなり。

年の戴冠式はあげられて、みのりの神のこれに臨みたもうや、車駕いたる処に恩恵のあぶらしたたる。人類の王なるまことの神は豪俠にして寛厚なり。彼は惜しむことなくしてすべての良きものをすべての人に与えたもう。車駕轔々としての民の間を過ぐる時に、恩恵は彼の右にしたたれ、またその左に流る。

そのしたたりは野の牧場をうるおし、

小山は喜びをもって帯さる（一二）

恩恵はしたたれて野の牧場をうるおし、小山は歓喜の中にひたさる。さきには雨の水をもってうるおしたまい、今は恩恵のあぶらをそそぎたもう。低き牧場は恵みをたたえ、高き小山は喜びを帯ぶ。そのふもとに立ちてこれを仰ぎ見れば、中腹の畑は赤くみのりて、錦帯をもって山をめぐるがごとし。年の戴冠の荘儀に会うて、小山はおとめの姿を呈し、喜びをもてその腰をまとうを見る。

牧場は羊の群れを着、
谷は禾穀をもって飾らる。
彼らはよろこびをもて相こたえ相歌う（一三）

小山の喜びをもって帯とするあり。また牧場の羊の群れを着、また谷の禾穀をもって飾らるるあり。羊群密にして団聚する所、これを丘上より望んで毛衣の牧場をおおうがごとき観あり。しかして禾穀いろづきて谷を埋ずむるの所、羅裳のこれを飾るの風あり。かくて小山と牧場と谷との三人の姉妹は、衣裳を異にし装飾を異にして、歓喜をもって相こたえ相歌う。神の地を祝し年を恵みたまいしや大なり。民の鼓腹撃壌、もって豊稔を歌うにとどまらず、小山と牧場と谷とは人の感謝に感じて相応呼して歌うを聞く。これまことに豊稔の歌なり。全地がこぞりて神の恩恵を謝するの声なり。願わくはかかる聖き、高き、深き声の、わが国の野と山とより揚がれかし。

（一九一二年十一月「聖書之研究」）

詩篇第七十一篇二十節

なんじ、多くの重き苦しみにわれを会わせたまいしもの、
なんじはふたたびわれを生かしたまわん。
しかして地の深き所よりわれを挙げたまわん（詩篇七一・二〇）

人世に悲惨事多し。されどもこれをつぐのうてなお余りあるの恩恵事あり。復活これなり。このことありて、

しかしてまたこのことを望んで、この涙の谷は歓喜の楽園と化するなり。われもまた多数の人とともにこの世にありて多くの重き苦しみに会いたり。されどもわれは望みまた信ず、わが神の、キリストにありてわれをふたたび生かしたもうを。しかして墓の底よりわれを挙げたまいて、われをして天の清き所に住ましめたもうを。しかしてこの大希望のわがうちに存するがゆえに、われはこの世のすべての苦難に勝ち得て余りあり。ああ死よ、なんじの刺（はり）はいずくにあるや。ああ陰府（よみ）よ、なんじの勝ちはいずくにあるや。それわれらが受くるしばらくの軽き苦しみは、きわめて大いなる限りなき重き栄えをわれらに得しむるなり（コリント後書四・一七）。

（一九一一年三月「聖書之研究」）

詩篇第七十二篇

詩篇七二篇六—七、一七節

詩篇第七十二篇は美しき歌である。しかしこれを再臨のキリストを讃（たと）うる歌とみて、その意味はいっそう深く味わわれるのである。

彼は、刈り取れる牧に降る雨のごとく、
地をうるおす白雨（むらさめ）のごとく臨まん。
彼の世に義者（ただしきもの）は栄え
平和は月の失するまでゆたかならん（六—七）

これはいかなる王についてもいうことのできないことばである。とこしえに生きたもう王キリストにのみ当てはまることばである。しかして彼キリストについては文字どおりに事実である。彼が世を治めたもうによりて地に臨む平和は月の失するまでゆたかである。すなわち永久に続き永久に栄ゆる平和である。ことに彼のきたりたもうや、刈り取れる牧に雨の降るごとく、白雨の地をうるおすがごとくであるという。再臨の恩恵的半面をいいあらわして美の極というべしである。

彼の名はつねに絶えず、
彼の名は日の久しきごとく絶ゆることなし。
人は彼によりてさいわいを得ん。
もろもろの国は彼をさいわいなるものととなえん。
（一七）

栄華のきわみをつくしたるイスラエルの王ソロモンも人の子たるにすぎなかった。イエスはご自身をさしていいたもうた、「それソロモンより大なるものここにあり」と。神の子にして人にあらざる王……彼の名は文字どおりに日の久しきがごとく絶ゆることなしである。この詩もまた再臨の信仰をもって読んで、その意味は注解を待たずして明らかである。

（一九一九年十二月『聖書之研究』）

詩篇第七十六篇

詩篇七六篇一―三節

神はユダに知られたもう、
その名はイスラエルに高し。
その幕屋はサレムにあり、
その聖座はシオンにあり。
かしこに彼は弓と火矢とを折りたまえり。
盾と剣と戦争とをくじきたまえり（一―三）

神はユダに知られたもう。異邦に知られたまわず。彼のみ名は選民の中に高し。彼の幕屋は「平和」を意味するサレムにおいて張らる。彼はシオンに鎮座したもう。しかしてかしこにて彼は弓と矢とを折りたまえり。盾と剣とをこぼちたまえり。しかして戦争を廃したまえり。世はキリストのおん父なる神を知らず。教会は彼を知ると称して実は彼を知らず。彼の名は彼の選みたまいし少数の民の中に高し。彼はやわらぎを愛するものの心にやどりたもう。彼のすみかは聖徒のつどいなる聖き新しきエルサレムにおいてあり。しかしてかしこにありて彼は彼らをもって弓と矢とを折りたもう。盾と剣とをくじきたもう。大砲と軍艦とをこぼちたもう。しかしてついに戦争を廃止したもう。世界の平和は政治をもって来たらず、教会によって臨まず、弱きユダと少数のイスラエルとによって来たる。戦争廃止は彼らの天職なり。しかして神は彼らによってかならずこの大事を成就したもう。

（一九一一年三月「聖書之研究」）

詩篇第七十七篇

詩篇七七篇七―八節

主はとこしえに捨てたもうや。
彼はふたたび恵みたまわざるや。
そのいつくしみは残りなく去りしや。
その約束は世々にすたりしや。
神は恵むべく忘れたまいしや。
彼は怒りてそのあわれみを閉じたまいしや。（七―八）

不可能事なり。かかることは永久にあるべからざるなり。これを問うてそのしからざるを知るなり。かかる妄想の、時にわれらの心に浮かばざるにあらず。されども明白にこれをことばにあらわし見て、そのいかに不合理なるかを知るなり。懐疑は懐疑として永く心に包むべからざるなり。時にこれをことばにあらわして、みずからおのれの不信を責むべきなり。世に解答を要せざる問題あり。しかして以上のごときはその最も著明なるものなり。主なる神はとこしえにわれらを捨てたまいしとよ！不可能事なり。彼はふたたびわれらを恵みたまわずとよ！　荒唐なり。その慈愛は残りなく去りしとよ！　無稽なり。彼の約束は世々にすたれりとよ！　妄誕なり。彼は恵むべく忘れたまいしとよ！　思意するだもあたわず。彼は怒りてそのあわれみを閉じたまいしとよ！　しかり、天地は消え失するともこの事はあるべからず。信仰上の荒唐無稽とはこれらのことをいうなり。われらはいかなる困難に遭遇するもかかる疑問をだに挙ぐべからざるなり。

（一九一一年三月「聖書之研究」）

モーセの祈禱

詩篇九〇篇一—一七節

主よ、なんじは世々われらのすみかなりき。㈠
山いまだ出でず、
地と土といまだ生まれざりしさきに、
永遠より永遠にまでなんじは神なり。㈡
なんじは人をちりに帰らしめたもう。
また、のたまわく「人の子よ、なんじら帰り来たれ」と。㈢
なんじの目の前には千年も今や過ぎんとする昨日のごとし。
また夜の間のひとときに同じ。㈣
なんじ大水をもて彼らをおおいたまえば、
彼らはねむりと化して去る。
また朝にはえ出づる青草のごとし。㈤
　朝にははえ出でて栄え、
　夕べには刈られて枯る。㈥

われらはなんじの怒りによりて消え失せ、
なんじのいきどおりによりておじまどう。㈦
なんじ、われらのとがをなんじのみ前に置き、
われらの隠れたる罪をみ顔の光の中に置きたまえり。㈧
われらのすべての日はなんじの怒りの中に過ぎ去り、
われらのすべての年は息のごとくに消え失せり。㈨
われらの生くる年は七十に過ぎず。
よしすこやかにして八十に達することあるも、
されど、その誇るところはただ勤労と悲哀とのみ。㈩
その去りゆくことすみやかにして、われらもまた飛び去る。
たれか、なんじの怒りの力を知らんや、
たれか、なんじの威厳にかなうなんじの憤りを知らんや。(一一)
　願わくはわれらにおのが日を数うることを教えて

知恵の心を得しめたまえ（一二）

エホバよ、帰りたまえ、いつまで待たせたもうや。
なんじのしもべらにかかわれるなんじのみこころを
変えたまえ（一三）
願わくは朝になんじのあわれみをもてわれらを飽か
しめ、
日の終わりまでわれらをして喜びの声を揚げしめた
まえ。（一四）
なんじがわれらを苦しめたまいし日にしたがいて、
またわれらがわざわいを見し年にかのうて、
われらの心を楽しましめたまえ。（一五）
なんじのみわざをなんじのしもべらに示し、
なんじの威光をその子どもらにあらわし、（一六）
われらの神なるエホバの恵みをわれらの上にやどら
しめたまえ。
　われらの上にわれらの手のわざを確くしたまえ。
願わくはわれらの手のわざを確くしたまえ。（一七）

略注

神の人モーセの祈禱として伝えらる。老預言者晩年の心事を吐露して余すところなきがごとし。彼をしてこの祈禱を唱えしめし境遇はこれを申命記の記事に徴すべし。この篇をもって申命記を短縮して詩に歌いしものというも可なり。その用語において、その精神において、この詩は誤りなき申命記の余韻なり。

「主よ」神を威厳ある宇宙万物の統治者として呼びまつりし尊称なり。第十三節における「エホバ」の名称と相対し見よ。　全能の主権者は世々われらのすみかなりしという。神の犯すべからざる神聖を唱うると同時に彼の愛すべくまた親しむべきものなるを忘れず。詩人はここに神を恐れて彼より逃れんとするにあらず、神の親しむべきを知るがゆえに彼に罪のゆるしを乞うて彼のふところに帰らんと欲するなり。神の神聖を歌うにいともおごそかなるこの詩は、その発端においてすでにこの信頼の語をもらせり。宇宙の主権者はまた契約の神なり。彼は、世々われら彼をおそるるもののいこいかつ隠るべきすみかなりと（一）。

「山」は地をささゆる柱なり。その生まれざるさきとは、地の基礎をもいまだ定められざりし時なり。「地」

は地球にして「土」は沃土なり。嬰児のいまだ母の胎内を出でざりしがごとくに、山も陸もいまだ造り主の聖図の中に存せし時より、しかり、その前より未来永劫に至るまでなんじは神なりと。「なりし」にあらず、また「ならん」にあらず、「なり」なり。過去もなく、未来もなく、永久に現在するものなり。聖書を学ぶに深く意を動詞の時(テンス)に留めよ(二)。

「ちりに帰らしむ」は、ちりより出でしものをちりに帰らしむるの意なり(創世記三・一九)。「帰り来たれ」は、新たに人を地上に呼び起こすための令詞なり。神は人類の生死をつかさどりたもう。彼は死を命じまた生を命じたもう。人は逝(さ)りまた来たるに、神のみはひとり永遠に生きて人類の変現を支配したもう(三)。

千年も今や過ぎんとする昨日のごとし。時なる観念を有したまわざる永遠の実在者にとりて、かくあるべきはもちろんなり。年といい月というは蜉蝣のごときわれら人類にとりてのみ意味あるなり。彼、神にとりては千年も今や昨日となりて過ぎんとする今日のごとし。われらはその一瞬時期なるを知る。千歳の長期も神にありてはわれらの一日のごとし。いな、一日よりもさらに短し。むしろわれらが知らずして過ごす夜間のひとときと称せん。地にありては国民興り国民滅ぶるも、天にありては春夢結ばれていまだ醒めず。希望の朝暾(ちょうとん)のなお早きを歎ずるの感あらん。短気なるは短命なる人間のみ。生ありて死あるを知らざる神は時なきがゆえに、その忍耐は無限なり(四)。

弱くして傲慢なる人間を見よ。神もし一朝洪水を起こして彼らをおおいたまえば、彼らは眠りと化して消え失す。また人を何にかたとえん。彼はユダヤの山地を飾る春雨に会うてたちまちもえ出づる青草なり。朝にははえ出でて栄え、夕べには刈られて枯る。神の永存にくらべて人生のはかなきこと、まことに言語に絶ゆ(五―六)。

かくも蜉蝣のごときわれらはなんじの怒りによりて消え失す(七)。なんじはなんじの正義をもってわれらを照らし、われらをしてわれらの罪と汚れとに耐えざらしめたもう(八)。われら恐怖の中にわれらの生命を終わらんとす。われらはなんじのみ顔を拝し得ずして、われらの年は歓喜の生命なくして、ただわずかに息のごとくにして消え失せんとす(九)。なんじわれらの何なるを知りたもうや。年七十に過ぎざる現世の旅客なり。よし壮健にして八十に達するを得るも、われらの誇りとするところのものはただ勤労と悲哀の元たるのみ。年月の去り逝くことすみやかにしてわれらもまた鳥のごとくに飛び去る。われらはなんじと強弱を競い得るなんじの同輩にあらざるなり（一〇）。たれか人としてなんじの怒りの力を知るものあらんや。なんじにしてもしなんじの威厳に相応する憤りを発したまわんか、われらはただちに粉砕されん（一一）。のみア神よ、なんじはかくも強くしてわれらはかくも弱きのみものなれば、願わくはわれらにおのが日のいかに短きかをさとらしめ、われら心に誇り神に抗し、さらにその怒りを招くことなく、へりくだりてそのみむねに服するの知恵の心を得しめたまえ（一二）。

契約の神なるエホバよ、宇宙の主権者とのみしてわれらにあらわれたもうことなく、エホバとして、すなわちわれらの罪をゆるすものとして、われらの中に帰りたまえ。なんじは一たびはわれらの中にいませり。されどもわれらの罪のゆえをもって、なんじはわれらの中を去りたまえり。ああエホバよ、帰りたまえ。いつまでなんじはわれらを待ちこがらしめたもうや。なんじは宿命の神にあらず。われらの懺悔の声に応じて、われらにかかわれるなんじの聖意を変えたまいて、われらをふたたびなんじの恩恵の中に受けたまえ（一三）。願わくは朝になんじのあわれみをもってわれらの飢ゆる心を飽かしめ、われらが世（日）を終わるまでわれらをして歓喜の声を揚げしめたまえ（一四）。われらのこらしめの日は長かりき。われらの鞭撻の年は久しかりき。願わくはわれらの受けし苦痛と禍害とにしたがいて（その割合に）これを癒やすに足るの喜楽をわれらの心に下したまえ（一五）。かくてなんじの恩恵のみわざをわれらに示し、われらをしてこれをわれらの子孫に伝えしめ、彼らをも永くなんじの光威を仰ぐに至らしめたまいて、なんじエホバの恩恵の記憶を永くわれらイスラエルの中にとどめしめたまえ（一六）。われらは切に願う、われらの上にわれらが手に取りしなんじの聖業を確くしたまわんことを。われらはかさねて願う、われらを救いたまいて、われらがなんじのためになせしわれらの事業を固めたまわんことを。なんじがわれらにゆだねたまいしなんじの事業のために、なんじのあわれみをふたたびわれらの上にくだしたまえ（一七）。

詩篇の注解者マクラレン氏いわく「これ朽つべからざることばをもって朽つべき人について説きし歌なり」と。神に打たれて神をうらまず、神の絶大を知りて神より離れんとはせずして、かえってこれに近づかんとす。うらみごとのごとくに見えてしからず。神の憤怒を語るも、これ神の無慈悲を訴えんがためにあらずして、人の罪深くして神の神聖をけがせしを告げんがためなり。この篇の作者は神にありて神を疑えり。彼は神の愛を信じてこれを得んがために神にせまりしなり。彼は信仰的懐疑者なりき。ゆえに彼は大なる慰藉の中に彼の大なる苦痛を訴うるを得たり。願わくはわれらこの篇を愛誦するものも常にこの心をもってわれらの心となさんことを。

（一九〇三年九月「聖書之研究」）

人と神

詩篇九〇篇一—一七節

人はみな草である。朝にはえ出でて栄え、夕べには刈られて枯るる青草である。庶民がそうである。王侯がそうである。小人がそうである。偉人がそうである。社会がそうである。国家がそうである。人類全体がそうである。人の作りし制度がそうである。政府がそうである。教会がそうである。哲学がそうである。神学がそうである。美術がそうである。科学がそうである。人類が誇る文明総体がそうである。人は決してえらいものではない。人とその事業（しごと）はすべて夢である。青草である。永久の価値とては何もなきものである。

人はみな草である。ちりである。まぼろしである。ただ神のみ、とこしえよりとこしえまで、いますものである。山いまだなり出でず。彼いまだ地と世界とを造りたまわざりし時、とこしえよりとこしえまで、彼は神である。人は失せて神は失せたまわない。国は滅びて神は滅びたまわない。政府は倒れ、教会はくさり、哲学はふるび、神学はさびる。されども神はとこしえよりとこしえまで変わりたまわない。世論は誤り、国論は移り、昨日の友邦は今日の敵国となり、戦争は平和と同時に唱えらる。されども神はとこしえよりとこしえまで同一の神である。彼とそのことばはとこしえに変わらない。

されば人を去りて神に帰るべきである。人の世論によるべきでない。神のことばに頼るべきである。哲学と神学とを信ずべきでない。単純なる神の福音を信ずべきである。政府と教会とを恐るべきでない。神とその受膏者を恐るべきである。人はみな盲人である。その知者もまた盲人である。その政治家、教育家、文学者と新聞記者、彼らはみなことごとく盲人である。彼らに導かれて、われらは彼らとともにみぞにおちいらざるを得ない。われらは彼らに従うべきでない。神に従うべきである。われらは盲人の群れを脱して、神に目を開かれしまことの知者（世のいわゆる「愚人」）の仲間に入るべきである。

人の大と神の小とを唱うるがこの世の哲学と宗教とである。これに反して人の小と神の大とを唱うるがキリストの福音である。唯一の神は人類全体よりもえらくある。しかり、神は有であって人は無である。神は無限であって人はゼロである。人は決して頼るべきものでない。

（一九一三年八月「聖書之研究」）

詩篇第百篇

詩篇一〇〇篇一―五節

全地よ、エホバに向かいて喜ばしき声を揚げよ。(一)
よろこびをもてエホバにつかえよ。
歌いつつ、その前に来たれ。(二)
知れ、エホバこそ神にましますことを。
彼はわれらを造りたまえるもの、われらはそのものなり。
われらはその民、その牧の羊なり。(三)
感謝しつつ、その門に入れよ。
讃美しつつ、その大庭に来たれ。

彼に感謝をたてまつり、そのみ名をほめよ。㈣

そはエホバは恵み深し。
そのあわれみは限りなく、
そのまことはよろずに世におよぶべければなり。㈤

「全地よ」イスラエルも異邦人も、信者も未信者も、世界万国の民よ。**「喜ばしき声」**黙するなかれ。念ずるにては足らず。声を揚げよ。喜ばしき声を揚げよ。楽に合わして歌えよ。

「喜びをもて……つかえよ」仕うるのみにては足らず、喜びをもてつかえよ。そのみ前に出づるのみにては足らず、歌をもて出でよ。エホバは何よりも感謝のそなえものを愛したもう。**「知れ」**過去における恩恵の事実に顧みよ。実験的にエホバの神なるを知れよ。

「われらを造りたまえるもの」われらを土より造りたまいしにとどまらず、われらを導き、われらに再生の恩恵をほどこしたまえるもの、ゆえにわれらはおのれのものにあらず、エホバのものである。われらは神の民である。その牧の羊である。全然彼に導かるる民である。摂理の産である。

「感謝してその門に入れよ」エホバを知らざるものにいう、「エホバに来たれ」と。よしわれらのごとくに彼につかえずとも、よし彼のしもべ、その羊たらずとも、その門に入り、その大庭に来たりて、彼に感謝をささげ、そのみ名をほめよ。よしわれらのごとくにその深きみこころを知るの恩恵にあずからずとも、天地の聖殿の大庭よりエホバのみ名をほめまつれよ。

「そはエホバは恵み深し」その性は善なり。彼は愛なり。イスラエルにも異邦にも、クリスチャンにも非クリスチャンにも、彼は恩恵をほどこしたまう。しかしてエホバの善たるや、無窮でありまた不変である。**「あわれみ」**は恵まんと欲する熱情をいい、**「まこと」**はその求久に変わらざるをいう。それゆえに何びともエホバをほめたとうべきである。

信者はおのれに神の恵みを充分に実験し、喜びと感謝にあふれて世をしてこれに感染せしむべきである。この世に満ちあふるるものは不平の声である。失望のうめきである。これを打ち消すに、神の民の讃美の声をもってせざるべからず。われらにして喜ばざらんか、たれか喜ばん。「讃美は直きものにふさわしきなり」とあるがごとし（詩篇三三・一）。われらはわが国と全世界とを讃美化するの責任をになうものである。

喜びと感謝はキリスト教の基調（キーノート）である。信者の生涯を通して一貫するものは感謝である。善きことも悪しきことも感謝の種である。人生最大の感謝は、神われとともにいましたもうことである。「なんじ神を有す。また何をか要せん」とあるがごとし。

（一九二三年二月「聖書之研究」）

エホバをほめまつれ

詩篇一〇三篇一—二二節

わがたましいよ、エホバをほめまつれ。
わがうちなるすべてのものよ、エホバをほめまつれ。(一)
わがたましいよ、エホバをほめまつれ。
そのすべての恵みを忘るるなかれ。(二)
彼はなんじのすべての不義をゆるしたもう。
彼はなんじのすべての病を癒やしたもう。(三)
彼はなんじのいのちを滅びよりあがな出いだしたもう。
彼はいつくしみとあわれみとをもってなんじのこうべを飾りたもう。(四)
彼はなんじの口を良きものにて飽かしめたもう。
かくて彼はなんじをわしのごとくになんじの壮時にかえらしめたもう。(五)
エホバはすべてしいたげらるるもののために
公義と審判とをおこないたもう。(六)
彼はその道をモーセに知らしめたまえり。
そのしわざをイスラエルの子らに知らしめたまえり。(七)
エホバはあわれみと恵みとにて満ちたもう。
怒ることおそくして、いつくしみに富みたもう。(八)
つねに争いたまわず、
とこしえに怒りをいだきたまわざるなり。(九)
われらの罪にしたがいてわれらをあしらいたまわず、

われらの不義にしたがいてわれらに報いたまわざりき。(一〇)
天の地よりも高きがごとく、
彼をおそるるものに彼の賜う恵みは大なり。(一一)
東の西より遠きがごとく、
彼はわれらのとがを遠ざけたまえり。(一二)
父がその子をあわれむがごとく、
エホバはおのれをおそるるものをあわれみたもう。(一三)
彼はわれらの何たるかを知りたもう、
彼はわれらのちりなることを忘れたまわず。(一四)
もろき人は……彼のよわいは草のごとし、
その栄ゆるや野の花のごとし。(一五)
風、その上を過ぐれば失せて跡なし、
その生い出でし所も早やすでに彼を知らざるなり。(一六)
されどエホバのあわれみはとこしえよりとこしえにわたりて彼をおそるるものの上にあり、
その公義は子々孫々にまで至る。(一七)
その契約を守り、
そのみさとしを心に留めておこなうものの上にあり。(一八)
エホバはその宝座(みくら)をもろもろの天の上にすえたまえり、
そのまつりごとはよろずのものの上にあり。(一九)
エホバをほめまつれ、なんじらそのみ使らよ、
なんじら力たけきものよ、そのみことばをおこない、
そのみことばの声に耳をかたむくるものよ。(二〇)
エホバをほめまつれ、天の万軍よ。
そのみこころをおこなうなんじら、そのしもべらよ、(二一)
エホバをほめまつれ、その造りたまえるよろずのものよ、
そのまつりごとの行きわたるすべての所において。
ああわがたましいよ、エホバをほめまつれ。(二二)

略注

徹頭徹尾讃美の歌なり。その中に悲哀と不平とは痕跡だもとどめず、詩人の心は感謝をもって満ちあふれ、彼

は今は讃美するを知って、求願しまたは愁訴するを知らざりき。

彼はまずおのれの霊魂を督促していう、**「エホバをほめまつれ」**と。霊魂は人の感情のある所なり。詩人の意識はすでに充分にエホバの仁慈と憐憫とを認識せり。されども彼は彼の感情的半面の、彼の意識にともなうて充分にこれを感ぜざらんことをおそれたり。ゆえに彼は自己の霊魂に向かっていえり、「われ自身よ、エホバの恩恵をさとりしのみならず、これを感じて、これに動かされよ」と。**「うちなるすべてのもの」**とは、すべての機能と機関とをさしていうなり。彼は感恩の念の彼の全身に行きわたらんことをねがえり。彼は彼の五臓六腑、四肢五官までがことごとくエホバの恩恵を感ずるに至らんことを求めたり（一）。

神がわれらを救いたもうその順序を示して明らかなり。神はまずわれらの罪（不義）をゆるし、その結果としてわれらのすべての疾病（おもに霊魂の）を癒やし、もってわれらの生命を完うしたもう。しかしてわれらの生命の安全なるにおよんで、神はその仁慈と憐憫とをもってわれらのこうべを飾り（冠をいただかしむるの意）、われらにかむらしむるにいわゆる「聖なるうるわしき衣」（詩篇一一〇・三）をもってし、もって神と人との前に歓喜の生涯を送らしめたもう。彼はまたうるわしき義の衣をもってわれらの身をよそおいたもうのみならず、良きものをもってわれらの口を飽かしめたもう。われらは飾られ、また養わる。不義のゆるしをもって始まりし神の恩恵は、霊魂の修飾と営養とにおよべり。しかしてこの恩恵にあずかるものは身に老いて心に老いず、寓話にいわゆるわしの羽翼を脱落してその壮時にかえるがごとく、彼は永久にその青春の活力を失わず、走れども疲れず、歩めども倦まざるべし（イザヤ書四〇・二八以下参照）（三―五）。

以上は、詩人が自己の心において実験せし奇すしき神のみしごとなりとす。されども神は一人の神のみにあらずしてまた万民の神なり。隠れたるにはたらきたもう心霊の神にのみあらずして、またあらわなる所に動きたもう歴史の神なり。以下、第六節より第十四節にわたりて、詩人は神の公義をほめ、その公徳をたたえまつれり。

「しいたげらるるもの」は不正の待遇を受くるものなり。罪なきに罰せらるるもの、とがなきに責めらるるものはすべて人に「しいたげらるるもの」なり。その強者なると弱者なるとにかかわらず、その大国民なると小国民なるとの別なく、すべて権利を侵害せられ、受くべきの賞を受けず受くべからざるの罰を受くものを神は公平にさばきたもうと。公義は神の特性なれば、彼は万民に公義をほどこしたまわざればやみたまわざるべし。水の低きにつくがごとく、神は公義をおこないたもうべし。これ神の特性なり。神の存在する間は公義はおこなわれずしてはやまざるべし。しかして人類の歴史は公義現実の途程なり。感謝すべきかな（六）。

出エジプト記第三十三章十三節を見よ（七）。

同第三十四章六、七節を見よ（八）。「エホバ、あわれみあり、恵みあり、怒ることおそく、恵みとまことの大いなる神」なり。イスラエルの神はかくのごときものなり。人の思うところに過ぎ、ゆるすことを好んで罰することを憎みたもうものなり。

「つねに争いたまわず」争いたまわざるにあらず、彼の愛子にして彼の道にもとり、生ける生命の水を捨てて死につかんとするか、彼は彼の愛のために彼らと争わざるを得ず。されども争闘は神の好みたもうところのものにあらず。彼はつねに愛したもう。彼はまた怒りたもう。されどもまれにはやむなく争いたもう。彼はまた怒りたもう。されども永遠に怒りたまわず。彼は誠実なるがゆえに怒りたもうなり。されども仁慈なるがゆえにすみやかにゆるしたもうなり。彼は怒ることおそくして、ゆるすことすみやかなり（九）。

われらを罰したもうも、われらの罪にしたがいて罰したまわず。われらを苦しめたもうも、われらの不義にしたがいて苦しめたまわず。神の加えたもう刑罰はわれらが犯せし罪にくらべてつねにははなはだ軽し（一〇）。われ神の恩恵を何にたとえんか、天の地よりも高きがごとく、その高きこと大にして限りなし（一一）。

彼は東の西より遠きがごとくに、われらのとがを遠ざけたまえり。彼の宥恕の徳によりて、われらのとがは天涯の遠きにまで取り去られたり。「その不法をゆるされ、その罪をおおわるるものはさいわいなり」（ロマ書四・七）（一二）。

されども神の愛はただに高きにとどまらず、また広きにとどまらず、その深きことまた量るべからず。天の高きがごとき愛をもってわれらを愛し、地の広きがごときいつくしみをもってわれらを恵みたもう。エホバは父がその子をあわれむのあわれみをもって、われら彼をおそるるものをあわれみたもう。宇宙の広大に父の愛を加えしもの、これエホバの神なり。われらが彼をほめまつるもまたうべならずや（一三）。

宏大無辺の神はわれらをあしらいたもうにあたってわれらの何なるかを忘れたまわず。われらはちりにて造られてまたちりに帰るものなり（創世記二・七）（一四）。

われらはまた野の花のごときものなり。熱風一たびその上を吹けば、消えてその跡をとどめず。われらの居住の地すらもすみやかにわれらを忘る（一五―一六）。

われらのかくもはかなきに反して、永遠より永遠にわたるものはエホバとその憐憫と公義となり（一七）。

しかして彼はこれを彼の契約を守り彼の訓諭をおこなうものの上に下したもう。われらなんぞわれらの弱きを歎ずるをもちいん（一八）。

われ生くればなんじらも生きん（ヨハネ伝一四・一九）と主はいいたまえり。

エホバは公義をもって世をさばきたまいて、その宝座を諸天の上に置きたまえり。「天」は力のある所なり。ゆえに宝座を諸天の上に置きたまえるものは万物の上にまつりごとをにぎるものなり、すなわち

もろもろの支配と権威と権力と権勢（エペソ書一・二〇）

との上に立つものなり。エホバはすべてしいたげらるるもののために公義と審判とをおこないたもうて のちに（六）、この最高の位につきたもう（一九）。

ここにおいてか、詩人はさらに天の諸族ならびに宇宙の万物より讃美を徴していう、**「なんじら、エホバをほめまつれ」**と。主の道をおこなうに力たけきみ使らにむかっていう、「エホバをほめまつれ」と。エホバのみこころをおこないてその道をあやまたざる天の万軍に叫んでいう、「エホバをほめまつれ」と。すべての造化を喚起していう、「エホバをほめまつれ」と。

終わりに彼はふたたび自己の霊魂を責督していう、「エホバをほめまつれ」と（二〇―二二）。

（一九〇三年十月「聖書之研究」）

エホバのあわれみ

詩篇一〇三篇八—一三節

エホバはあわれみと恵みに満ち、
怒ることおそく慈愛に富みたもう。
つねにとがめたまわず、
とこしえに怒りをいだきたまわず。
エホバはわれらの罪にしたがいてわれらを扱いたまわず、
われらの不義にしたがいてわれらに報いたまわざりき。
天の地よりも高きがごとく、
彼をおそるるものに対する彼のいつくしみは大なり。
西の東より遠きがごとく、
彼はわれらのとがを遠ざけたまえり。
父がその子をあわれむがごとく、
エホバはおのれをおそるるものをあわれみたもう。

略注

（八—一三）

べつに注すべきほどの難句はない。詩人の言はたぶん前項（編注）に述べし、エホバがモーセに下したまいしその名の宣言に基づいて成ったものであろう。終わりの三節がことに美しいのである。天の地よりも高きがごとく、すなわち天と地とのくらぶべくもあらざるがごとく、エホバの慈愛は大なりという。われらのとがについていわんか、エホバはこれを遠ざけて西の東より遠きがごとくに至らしめたまえりという。西と東とは宇宙の両極端である。両々相去るその距離たるや無限である。エホバはおのれによるもののとがは全然これをぬぐい去りたもうとの意である。

高いものは地の上にそびゆる山ではない。はるかにこれを包む天である。深いものは地のくぼにたまる海ではない。父がその子をあわれむそのあわれみである。エホバの慈愛をヒマラヤ山にくらべて足りない。天にくらぶべきである。その憐憫を海にくらべて足りない。父の心にくらぶべきである。父がその子をあわれむの心、世に最も深いものはこれである。しかしてその心がエホバの心であるという。詩人はよく親の心を知り、またイスラエルの神なるエホバの心を知っておった。後年に至り、キリストが、神が罪人を愛したもうその愛を示さんとするにあたって放蕩息子のたとえをもうけたまいしもまたこの理由に基づくのである。

父がその子をあわれむがごとく、
エホバはおのれをおそるるものをあわれみたもう

といいて、神の慈愛をいいあらわすための人のことばは尽きたのである。神の愛はもちろんこれ以上である。しかし人間の最上はこれである。ピリポのいいしがごとく「われらに父を示したまえ、さらば足れり」である。神は父の慈愛をもってわれらを愛したもうを知りて、われらはこれ以上何の求むるところなきに至るのである。しかしてキリストは最も明白にかかる神をわれらに紹介したもうたのである。喜ぶべくまた感謝すべきではないか。

（一九一三年八月「聖書之研究」）

編注　第二巻『出エジプト記、レビ記、民数記、申命記』の「エホバの名」をさす。

詩篇第百六篇十五節

エホバは彼らの願いを聞きたまえり、
しかしてその霊魂をやせしめたまえり（一〇六・一五）

祈禱の聞かるることは必ずしも善きことではない。それがためにかえって霊魂がやせる場合がある。この世の事業の成功を祈りて、その祈禱の聞かれし結果、信仰はおとろえ、希望は失せ、いとも無意味な生涯を送るに至りし信者はすくなくない。肉とこの世のことに関してはわれらの祈禱の聞かれざることこそかえって恵みなれ。われらは肉において肥えて霊においてやせんよりは、むしろその正反対を望むべきである。

（一九一一年一月「聖書之研究」）

詩篇第百十八篇

詩篇一一八篇一―二九節

この篇、けだしイスラエル人の行列頌歌なるべし。会衆、一人の指導者にひきいられて列を作りて神の聖殿に詣（もう）ず。一行の合唱あり、指導者の独唱あり、これに対する会衆の和唱あり。一行、聖殿の門前に達するや、祭司の一列（アロンの家のもの）の、門を開きて内よりこれを迎うるあり。かくて全篇を戯曲的に解して、よくその意義を明らかにするを得べし。

（合　唱）

エホバに感謝をたてまつれよ、彼は善なり、そは、
彼のめぐみはとこしえにながらうべければなり。（一）
イスラエルはしかいうべし、
そは彼のめぐみはとこしえにながらうべければなり。（二）
アロンの家のものはしかいうべし、
そは彼のめぐみはとこしえにながらうべければなり。（三）
エホバをおそるるものはしかいうべし、
そは彼のめぐみはとこしえにながらうべければなり。（四）

（独　唱）

われ患難（なやみ）の中よりエホバを呼びまつれり、
エホバはわれに答えてわれを広き処に引き出だしたまえり。（五）
エホバはわが味方なり、われは恐れじ、
人、われに何をかなし得ん。（六）
エホバはわが助けなれば、
われはわが願いのわれを憎むものの上に成るを見ん。（七）

（和　唱）

エホバによりたのむは、
人によりたのむよりもよし。（八）
エホバによりたのむは、
君によりたのむよりもよし。（九）

（独　唱）
もろもろの国民はわれをかこめり、
されどわれはエホバの名によりて彼らを滅ぼさん。（一〇）
彼らはわれをかこめり、しかり、われをかこめり、
されどわれはエホバの名によりて彼らを滅ぼさん。（一一）
彼らは蜂のごとくにわれをかこめり、
いばらに燃えうつりし火のごとくに燃えたり、
されどわれはエホバの名によりて彼らを滅ぼさん。（一二）
なんじ、わが敵はわれを倒さんとしてわれを刺せり、
されどエホバはわれを助けたまえり。（一三）
エホバはわが力、わが歌なり、
彼はわが救いとなりたまえり。（一四）

（和　唱）
喜びと救いの声は正しきものの幕屋に聞こゆ、
エホバの右の手は勇ましきはたらきをなせり。（一五）
エホバの右の手は高くあがれり、
エホバの右の手は勇ましきはたらきをなせり。（一六）

（独　唱）
われは死なざるべし、われはながらえん、
しかしてエホバのみわざを宣べん。（一七）
エホバはいたくわれをこらしたまえり、
されど死にまでわれをわたしたまわざりき。（一八）

（聖殿の門に向かって唱う）
なんじら、わがために義の門を開けよ、
われはその中に入りてエホバに感謝せん。（一九）

（門の内より声あり）
こはエホバの門なり、
正しきものはその中に入るべし。（二〇）

（独　唱）
われはなんじに感謝せん。
なんじ、われに答えてわが救いとなりたまえばなり。（二一）

（和　唱）
家つくりの捨てたる石は
隅のおや石となれり。（二二）
これエホバのなしたまえるところ、

われらが見てあやしとするところなり。（二三）
これヱホバの設けたまえる日なり、
われらはこの日に喜びかつ楽しまん。（二四）
（独　唱）
ああヱホバよ、われなんじに願う、救いたまえ、
ああヱホバよ、われなんじに願う、栄えを下したまえ。（二五）
（祭司和唱）
ヱホバの名によりて来たるものはさいわいなり、
われらはヱホバの家よりなんじらを祝せり。（二六）
ヱホバは神なり、彼、光をわれらに賜えり、
列をつなぐに枝をもってし、
祭壇の角（つの）に至るべし。（二七）
（独　唱）
なんじはわが神なり、われなんじに感謝せん、
わが神よ、われなんじをあがめまつらん。（二八）
（合　唱）
ヱホバに感謝をたてまつれよ、彼は善なり、
そは彼のめぐみはとこしえにながらうべければなり。（二九）

編者いう、第二十七節は難節なり。注解者の所説紛紛たり。余輩は博士チーニー氏の改訳に従えり。**「列をつなぐに枝をもってし」**は、「列をつなぐに小綱をもってつながれたる枝をもってし」の意なるべし。行列の各人、手に枝を握りて進み、しかして一行を結ばんがために枝は小綱をもってつながれしがごとし。ヨハネ伝十二章十三節にしるされたる行列にやや似たるものなりしなるべし。「**祭壇**」は、神殿内、至聖所の前にありたり。「**祭壇の角に至るべし**」とは、一行、列を正しゅうして至聖所近くまで進むべしとの意なるべし。

（一九〇七年三月「聖書之研究」）

詩篇第百十八篇八、九節

エホバによりたのむは
　人によりたのむにまさりてよし。
エホバによりたのむは
　君によりたのむにまさりてよし（一一八・八—九）

頼るべきは神なり、人にあらず。彼によりたのむは侯爵伯爵によりたのむよりもはるかによし。人によりて、失望絶えず。君に頼みて恥辱多し。彼らは憎愛つねならず、褒貶（ほうへん）時にしたがいて変ず。エホバはしからず。彼は永遠に変わらざる岩なり。彼は衰うる時の隠れ場なり。死する時のささえなり。彼によりたのみて暗黒はいよいよ光を放ち、衰落はますます慰藉を加う。彼によりたのみて恥辱あることなし。旭日のいよいよ輝きを増して昼の真中にいたるがごとく、彼によりたのみて、われらの生涯は、年のいよいよすすむにしたがいて栄光を増して天のさいわいに近づくなり。富貴も名誉も、位階も勲章も、何の慰藉をわれらに供せざる時に、エホバはそのみ顔をわれらにかたむけたまいて、われらのさびしきを癒やしたもう。

（一九一一年三月「聖書之研究」）

詩篇第百二十篇五節

わざわいなるかな、われはメセクに宿り
ケダルのかたわらに住めり（一二〇・五）

クロンウェル特愛の対句である。彼はかつていうた。メセクは延引を意味し、ケダルは暗黒の意なり。主は延引したもうといえども、われは信ず、彼は必ずわれを彼の幕屋、彼の住所に導きたもうと。メセクとケダルとはけだしアラビヤ民族中、譎詐奸佞をもって聞こえしものならん。彼らの間に宿るということは、詐欺、奸策の至る所におこなわるるこの罪悪の世に住むということである。エホバの聖徒はこの世にありて、まことにメセクにやどり、ケダルのかたわらに住むものである。これを思うて悲しみに堪えない。されどもクロンウェルのいいしがごとく、「われは信ず」である。

今しばらくありて来たるもの来たらん。必ず延引したもうことあらじ（ヘブル書一〇・三七）である。

（一九一一年一月「聖書之研究」）

われ山に向かいて目を挙ぐ

詩篇一二一篇一―七節

われ山に向かいて目を挙ぐ。
わが助けはいずこより来たるや。（一）
わが助けはエホバより来たる。
天地（あまつち）をつくりたまえるエホバより来たる。（二）
エホバはなんじの足をゆるがせたまわざるや。
なんじを守るものはまどろみたもうことなきや。（三）
見よ、イスラエルを守るものは
まどろむこともなし、ねむることもなからん。（四）
エホバはなんじを守るものなり、
エホバはなんじの右の手をおおう陰なり。（五）
昼は日、なんじを撃たじ、
夜は月、なんじをそこなわざらん。（六）
エホバはもろもろのわざわいよりなんじを守り、
またなんじの霊魂を守りたまわん。（七）

略注

詩人、目を挙げてエホバの基いなる聖き山（詩篇八七・一）を望み、みずから心に問うていう、「わが助けはいずこより来たるや」と。彼はただちにおのれに答えていう、「わが助けは天地を造りたまえるエホバより来たる」と。神は高き所にいます。しかも助けは山より出ずるにあらず。拝すべく仰ぐべきものは山にあらずして神なり。

時にある人は詩人に問うていえり、「エホバは確かになんじを守るものなるや、彼のまどろみたもうおそれなきや」と。詩人はただちに彼に答えていわく、「いな、イスラエルを守るものはまどろむこともねむることもなし」と。エホバはあだし神のごとくにあらず、彼はねむりて起こさるべきがごときものにあらず（列王紀上一八・二七）、彼はまた世の番人のごときにあらず、彼の擁護は日夜絶ゆる間なしと。

時に傍人こぞって詩人の信仰を賛していわく「エホバはなんじを守るものなり……」と。この詩、疑惑をもって始まり是認をもって立ち、堅信をもって終わる。言を傍人の疑問と賛同とに託してよく詩人信仰の上進を示す。その秀美精妙は万世のひとしく称揚するところなり。**「右手をおおう陰」**右手は力の存する所、陰はこれをおおう楯なり。エホバは力を賜いまた掩護を賜う。昼は日射病のうれいなし。夜は外気に侵されざるべし。古人は沼癘毒のごときは月より出づるものと思えり。**「霊魂」**は人の生命そのものなり。テサロニケ前書五の二十三における「全霊、全生、全身」の謂（いい）なり。人の中心的生命、死して死せざるもの、エホバの特に守りたもうものはこれなり。彼、わが霊魂を守りたもう、ゆえにわれ死すとも恐れざるなり。**「出づると入ると」**とは、外における活動の生涯と内にある静粛の生涯となり。外にありて敵人嘲罵の中にあるもエホバはわれを守りたまい、内にありて家庭親愛の中に臥する時もエホバはわれを守りたまうとなり。申命記記者はいえり、「なんじは入るにもさいわいを得、出づるにもさいわいを得べし」（申命記二八・六）と。エホバによりたのむものは、彼の従事する業の大と小とを問わず、すべてその祝福にあずかるなり。

（一九〇三年四月「聖書之研究」）

詩篇第百二十一篇一、二節

われ山に向かいてわが目を挙ぐ。
問う、わが助けはいずこより来たるやと。
わが助けはエホバより来たる。
天地（あめつち）を造りたまえるエホバより来たる。
（一二一・一―二）

われ、時にわが目を挙げて助けを求む。ひとり心に問うていう、わが助けはいずこより来たるやと。しかり、わが助けは政府より来たらず、教会より来たらず、はたまたわが修養よりも信仰よりも来たらず。わが助けはエホバより来たる。宇宙を造りたまえるエホバより来たる。わが助けは人より来たらず、また自己より来たらず。外より来たらず、内より来たる。しかもわれならざる内より来たる。天地を造りたまいて、しかもわが霊に宿りたもう神より来たる。ゆえにわれは人に対して独立なり。されども自己によらずして他者に頼る。われは強し。されども誇るを得ず。わが助けをエホバに仰いで、われはへりくだりて強健なるを得るなり。

（一九一一年三月「聖書之研究」）

幸福なる家庭

詩篇一二八篇一—四節

さいわいなるかな、エホバをおそれ、
その道を歩むものは。（一）
なんじは必ずなんじの手のわざの実を食らうべし。
なんじはさいわいなるべし。なんじは康かるべし。
（二）
なんじの妻は家の奥におりて、
みのるぶどうの木のごとくなるべし。
なんじの子らはなんじの食卓をかこみて、
若きかんらんの木のごとくなるべし。（三）
見よ、エホバをおそるるものは
かくのごとくにして恵まるべし。（四）

略注

エホバをおそるるは知識の本なり。同時にまた家庭幸福の基いなり。富あり位あるも、信仰なく道徳なくして、幸福なる家庭を見るあたわざるなり（一）。

かかるものの労働は必ず報いらるべし。あるいは必ずしも物をもってしては報いられざるべし。されども幸福と平康とは必ずこれにともなうて彼に至るべし。彼は必ず彼の手の労働によりて生くべし。彼は独立の人なるべし。ゆえに幸福にして平和の人なるべし（二）。

彼の妻は交際場裡に花を咲かすがごとき虚偽虚栄の婦人にあらざるべし。彼女は家の奥におりて一家の実利を計る勤勉誠実の天使なるべし。みのるぶどう木のごとくなるべし。咲きてみのらざる桜のごとくにあらず、見てうるわしく、みのりて尊く、味おうて甘きぶどうの木のごとくなるべし。

夫の労は外に栄え妻の業は中にみのりて、彼らの間に設けられたる子らに不足あることなし。一家の食卓はその幸福の中心となるべし。しかしてこれをかこみて小児は若きかんらんのごとくに強健にして旺盛に生育すべし（三）。

注意せよ、エホバをおそるるものはかくのごとくに恵まるべし。すなわち人生最善のたまものなる幸福なる家庭をもって恵まるべし（四）。

ルーテルはこの篇を称して Epithalamium すなわち結婚の歌といえり。まことに最も聖き意味においての結婚の歌なり。世にこれにまさりてうるわしき家庭歌あるなし。

（一九一一年一月「聖書之研究」）

兄弟の親睦

詩篇一三三篇一—三節

見よ、はらから相むつみて共におるは、いかに善く、いかに楽しきかな。
こうべにそそがれたる貴き油、ひげに流れ、アロンのひげに流れ、その衣のすそまで流れしたたるがごとく、
またヘルモンの露下りてシオンの山に流るるがごとし。
そはエホバかしこにさいわいをくだし、限りなき命をさえ与えたまえばなり。(一—三)

世にうるわしき、楽しきこととて、霊における兄弟姉妹が一体となりて共に神の前におることのごときはない。これはちょうど祭司のかしらなるアロンが神の前においよき油をそそがるとき、そのしたたりが首よりひげにおよび、ひげより衣のすそのすみずみにまで至るがごときものである。そのように、主における団体の中にありて何びともそれより受くる恩化にあずからないものはない。その首長たる教導者より、そのいと小さきものに至るまで、ひとしく聖霊の受膏にあずからないものはない。またヘルモンの山より下る露がシオンの山をうるおすように、全会衆が同じ聖霊の恩沢にあずかるのである。かかる所にエホバはさいわいを下し、限りなき生命を与えたもう。

(一九〇二年八月「聖書之研究」)

詩篇第百三十六篇

永遠の慈愛

詩篇一三六篇一—二六節

感謝をエホバにたてまつれ、彼は恵み深し、
そのいつくしみはとこしえに絶ゆることなし。(一)
感謝を神の神にたてまつれ、
そのいつくしみは、とこしえに絶ゆることなし。
(二)

感謝を主の主にたてまつれ、
　そのいつくしみはとこしえに絶ゆることなし。(三)
彼はひとり大いなるわざをなしたもう、
　そのいつくしみは、とこしえに絶ゆることなし。
(四)
知恵をもて天を造りたまえり、
　そのいつくしみはとこしえに絶ゆることなし。(五)
地を水の上に敷きたまえり、
　そのいつくしみはとこしえに絶ゆることなし。(六)
大いなる光を造りたまえり、
　そのいつくしみはとこしえに絶ゆることなし。(七)
昼をつかさどるために日を造りたまえり、
　そのいつくしみはとこしえに絶ゆることなし。(八)
夜をつかさどるために月と星とを造りたまえり、
　そのいつくしみはとこしえに絶ゆることなし。(九)
その初子（ういご）をもてエジプト人を撃ちたまえり、
　そのいつくしみはとこしえに絶ゆることなし。
(一〇)

彼らの中よりイスラエルをひき出だしたまえり、
　そのいつくしみはとこしえに絶ゆることなし。
(一一)
かいなを伸ばし大いなる強きを手をもて……
　そのいつくしみはとこしえに絶ゆることなし。
(一二)
紅海を裁ち割りたまえり、
　そのいつくしみはとこしえに絶ゆることなし。
(一三)
イスラエルをしてその中を通らしめたまえり、
　そのいつくしみはとこしえに絶ゆることなし。
(一四)
パロとその軍勢とを紅海の中にふるいたまえり、
　そのいつくしみはとこしに絶ゆることなし。
(一五)
荒野の中にその民を導きたまえり、
　そのいつくしみはとこしえに絶ゆることなし。
(一六)
大いなる王らを撃ちたまえり、
　そのいつくしみはとこしえに絶ゆることなし。

(一七)
また強き王らを滅ぼしたまえり、
そのいつくしみはとこしえに絶ゆることなし。
(一八)
われらが卑しかりし時にわれらを記憶したまえり、
そのいつくしみはとこしえに絶ゆることなし。
(二三)
われらの敵よりわれらを救い出だしたまえり、
そのいつくしみはとこしえに絶ゆることなし。
(二四)
感謝を天の神にたてまつれよ、
そのいつくしみはとこしえに絶ゆることなし。
(二六)

略注

神の性は愛なり。彼はもとより恵み深し。ゆえに神は神として感謝をたてまつるべきものなり。彼の恩恵の表彰を待つを要せず。愛なる神は彼自身としてほめまつるべきものなり(一)。

神の上に立つ神、諸神の中にありてひとり神の尊称を受くるに足るもの、そのいつくしみはとこしえに絶ゆることなし。全能にして全知、同時にまた全慈にして全悲、その慈愛において絶対無限なるもの、エホバの神はかくのごときものなり。しかして慈愛において超越したもうがゆえに彼はすべての神にまさりて尊し(二)。

神の神にして主の主、絶対的至上者、しかもそのいつくしみはとこしえに絶ゆることなし。諸神、諸王の上に立ち、宇宙の全権を握りたもう彼の、そのいつくしみはとこしえに絶ゆることなし。強きだけやさしく、かしこきだけ恵み深し。無限の権能と無限の正義と、これにともなう、しかり、これにまさる無限の慈愛とをいだきたもうもの、神はまことにかくのごときものなり。彼が神たるはまことにこれがゆえなり(三)。

彼のみひとり大いなる奇跡をおこないたもう。彼は宇宙とその中にあるよろずのものを造りたまえり。しかして彼はかくも力あるものなりといえども、しかもそのいつくしみはとこしえに絶ゆることなし。彼はおそるべきものなるよりはむしろ愛すべきものなり。宇宙を造りたまいし彼はその心に父の愛をかくしたもう(四)。

知恵をもて天を造りたまえり。理にかないて天体を配置し、法にしたがいてこれを回転したまえり。参宿を造りたまえり。昴宿を造りたまえり。アークツラスを造りたまえり。大熊星、小熊星を造りたまえり。一等星より九等星に至るまで六十三万余の星と、そのほかいまだ人の目にふれざる無数の星とを造りたまえり。まことに

もろもろの天は神の栄光をあらわし、
大空はその手のわざを示す。

しかり、さらに深くこれを解すれば、

もろもろの天は神のいつくしみをあらわし、
大空はその愛を示す。

そのいつくしみはとこしえに絶ゆることなし。愛は知識のさきにあり、またその後に存す。ゆえに彼はいいたまえり、

なんじら目をあげて天を見よ、……天はけむりのごとく消えん……されどわが救いはとこしえにながらうるなり（イザヤ書五一・六）

と(五)。

天を造りたまえり。また地を造りたまえり。青々たる地を水の上に敷きたまいて、人のすみかとしてうるわしき所たらしめたまえり。まことに彼のいつくしみはとこしえに絶ゆることなし。この山と海とを造り、この野と丘とを造りたまいしもの、彼いかでかついにわれらを捨てたまわんや。もろもろの天は神のいつくしみをあらわし、地の万物はその心の愛を示す。下よりの声は上よりの声に和していう、神は愛なりと(六)。

さらに天について語らんか、彼は大いなる光を造りたまえり。日と月とを造りたまえり。彼は愛なるがゆえにこれを造りたまえり。そのいつくしみは日とともにかかり、月とともに輝きてとこしえに絶ゆることなし(七)。

日を造りたまえり—彼は愛なり(八)。

月と星とを造りたまえり—彼は愛なり。日を仰ぎ月をながめて、彼のいつくしみのとこしえに絶ゆることなきを知るなり(九)。

神は愛なり（一—三）。その愛は宇宙万物においてあらわる(四—九)。また歴史においてあらわる（一〇—一八）。

エジプト人の頑強をくじかんがために、彼らの最愛の初子をすら撃ちたまえり（一〇）。

エジプト人の中よりイスラエルをひき出だしたまえり（一一）。

その民を救わんがためにはいくたびか非常手段を取りたまえり（一二）。

布を裁つがごとく紅海を裁ち割りたまえり（一三）。

イスラエルをしてその中を通らしめたまえり（一四）。

その後を追うパロとその軍勢とを、風の吹き去るもみがらのごとく、これを海中にふるい落としたまえり（一五）。

四十年の間、その民をアカバの荒野の中に導きたまえり（一六）。

彼らの前路をさえぎらんとする大いなる王らを撃ちたまえり（一七）。

また強き王らを滅ぼしたまえり（一八）。

これらのことを思うてエホバの恩恵を思わざらんと欲するも得ず。選民の歴史は歩一歩ことごとく恩恵の指導によれり。とこしえに絶ゆることなきいつくしみのみよく彼らを聖めて神の民となせり。

「われらが卑しかりし時に……」これあるいは詩人がイスラエルを代表していいし言ならん。されどもまた詩人自身の実験を語りし言としてこれを解するを得べし。エホバに導かるるものは、その国家なると個人なるとを問わず、その生涯の実験において異なるところなし。この言、けだし主として詩人自身の実験を語りしものとして解する方、適当なるべし（二三）。

「われらの敵よりわれらを救い出だしたまえり」神に愛せらるるものに敵多し。エジプト人あり、アマレク人あり、アモリ人の王シホンあり、バシャンの王オグありて、あるいはわれらのあとを追い、あるいはわれらの道をさえぎる。されどもエホバは彼らのすべてよりわれらを救い出だしたまえり（二四）。

されば感謝を天にいます神にたてまつれよ。エホバは始めに愛にして終わりに愛なり。その目的は愛にしてその手段は愛なり。彼について思うて愛について思わざるを得ず。そのいつくしみはとこしえに絶ゆることなし（二六）。

第十九節より第二十二節まで、ならびに第二十五節は、一般に後世の追加として認めらる。これを削除して、全篇の意をそこなわざるのみならず、かえってそのさらに一層明瞭となるをおぼゆ。全篇すべて二十一節、始めの三節は神の性の愛なるを歌い、つぎの六節は造化にあらわれたる彼の愛をたたえ、そのつぎの九節は歴史にあらわれたる彼の愛を唱え、終わりの三節はけだし作者の実験にあらわれたる神の愛を述べたるものなるべし。全篇を大別すれば左のごとし。

神は愛なり（一—三）
造化は神の愛なるを示す（四—九）
歴史は神の愛なるを示す（一〇—一八）
わが実験は神の愛なるを示す（二三、二四、二六）

神は愛なり。彼のいつくしみはとこしえに絶ゆることなし。天と地と、その中にあるすべてのものはこのことを示す。歴史の出来事はすべてこのことを示す。われらの実験もまたすべてこのことを示す。愛の神と、愛によりて成りし宇宙と、愛の指導の記録なる歴史と、愛の実験なるわが生涯と、四者相ともに証明していう、

そのいつくしみはとこしえに絶ゆることなし

と。

（一九一一年二月「聖書之研究」）

感謝の心

詩篇一三六篇五—二二節

感謝は信仰の主要分子である。感謝の心なくて真の信仰はない。また真の信仰のあるところにはかならず感謝があふれる。信仰これ感謝の心であるといいて決していいすぎでない。理解があり、熱心があり、活動があるところにても、感謝のないところに、生きたる、あたたかい、くつろいだる信仰はない。義務に追われる信仰であってはならない。感謝に浮かぶ信仰でなくてはならない。努めざるにおのずから歌となり善行となりて外に現わるる信仰でなくてはならない。

聖書に讃美歌の多きことよ。天地の創造成りし時に

明けの星、相ともに歌い、神の子らみなよろこびて
呼ばわりぬ（ヨブ記三八・七）

とある。宇宙そのものが限りなき讃美の題目である。見るべき目をもって見れば、われらはこの世界にありてすでに讃美の里にあるのである。ゆえに詩人は讃美をすす

めていうたのである。


知恵をもてもろもろの天を造りたまえるものに感謝せよ。

地を水の上に敷きたまえるものに感謝せよ。

大いなる光を造りたまえるものに感謝せよ。

昼をつかさどらするために日を造りたまえるものに感謝せよ。

夜をつかさどらするために月ともろもろの星を造りたまえるものに感謝せよ（詩篇一三六・五―九）

と。これは単に人類の幼稚時代の意味のないくりごとでない。深い真理の言葉である。ハーシェルのような大天文学者、E・ヒチコックのような大地質学者、アガシのような大天然学者は、すべて聖詩人の言葉の意味を強く感じたのである。日そのもの、月そのもの、地そのものの、水そのものが、深くこれをきわむればきわむるほど讃美の種である。近代の科学のごとく、天然をきわめて敬崇の念の起こらざるは、まだ天然の心に達しないからである。

人類の歴史、また国民の歴史、また世界日々の出来事、これまたよく見れば同じ感謝の種である。今より二十万年前に人類が初めて地上に現われし以来、今日に至るまでのその発達の歴史は、深く静かにこれを考えて見て、驚きと嘆美の歴史ならざるはなしである。人類学の研究はキリスト信者の信仰をこぼつというものが多いが、私は決してそう思わない。私の知る範囲において、人類学もまたもって讃美歌の題目となすに足る。その他、国民の歴史を総合すれば、これまた大なる感謝の種である。そして罪悪に満ち満ちたるように思われる目前の日々の出来事の内にも神の奇すしきみむねが現われて、これを見てわれらは讃美の声を揚げざるを得ない。詩篇第百三十六篇十節より二十二節までが、イスラエルの歴史にあらわれたる神の恩恵を讃美した歌であって、平凡のくりかえしのように見えて決してしからず、尽きざる感謝の言葉である。

アモリ人の王シホンを殺したまえるものに感謝せよ、
そのあわれみはとこしえに絶ゆることなければなり。
バシャンの王オグを誅したまえるものに感謝せよ、
そのあわれみはとこしえに絶ゆることなければな

り

といえるがごとき、単に執念深い復讐の言葉と見てはならない。神の恩恵をたたえる言葉である。神の敵が滅びたのであって、福音進歩の妨害物が除かれたのである。人類全体の幸福増進の上より見たる感謝の言葉である。敵を憎みその没落を喜ぶ無慈悲の言葉でない。

そしてわれら各自が信仰の立場よりおのが過去を顧みて、何びとも感謝を禁じ得ないのである。私自身がことにそうである。私自身が時に「あああつたらよかったろう、こうあったらよかったろう」と思うことありといえども、信仰に落ちついて考えて見る時に、あったことはみんな善きことであって、悪いことと思わるることは、実は一つも除くことのできないことであったことがわかるのである。最も巧みなる技術師が私の生涯を設計し、これを建造したのであって、出来あがって見れば、その意匠の巧妙なるに驚かざるを得ないのである。私は私の生涯を顧みて、詩人とともにたたえざるを得ない。

われはなんじに感謝す、われはおそるべく奇（く）すしく造られたり。
なんじのみわざはことごとく奇すし、わがたましいはいとつばらにこれを知れり（詩篇一三九・一四）

と。私のみならず、神に導かれたものは何びともこの言葉を発せざるを得ない。私の生涯そのものが最も確実なる讃美の題目である。

そして感謝にあふれて真の祈禱が出るのである。神は感謝のともなわない祈禱を聞きたまわない。

何事をも思いわずらうなかれ。ただ事ごとに祈り、願い求め、かつ感謝して、おのが求むるところを神に告げよ。さらば神より出でて人のすべて思うところに過ぐる平安は、なんじらの心と思いをキリスト・イエスによりて守らん（ピリピ書四・六―七）

と、パウロはいうた。感謝は効果ある祈禱の要素である。恩恵は不平の人にくだらない。感謝は恩恵の容器である。恩恵は感謝の容量にしたがってくだる。感謝なくしていくら熱心に祈っても恩恵はくだらない。いわゆる「恩寵に進む」（ペテロ後書三・一八参照）の秘訣はここにある。感謝とそのささげものを増して恩寵を増し加えらるるにある。信者は各自「貧しきに似たれども富めるもの」である。そして富者たるの態度をもって人に対し神に対して、さらに富めるものとせらるるのである。エホ

パに感謝せよ。

ユダヤ人の愛国歌

（一九二八年四月『聖書之研究』）

詩篇一三七篇一―九節

われらバビロンの川のほとりにすわり、シオンを思い出でて涙を流しぬ。（一）

われらそのあたりの柳にわが琴をかけたり。（二）

そはわれらをとりこにせしもの、われらに歌を求めたり、われらをかすめしもの、われらにおのれを喜ばせんとしてシオンの歌一つうたえといえり。（三）

われら、とつくにありていかでエホバの歌をうたわんや。（四）

エルサレムよ、もしわれなんじを忘れなば、わが右の手にその巧みを忘れしめよ。（五）

もしわれなんじを思い出でず、もしわれエルサレムをわがすべての喜びのきわみとなさずば、わが舌をわがあごにつかしめよ。（六）

エホバよ、願わくは、エルサレムの日にエドムの子らが、これをはらい除け、その基いまでもはらい除けといえるをみこころにとめたまえ。（七）

滅ぼさるべきバビロンの娘よ、なんじがわれらになししごとく報ゆるものはさいわいなるべし。（八）

なんじのみどりごを取りて岩の上に投げ打つものはさいわいなるべし。（九）

その何びとの作なるやを知るあたわず。あるいは預言者エレミヤの作なりというものあれども、彼がかつて彼の国人とともにバビロンに下りしことあるや疑わし。その句調のあまりに感情的なるより推して、これを法律的なりし預言者エゼキエルの作と見るは難し。吾人はそのネブカドネザル大王にとらわれてバビロンに下りし数万のユダヤ人中の一人の作なるを知るのみ。その他を知らず。けだし彼のごとき愛国者は彼一人にとどまらざりしならん。

われらバビロンの川のほとりにすわり（一） 紀元前五百

八十六年、エルサレム城、ネブカドネザル王のおとしいるるところとなり、その民は捕われてバビロン附近の地に移されたり。彼らかの地に止まる五十四年、故国の山河を望んでやまず。バビロン国にユーフラチス、チグリスの両大河あり。国中またいたる処に運河を通ず。「バビロンの川」とはけだしこれらをさしていえるなるべし。ユダは山国なるにバビロンは平原国なり。山国の民、捕われて、一峯の視線をさえぎるものなき平々坦々たるバビロンの地に移さる。たれか故国を思わざらんや。月は山の端にのぼらずして草より出でて草に入る。水は谷間を走らずして葺茅蘆葦の間を流る。翠巒の間に養われし民は草原の無味に堪ゆるあたわず。ために悲声を発す。

シオンを思い出でて涙を流しぬ（一）シオンはシオン山なり。エルサレム城市の建てられし処なり。水辺にありて山上の故園を思う。ここに圧制あり。偶像崇拝あり。気は隠密にして水にごる。かしこに自由ありたり。真神の礼拝ありたり。気は晴朗にして水清し。わが今日の悲況を顧みて曩日の快を思い出ださざるを得ずと。

われら、そのあたりの柳に琴をかけぬ（二）憂いきわまって楽やむ。今や琴瑟の要われにあるなし。雅歌われの心に絶えて、われはわが琴を取りて河辺の柳にかけぬ。楊柳はわれの悲哀を代表するもの、河流に臨みてひとり憂愁に沈む。昔時はレバノン山の香柏とともに山頂に自由の空気を呼吸せしもの、今はエホバの憤怒に触れてバビロンの河辺に柳楊を友とす。水は滔々たり緑楊の津、涙は滴々たり捕虜の情。

そはわれらをとりこにせしもの、われらに歌を求めたり（三）無情なるわれらの征服者よ、彼らはわれらの自由を奪い、われらを故国より追いながら、われらより歌を求めたり。彼らはいまだ歌の何たるを知らず。歌は心情の発動なり。歓喜のあふれて音調となりしものなり。奴隷の民に詩歌あるなし。彼らの称して歌となすものはわれらの称する歌にあらず。歌は遊戯にあらず。技術にあらず。われらをとりこにしてわれらに歌を求む。なんぞユフラテ河辺に生ずる夾竹桃の根を絶ちてこれに濃紅色の花輪を求めざる。なんじらの無情と無識とはまたはなはだしからずやと。

われをかすめしもの……（四）その意において前句と異なるなし。バビロン人はユダ人を悲惨の境遇に沈めおきながら、おのれを喜ばせんとて彼らに歌を求めたり。これ残虐の最もはなはだしきものなり。世の放蕩者といえども淫楽を求めんがためにには多くの纒頭を散じて惜しまず。しかるにここにバビロン人はその掠奪をほしいままにせし民より聖歌を要求せり。なんぞ思わざるのはなはだしき。なんぞ察せざるのはなはだしき。されども粗野失儀バビロン人のごときは今の世にも乏しからず。利欲は彼らの良心をにぶらし、武功は彼らの詩心を滅せり。彼らは詩人の心を知らず。ゆえに詩歌はいつにても彼らの要求に応じて出で来たるべきものなりと信ず。彼らと詩歌のことを談ずるは猫犬の類と宝石の価値を議するにひとし。詩人は俗了せる政治家、軍人の支配下に栄えず。純潔なる処女が悪漢の前をいとうがごとく、詩人は俗人の接触を忌む。「シオンの歌」、聖歌なり。真神の恩恵を讃（たと）うる歌なり。これを俗人の前に歌えとせまらる。これ強圧の最もはなはだしきものならずや。

われらとつくににありていかでエホバの歌をうたわんや（四）われらの歌は愛国の歌なり。愛国の歌は愛神の謳なり。われらに国を離れて神あるなし。神を離れて讃美あるなし。国と神と希望、シオンとエホバと讃美歌、われらをとつくにに連れ来たりて、われらにエホバの歌をうたえとせまる。これ豆を煮るに豆のまめがらを燃（た）くの類ならずや。

問うをやめよ、神は宇宙的なるがゆえに宇宙いたる所に讃歌あらんと。神は宇宙的なるもわれは国家的なり。わが身、わが肉、わが霊は、わが国を離れて存在するものにあらず。神はユダヤ人としてわれを造りたまえり。ゆえにユダ国を離れてわれはわれ自身にあらず。ユダ国を追われてわれは廃人のごときものなり。新郎、新婦を失うて雅歌を揚げ得んや。われわがシオンを追われてエホバの歌をうたい得んや。

エルサレムよ、もしわれなんじを忘れなば、わが右の手にその巧みを忘れしめよ（五）エルサレムよ、われもしなんじを忘れなば、わが右の手をしてその巧みを忘れしめ、これをして琴絃に触るることあたわざらしめて、清響一韻だも揚げ得ざらしめよ。わが音楽はすべてわが国のためなり。エルサレムを忘れしわれに雅調なし。われもし故山を忘れんには、われはわが弾琴の技を捨てんものをと。

外邦にありて異邦人を喜ばせんために彼らの前にエホ

パの歌をうたうは、これ神と国とを敵人の手にわたすことなり。これ故国を忘るるにあらざればなすあたわざるところなり。国を忘れて国歌を奏せよと要求さる。詩人これに慨して彼の悲憤を故山にむかって訴う。

もしわれなんじを思い出でず……わが舌をわがあごにつかしめよ（六）わが舌をして動き得ざらしめよ。われをして唖者たらしめよ。清音のわが口よりもるることなからしめよ。われの歌はわが国をうたわんためなり。わが声はエルサレムをほめんためなり。われにわが国について誇るところなきに至って、われの舌は不要となるなり。

エルサレムをわがすべての喜びのきわみとなさずば（六）利得の歓喜あり、名誉の歓喜あり、愛慕の歓喜あり、読書の歓喜あり、勤学の歓喜あり、音楽の歓喜あり。されども何ものか愛国の歓喜におよぶものあらんや。友の慕わしきも国の慕わしきにしかず。世のすべての善きものを合するも故山一瞥の快にしかず。わが歓喜の極はわが国なり。わが妻にまさりて愛らしきもの、わが身、わが霊、わが全性をささぐるもなお足らざるものはわが国なり。われにしてもしエルサレムをわが愛慕の第一位に置くを得ずば、われはむしろ唖者となりて永久の緘黙を守らんものをと。

エルサレムの日にエドムの子らが……（七）「エルサレムの日」とはエルサレム全盛の時をさしていう。すなわちそのふたたびユダヤ人の手に回復されてメシヤ（受膏者）が来たってその王となり、万邦その光輝に浴するの時をいう。エドムはユダ国の南方にありし国なり。その民はユダ人の祖先なりしヤコブの兄弟エサウの子孫にして、人種的関係よりいえば二者は骨肉の間柄なり。しかるにユダ人のその国を追わるるや、彼らに対して無限の同情を表すべきこれらエドムの子らはかえってその不幸を見てよろこび、エルサレム城市の陥落を見てなお飽き足らずして、これをはらい除け、その基礎までもはらい除けと叫べり。世に慷慨すべきこと多しといえども、艱難に遭遇する際にあたって兄弟骨肉の嘲罵するところとなるにまさるの苦痛あるなし。バビロン人の残虐は忍ぶを得ん。されどもエドムの子らの嘲弄は忍ぶべからず。詩人の愛国的心情はほとばしって隣邦エドムにおよびぬ。その呪詛のことばなるがゆえに詩人の狭量を責むるものあり。されども詩は真情ありのままを尊しとす。

怒る時に怒りを抑うるは詩にあらず。ただ野卑なる私欲的の憤怒にあらざれば可なり。

滅ぼさるべきバビロンの娘よ(八) 城市をさして娘というは、ユダヤ人の語法にかなえり。その時なお文明世界の財権政権ふたつながらをにぎりし彼女をさして、滅ぼさるべきバビロンという。あたかも今日のロンドンにありてこれを「滅ぼさるべきロンドン」と呼ぶに異ならず。詩人の大胆と確信とに信服すべきものあり。

なんじがわれになししごとく、なんじに報ゆる人はさいわいなり(八) これ目にて目をつぐない歯にて歯をつぐなうの語調なり。キリスト教的倫理としては受け取りがたし。しかも敵愾心のさかんなる今日、何びとも詩人を責むるに非倫をもってするものはなけん。イエス・キリストの教化を受けざりし旧約時代の預言者にこの呪詛報仇の言ありしを見て、もって愛敵の精神のいかに高貴なるものなるかを知るべし。

なんじのみどりごを取りて岩の上に投げ打つものはさいわいなり(九) これ実に残忍なる祈願なり。嬰児何の罪かある。これを岩上に打ちつけ、その頭脳を砕き得たればとて、吾人の心に何の快かある。これを願うは疾病的愛国心なり。吾人はこの事の聖書に記載しあればとて神の教示としてこれを受けず。いな、かえって詩人の理想のなお低きをあわれみ、吾人は彼にならうことなくして、同じ旧約聖書に示さるる「十二万の左右をわきまえざる大いなる町ニネベをわれ惜しまざらんや」と宣べたまいて、預言者ヨナの祈願をしりぞけたまいてニネベの町を救いたまいし恩恵の神の命に従わんと欲す。

されども信仰は信仰にして詩は詩なり。理は理にして情は情なり。情をして理を曲げしむべからず、されども理をして時には情を恕するところあらしめよ。掠奪をこうむること前後二回、最愛の城市はこぼたれ、全国こぞって外邦に捕虜となることここに五十年、父は絶望のうちに失せ、母は悲痛の間に眠れり。嬰児の目前にほふられしものその数を知らず。報仇の念は悪念ならん。されどもその時には詩人の胸中に湧き来たりしは事実なり。彼はゆえなくしては怒らざりしなり。彼は害を加えられずして加害を願わざりしなり。われに罪を犯すものを七たびを七十倍するまでゆるすべしとはキリストの教訓なり。しかしてわれらはつつしんでの教訓に従って歩まんと欲す。ただ神よ、われらの弱きをゆるしたまえ。われら時には敵人の逐迫するところとなり、われ温顔をもって彼に対するも彼はわが顔につばきして快哉を叫べり。われ彼について善を思えば彼はわれについてことごとく悪を念ぜり。彼はわれの死滅を計画し、われの堕落を聞いて喜べり。ゆえにわれも窮迫のあまり、時には報怨の念をいだけり。されども神よ、これわが本心にあらざるなり。われはなんじの恩恵によりて、彼ら、われの讐敵をも愛せんと欲す。なんじ願わくはわが心になんじの限りなき愛心をそそぎ、われをしてわれを売りし友、わがためにすべての恥辱を企画せしものをわが心の深底より愛することを得しめよ。

（一九〇一年七月『聖書之研究』）

箴言

箴言第一章第七節

エホバをおそるるは知識の本源なり（一・七）

「**エホバ**」は万物の造り主にして人類の父なり。その聖意の天然に現われたるものを天則といい、人に現われたるものを道という。エホバはすべての法則の本源なり。ゆえにエホバを離れて天地とその中にあるすべてのものはきわむべからず。

「**おそる**」はもちろん敬畏するなり。重んずるなり。その律法を犯さざらんことを努むるなり。法則厳守の民たらんことを欲するなり。天則と人道とに服従せんとするの精神なり。天意をして我意を支配せしめんとするの決心なり。従順なる子供がその父に仕うるの心をもってエホバの命に聞かんとするの謙遜なり。

「**知識**」は万物の真理と真価とを知ることなり。単にその現象を知るにあらず、そのあってある理由をさとることなり。その相互の関係を知り、その道徳的教訓を解し、これに現われたる神の聖意をさとることなり。知識は単に知ることにあらず、深くさとることなり。霊的にさとることなり。使徒パウロのいわゆる、「霊の与うるすべての知恵とさとり」（コロサイ書一・九）となり。

「**本源なり**」発端なり、秘訣なり。万物の秘密を開くための鍵なり。必要条件なり。これなくして知識の門に入るあたわず。またその中に渉猟するあたわざるなり。

まことにエホバをおそるるの心なくして真正の知識に達するあたわず。真理を愛するの熱情なくして真理は吾人にその奥義を授けず。無私無欲なるは聖徒にのみ必要ならず、また学者に必要なり。吾人は真理のみ前には何ものをも犠牲に供せざるべからず。人の顔を恐るる歴史家、世におもねる哲学者、欲にからるる理学者はいずれも真理探求の資格なきものなり。

エホバをおそるるものとは教会信者の謂（いい）にあらず。くちびるをもって神をほめまつるもの、必ずしも神の聖意を心に体するものにあらず。

神は霊なれば、彼を拝するものは霊とまこととをも

ってせざるべからず（ヨハネ伝四・二四）

謙遜、もって真理を追求するもの、これ教会堂にて僧侶の祝福を受けざるも、まことをもって神を拝するものなり。真正の知識が往々にして教会信者が目してもって不信者と見なすものの中より出で来たるはこれがためなり。教会はその神を信ずと称するのゆえをもって真理を専有するあたわず。

エホバをおそるることなくして皮相的の知識はあらん。単に物を物とし見るのは知識はあらん。エホバをおそるることなくして強記のものはいわゆる生き字引たるを得ん。万巻の書を読み尽くすはあえて難き業にあらず。ありとあらゆるすべての植物と動物と鉱物との名称を知り、その特性をそらんずることはあえて不可能事にはあらざるべし。されどもこれ聖書記者が知識と称するものにはあらざるなり。鳥は黒き鳥なりと知るは蛮人もよくなし得るところなり。鳥を知識的に知らんと欲せば、その万有に対する関係と、その特性をもって代表する道徳的意義とを知らざるべからず。天然物をよく知るものはその標本の採集家にあらず。またその構造の解剖家にあらず。ダーウィンのごとくにその相互の関係をつまびらかに解せしもの、ウォルズオスのごとくにその道徳的意義をさとりしものなり。天然を通して天然の神に達せんと欲するものにあらざれば真正の知識に達するあたわず。

世界大学者の大多数はエホバをおそるるものなりき。理学にあってはニュートン、星学にあってはコペルニカスとハーシェル、医学にあってはハーベー、化学にあってはハンフレー・デビーとファラデー、哲学にあってはカント、国法学にあってはグローシャス、史学にあってはランケ、言語学にあってはマクス・ムラー、これらはみな特別の意味においてエホバをおそるる人なりき。ダーウィンのごとき、ハンボルトのごとき、多く神について語りし人にはあらずといえども、その謙遜にして真理に忠実なる、あつく真理の神を信ぜし人と称するを得べし。軽薄なる人、傲慢なる人、多欲なる人、虚栄を追い求むる人にしてかつて大学者たりしものあるなし。

心の貧しきものはさいわいなり、天国はすなわちその人のものなればなり（マタイ伝五・三）

と。しかり、真理もまたその人のものなればなり。エホバをおそれて人を恐れず、真理を愛して富貴を求めざるものにあらざれば、真正の学者たるあたわず。

（一九〇六年十月「聖書之研究」）

知識の本源

箴言一章七節

エホバをおそるるは知識のもとなり（一・七）

「エホバ」といい、「おそる」といい、「知識」といい、「もと」という。いずれも九鼎（きゅうてい）の重みある語である。

「知識」 あるいは知恵という。これに特別の意味がある。今や知識というも、天然科学あり、哲学あり、歴史あり、倫理あり、その他各種専門の学問がある。しかしながら昔時のユダヤにありては、わが国におけるがごとく、単に知恵といいて、すべての知恵を綜合したるものをさしたのである。ゆえにソロモンが「エホバをおそるるは知恵のもとなり」といいし時、彼は単に実際的常識的の知識を意味しなかった。今日の語をもっていえば「エホバをおそるるは天然科学のもとなり、哲学のもとなり、倫理道徳のもとなり、いっさいの学問または教育の本源なり」と彼は教えたのである。

「本」 あるいは「始め」である。ただし「終わり」に対する「始め」ではない。終わりに至るまでの原理である。英語にて the first principle または the root principle または fundamentals というがごとく、基礎的原理である。エホバをおそるるはいっさいの知識の基礎的原理なりという。

「おそる」 「恐る」ではない。長者を長者として尊ぶ心である。謙遜の心をもっておそれうやまうことである。

「エホバ」 単に「神」というと異なる。特別の意味においての神である。アブラハム、イサク、ヤコブに現われ、ついにはイエス・キリストの父として示されたる神である。

「エホバをおそるるは知識のもとなり」聖書に現われたる神を謙遜の心をもっておそれうやまうことが、すべての哲学、科学の根本的原理であるとの意である。はたしてそうであるか。なぜエホバをおそれずしては真の知識を得ることができないか。もちろん現代の博士、教授らはこれを一笑に付するであろう。しかしながら聖書の言が真理であるか、あるいは博士の言が真理であるか、これは重大なる問題である。われらはその間に判決を下さなければならない。しかしてこれを判決せんがためには世界における学問の歴史に訴え、人生の事実を基礎として論定しなければならない。

問う、世界において知識のもっとも進歩したる国はいずこであるか。何国が世界の学者国であるか。シナか、インドか、ペルシャか。これらの諸国にも大学者を産出しなかったではない。しかしながら学問をもって世界を指導する国は彼らではない。いずこぞ。英国である、ドイツである、仏国である、米国、伊国、またはカナダである。しかしてこれらの諸国はみなキリスト教の感化の最も顕著なる所である。キリスト教の普及せざる国に学問の旺盛なるを見ない。キリストの福音の受け入れらるる所、エホバの神のおそれうやまわるる国において、最も深くして導き知識の供給せらるる事実はこれを否定することができない。

さらに進みて、ひとしくキリスト教というも旧教と新教との別を見んか、旧教に幾多の貴きものあり、新教に最もいとうべき弊風なきにあらずといえども、大体においてエホバをおそるるの心は旧教国よりも新教国においてさかんである。しかして十六世紀におけるルーテル、カルビンらの宗教革命は、ただに信仰上より全欧州を二分したるのみならず、また知識の上よりこれを二団に分かった。今やキリスト教国中、知識のさかんなる国としからざる国との別がある。前者に属するものはいずこぞ。その第一はルーテルの国なるドイツである。戦争前に至るまで近世の学問の粋を集めたる所は実にその国であった。しかして戦敗の結果あるいはまたこの国にかえって優秀なる学問が勃興するであろう。つぎは英国である。英国の学問は実際的にして浅薄なりという。あるいはしからん。されども国民に知識の普及せる国にして英国のごときはない。これにつぐものは北米合衆国であって、仏国または伊国またはポルトガル、スペイン等はとうてい以上の諸国におよばない。むしろスイッツルの一部またはデンマルクまたは露国の一部等において知識の進歩いちじるしきもののあるを見る。しかしてこれみな新教の原理のおこなわるる所である。カーライルいわく「プロテスタント問題は知識の光明を受くるかいなかの問題なりき」と。エホバをおそるるの心は新教国においてさかんである。知識の探究もまた新教国においてさかんである。ゆえにエホバをおそるるは知識のもとなりとの提言は、これを国民の信仰と知識とに対する関係より見て、その誤らざることを知る。

国民としてしかり、個人としてはいかに。世界における知識の先導者となりしものはたれであるか。キリストを知らずあるいは彼に逆らいし人の中にも大なる学者ありしにかかわらず、世界の知識の根本を作りしものはなおかつキリストをおそれし人であった。近世哲学の祖はデカルトである。デカルトなくんば今日の哲学はなかったのである。彼は新哲学の礎石をすえたる人である。しかして彼をしてその大思想を生み出さしむるに至りし動機はどこにあったか。神の存在を動かすべかざる根底の上に置かんとの熱心がそれであったではないか。デカルトより神に対する畏敬の心を除いて何ものをもあまさない。彼は熱心なるクリスチャンであった。たとえ彼の有神論には多くの誤謬ありしとするも、この偉大なる哲学者が、万物の造り主の存在を証明せんがために一の根底を発見してその上に建設したる哲学は、人類を益したること、いくばくなるかを知ることができない。

ベーコンもまたその一人である。彼の品性には幾多の欠点ありといえども、彼もまた深きクリスチャンであった。エホバをおそるる心なくして彼の大著述は決して成らなかったのである。

もし近世科学の祖先と称せらるるアイザック・ニュートンをしてわが国今日の学者らの前に立たしめ、しかして彼自身の学問の根底について語らしめたならばどうであろうか。彼らはこの偉大なる科学者の抱きし迷信（彼らのいわゆる）を聞いて驚愕するであろう。しかしながらニュートンの大発見の根底は確かにその単純にしてかつ深遠なる信仰においてあったのである。

恐るべき学者はライプニッツであった。全宇宙の知識を一箇の頭脳中におさめたるものにして彼のごときはない。しかして彼は熱心なるクリスチャンであってまた深遠なる神学者であった。

この問題について忘るべからざるはカントである。彼のなお壮年時代にありし時、彼をして世界人類の大問題に逢着せるを感ぜしめ、決然として奮起せしめたるものは何であったか。彼がある時ヒューム哲学を読み「もしこの哲学にして真ならんにはわが父母の信仰は崩壊すべし。これは必ず建て直さざるべからず」と痛感したるその責任の自覚であった。ゆえにカント大哲学もまた信仰の産物たるをまぬかれない。

かくのごとくにして、世界にそびゆる学問の高峯を瞥見する時は、その最高の巨漢らはみな雲をついて天の高きに達し親しくエホバとの交通を有するものである。真に深くして博き知識を得るの本源はエホバをおそるるの心においてのみある。

しかしてキリスト教の真理は必ずしもこれを世界または国民の歴史にのみ探るを要しない。各自の心中また明白なる実験の存するものがある。エホバをおそるるは知識のもとなりという。国民においてしかり、学者においてしかり、また各自においてしかり。今これが例としてて何びとの実験をあげんか。しかず、余自身のことをいわんには。何となれば、自己の経験は最も確実なる事実であるからである。しかして余もまた器の大小の差こそあれ、ライブニッツ、カント、デカルトらの大先生と同じ種類の感化を受けたのである。エホバをおそるる心はただに余の道徳を高め余の霊魂を清めたるのみならず、余をして真正の学者たらしめたのである。何びとも真正の学者たることができる。学者とは何ぞ、いわゆる物知りと称する百科辞典の代用物ではない。真理をそれ自身の価値において知る人、真理を真理そのもののために尊ぶ人、かかる人が真正の学者である。真理を真理以外のもののために知り、便宜のためまたは利益のためにこれを曲げんとするがごときものは決して学者ではない。たとえ世界の政治論をことごとく研究するといえども、これを一国に適用するに当たりて多少の緩和をほどこさんとするものは学者にあらずして政治家である。学者は真理を真理そのもののために尊ぶ。ゆえにいやしくも宇宙の真理なりと信ぜんか、これを何びとにも、いずこにも適用せんと欲するのである。利害と便宜とを排して、真理はただ神のために貴しとなすところに学者の学者たるゆえんがある。しかしてエホバをおそるるにあらざれば人はこの種の学者たることができない。エホバをおそれずして、あるいは厨房用具の小発明により政府の特許権を獲得することはできるであろう。しかしながらニュートンの研究したるがごとき、星斗と星斗とを結びつけ、宇宙を呑吐する底（てい）の大発見は、その心深くエホバとまじわるものにあらざればとうてい不可能である。

人の知識はエホバをおそるるによってさらに貴きものとなる。エホバをおそるるものにとって、天然を探るは父の美しき庭園を逍遙することである。木の葉のもえ出づる所、鳥の巣をいとなむ所、ありの食をあさる所、一として深き感興をうながさざるはない。ゆえに探究また探究、ついにその尽くるところを知らない。彼らはいつまでたってもなお学界の小児である。まことにニュートンのいいしがごとく、その一生涯をついやして学びしところはわずかに大海の岸に立ちて二、三の小石を拾いしにすぎない。前途に開く真理の海は無限である。従って彼らの知識欲もまた無限である。その生涯をくりかえすこと十回または二十回におよぶもなお足らざるをおぼゆるのである。これに反して、エホバをおそれざる人々が、その年歯いまだ五十に達せざるに早くすでに知識欲の減滅を示すを見ば、思いなかばに過ぐるであろう。ほんとうの信者は死に至るまで学生である。

ゆえに知識欲の勃興は改信（コンヴォルジョン）の最も確実なる徴候の一である。キリストの福音は何の素養もなき男女を化して尊ぶべき学者たらしむ。余の知れる東北地方における某盲婦人のごときは、晩年に至るまでいろはをも解せざりしにかかわらず、福音に接してより聖書研究の熱心を起こし、すなわち点字によってこれを学び、爾来数年ならずして驚くべく聖書に精通するに至った。世上これに類似の実例は決して乏しとしない。エホバを知るは知識欲勃興の秘訣である。知識は霊的である。ゆえに頭脳のみをもってこれを獲得することはできない。真理を真理のために尊ぶところの真正なる学者たらんがためには霊的準備の必要がある。すなわちわれらの霊をもって宇宙の霊に結合し、エホバの神をおそるるの心を起こすによって、知識はこんこんとして湧き出づるのである。しかもひとり自己の専門に属する知識のみではない。神の造りたまいしすべての事物に関して深き興味を有するに至るのである。

エホバをおそるるは知識のもとなりと。これソロモンの言である。しかしながらソロモンよりも大なるものイエス・キリスト現われて、知識の本源はさらに一歩を進めた。いう、「イエスは神に立てられてなんじらの知恵となりたまえり」（コリント前書一・三〇）と。キリストを知るは知識の本源たるにとどまらない、キリスト彼自身がわれらの知恵である。哲学である。神はキリストを立ててわれらの哲学とならしめたもうたのである。われらはイエス・キリストを知るによってエホバの神を知るのみならず、また同時に宇宙の原理を知り、真正なる意味においての哲学者となるのである。今やわれらの周囲に紛雑なる思想問題あり、国際問題あり、労働問題あり、物価問題がある。いかにしてその中心的真理を捕捉することができるか。いわく、イエス・キリストを知るべしである。フェアベルンのいいしがごとく、かの十字架の釘に刺されし双手の掌中に全宇宙が存在するのである。真理の中心は神の子イエス・キリストにある。彼を知り彼を信ずるは、すべての知識と教育との根源である。（六月二十九日東京丸の内大日本私立衛生会講堂において、藤井武筆記）

（一九一九年九月「聖書之研究」）

箴言第一章七―九節

前回は

エホバをおそるるは知識のもとなり（箴言一・七）

について語った（その稿なし―編者）。これはまことに驚くべき言葉である。人の多くは考える、エホバをおそるるは信仰のもとなり、エホバをおそるるは道徳のもとなりと。けれどもそれだけでは足りない。エホバをおそるるに至って人は初めて宇宙万物の統一ならびにその相互関係をさとるのである。散漫なる知識は真の知識としての価値なきものであって、知識相互の関係統一があってこそ知識は生きてくる。そしてまた人はエホバをおそるる心を抱かせらるるに至って初めて謙遜になるのである。たかぶる人に真の学者はない。おのれ知れりと思う人ほど、実は無知の人はない。余の生涯において知りし最大の学者の中にはかかる人はなかった。philosopher とはいわゆる哲学者ではない。知ることを愛する人、それが真の philosopher である。これは大切なことである。諸君の注意をうながしたい。英国の大政治家グラドストンが年七十歳に達した時に、原語をもってイブセンを読まんとてノールエー語の研究を始めたという。日本にこんな人がおるか。単なる知識欲ではない。信仰上の深い処から来ているのである。

つぎに

> 愚かなるものは知恵と教えとを軽んず（七）

これは上半節に対するもので、両者相まって一句をなす。従ってその間に意味の連絡がある。箴言の中に「愚かなるもの」という言葉が多く使われている。そして同じく愚かなるものと訳するも、その原語は必ずしも同一ではない。ここでは evil（エヴィール、英語イーヴルではない）という字が用いられている。肉つきよく、バカぶとりにドシッとして理解のない人、英語の stupid に相当する言葉である。ゆえに人はエホバをおそれて知識を得、従って知恵と訓誨とを重んずるに至るに反し、愚かなるものはそれを軽んずる結果、無知無識の人となってしまう。

つぎにこの語を一般的に解し得るが、また特別の意味において解することができる。一般的には、人から教えられんとせず、みずから進んで知識を得んともせずして、甘んじている人の愚をいっているが、特にまたこれを、神に教えられんとしないものの愚と解することができる。そして、後に学ぶごとく、神はいろいろのさとしと示しとを人に向かって与えたもう。神のさとしと示しとを受けいれないもの、それは最大のバカものである。具体的にいえば、神の言葉なる「聖書」の示す教えとさとしとを軽んずるものこそ愚者である。人の価値は、その人が神の示したもう知恵と教えとをいかに受けいるるかによって決する。いかに学問に深くとも、博士であっても、哲学者であっても、聖書を捨てて顧みないならば、そは人生における最も重要なる一事を軽んずる浮愚の人といわなければならぬ。そしてわれわれ多少なりとも光明を認めしものには、彼らがまことに愚かなるものであることがわかる。人生における実験を通して初めて解するを得る事実である。

つぎにわれわれを戒むる深い意味ある一句が待つ。

> わが子よ、なんじの父の教えを聞け、なんじの母のおきてを捨つることなかれ。これなんじのこうべのうるわしき冠となり、なんじの首の飾りとならん

紀元前千年の当時には書物というもの の は な か っ た。すべては oral tradition（口碑）であった。 ことに今日知識を授くる学校の教師なるものは全くなく、 その位置に立つものは実に父母であった。アラビヤ人は今もしかると聞く。おそらくイエスも旧約聖書の多くをその父母より教えられしことであろう。人生最大のもの、 特に神に対する信仰の心、 これはまことに父母より来たる の で、 これだけは書物も学校も与 え る こ と はできない。米国の大統領がその職につく時は、 多くの場合、 まず群衆の目前において誓約をするが、 その時はつねにおのが老母の聖書に接吻するという。何たる inpressive ceremonial であろう！　過ぐる年の夏、 その老父の家にあって共に百姓生活をしていた現米大統領クーリッジ氏のもとに「ハーディング死去、 後任者は貴下なり」 という電報が達した。日の涼しきころ、 なお畠にありし彼の父は、 彼をともないつつ家に入り、 多年読み古したおのが聖書を取り、 手をその上に置いていった。「なんじの父の聖書ここにあり。その上になんじの手を置いて誓うべし」。 こうしてこの偉大かつ敬虔なる父子は、 静かなヴァーモント州の田園の夕べに祈禱を共にしたのである。これまた実に荘厳厳粛なる劇的場面ではないか。 これがあってこそ、 大国の運命を一任し得るのである。 この世における最大幸福はクリスチャンの父母を持つことである。―会員中にかかる幸福ものが四、 五名あった。

信者の父母はまことに尊くある。子たるものは全く従わねばならない。しかし程度の差こそあれ、 尊きことにおいては不信者の父母とて何らの変わりはない。余の父は余より後に信仰に入ったけれども、 余に最も大切な教えを与えてくれたのは実に余の父であった。すなわち武士（さむらい）として踏むべき道―武士道を。 親ほど真実を人の子に語るものはない。父は現世において子に対する神の代表者である。「なんじの神エホバのなんじに命じたもうごとく、 なんじの父母をうやまえ」。 いわゆる「新人」をもってみずから任ずる近代人、 その父母を古し頑固なりといいて軽んじて顧みず、 あざけりてはずかしむる彼ら人の子よ。彼らをしてかくまで邪悪に至らしめし責めはそもそもたれの上にあるか。 慨嘆すべきは新聞紙上の広告記事である。どうしてかくまで狂ったのであるか。彼らはいう、 道徳とは何ぞ、 適当に自己の欲望を満たすために作られたる他人との約束ならずや、宇宙の存在するは自己のためなり、天地の主はわれなりと。こうして彼らはわれとみずから人生最善の知恵より永久に縁を絶ってしまうのである。父母より離れて、人の子は決して立ち得ない。ことに人生の根本問題においてそうである。これは誤りない事実である。「わが子よ、なんじの父の教えを聞け、なんじの母のおきてを捨つることなかれ」。かくいいてわれらはソロモンの口より論語を聞かされる。そしてこれがキリスト教である。キリスト教に忠孝なしといいしものはたれであるか。

エホバをおそるるは知識のもとなりと教えたソロモンは、父の教えを聞け、母のおきてを捨つるなかれ、これまた知識のもとなりとは語らなかった。すなわち第九節に読めるとおりである。「これなんじのこうべのうるわしき冠となり、なんじの首の飾りとならん」。エホバをおそれ父と母とに従うことが、知識において貢献することよし僅少なりとするも、そのことがその人の生涯をどれほど飾るかわからない。えらい学者たちがその父母につかえるに従順の徳をもってするほどうるわしいことがあろうか。たびたび話したジョン・アダムスの話をここにまたくりかえそう。米国第六代大統領ジョン・クインシー・アダムス氏が、大統領の職を退いてのち代議士としておりしころのことである。当時の代議士は今と異なり特に日本のそれと異なり、すこぶる質素であった。ある時、彼は数人の同僚と同じ旅館の同じ部屋に宿泊することになった。夜、ねむりの床につかんとして、彼がひざまづいてベッドの上に頭をのせ、声高らかに祈ったのは「主の祈り」であった。かたわらにあった同僚はあるいはおどろき、あるいは笑ったが、彼はいった、「これはわが母の祈りなり。余の幼児のころより一日も欠かさずわれと共に祈りくれしわが母の祈りなり。われはこの年に至るまで、いかにしてもかく祈らざるを得ず」と。かく語ってほほえむ彼のこうべに余は輝く金の冠を見ざるを得ない。すべての知識と知恵との上にこの心があって、その人を真に飾るのである。世には飾りなどはなくてもよいという人があるが、りっぱな学者、博士であって、この点において堪えがたいほどみにくき人がある。一人の人が「その父の教えを聞き、母のおきてに従って」立つ時、それはたれが見てもうるわしき人生の飾りである。（一九二四年六月「聖書之研究」）（横山喜之筆記）

知識と聡明の獲得

箴言二章一―二二節

貴きはエホバをおそるるの悟り、神を知るの知識である。しかしこれはこのんで得らるるものでない。一生懸命に求めて与えらるるものである。ゆえにいう、

もし知識を呼び求め聡明（悟り）を得んとなんじの声を揚げ、銀のごとくこれを探り、隠れたる宝のごとくこれをたずねなば（三―四）

と。真理を学ばんとせば熱心がいる。毎日京都より叡山へかよいし仏教信者がある。今より三百年前に、伊藤仁斎に学ばんとて、津軽、秋田より京都堀川の彼の陋屋をおとずれたむかしの日本人があった。ソロモンの知恵を学ばんとて、シバの女王ははるばるアビシニヤよりエルサレムまで行いた。たやすく得たものはたやすく失う。今日のキリスト信者に背教者多きは、今やキリスト教を学ぶにあまりにたやすいからである。一生懸命になって高価を払ってほしい。そうすれば決して捨てない。

知識と悟りは人が発見するのでない。神より与えらるるのである。

エホバは知恵を与えたもう……彼は正しき人のために悟りをたくわえ、直く歩むものの盾となる（六―七）

とある。真理を得るに研究だけでは足りない。祈禱がいる。大学者の多数が敬虔（つつしみ）ある信者であった理由はここにある。ニュートン、ケルビン卿、デビット・ブリュスター、パスカル、ルイ・アガシらは、研究に従事する前に祈禱に従事したものである。世は彼らの発見を称揚するが、彼ら自身は神の啓示を感謝した。まことにすべて大発見は上よりの啓示であった。発見を誇る学者のごときものは学者と称するに足りない。

ただに知識ばかりではない。公義、公平、正直と称せらるる道義もまた神のたまものである。

そは（神）公平の道をたもち、その聖徒の道すじを

守りたまえばなり（八）

とあるがごとし。われらは信仰のみならず普通道徳まで、神に与えられ、守っていただかねばならない。普通道徳と称して決して簡易道徳ではない。公義、公平、正直を守るのいかに難きよ。ここに義人もまた謙遜でなくてはならぬ理由がある。

慎み、なんじを守り、悟り、なんじをたもちて……（一一）

とある。われらが道徳を使う時に道徳は弱くある。道徳がわれらを支配して、われらがその守り導くところとなって、われらの道徳は強くなるのである。「慎み、なんじを守り」という。「慎みの霊なんじを守り」ということであろう。謹慎を擬人化したところに言葉の強味がある。謹慎と悟り、なんじを守りて

悪しき道よりなんじを救い、偽りを語るものよりなんじを助けん（一二）

という。自分の知恵と能力だけで悪と虚偽よりまぬかることはできない。聖霊の能力が必要である。「われらを試みに会わせず、かえって悪より救い出だしたまえ」である。自分でりっぱに悪に勝って見せると傲語したものはすべて美事にこれに負けたものである。

彼らは直き道を離れて暗き道を歩み（一三）

とある。「彼ら」はもちろんエホバによらずして自分に頼むものである。傲慢にも種々あるが、最もつたなきは道徳的傲慢である。人はいかなる人といえども、われ立てりと思う時に倒れるのである。

悟りはまたなんじを遊女より救い、ことばをもてへつらう女より救わん（一六）

という。遊女は必ずしも芸娼妓に限らない。すべてのふまじめなる女は遊女である。人世を遊楽の場所と心得、多く遊び楽しんで一生を送らんと欲する女はすべて遊女

である。しかしてかかる女のいかに多きよ。虚栄の女と称するもののごとき、すべてこれである。ダンスに紳士の交際を求めて夜をふかすものはすべてこれである。人目を引くがごとき服装をなして得意たるもの、天然の美よりも人工の美を愛するもの、実質よりも外形を尊ぶ女、彼らはすべて妓婦または遊女である。そしてエホバをおそるるの悟りは人をこれらの女より救うという。まことに小なるがごとくにして小ならずである。いくたりの男子がこの種の女によりてその身を滅ぼせしか、数えつくすことができない。義貞、秀吉、ネルソン、みなこのわざわいにかかったものである。クレオパトラは遊女の女王となりしものであって、シーザーも一時はその捕虜となり、アントニーはついにその滅ぼすところとなった。人世、実は遊女ほど恐ろしいものはない。そしてエホバをおそるるの悟りのみ、これに勝つことができるという。まことにしかりである。Beautiful is that beautiful does（美をなすもの、これ美人なり）という。そして悟りは行為の美に目をそそいで形の美に誘われない。神に導かるるの幸福多しといえども、その最大のものは遊女にあざむかれないことである。今や日本の社会に遊女はいたる処にいる。有島武郎のごとき、神を捨てし結果として遊女の誘うところとなりてその滅ぼすところとなりしにすぎない。

遊女！　彼女はことばをもてへつらう女、若き時のとも（夫）を捨て、その神に契約せしことを忘れ、その家は死に下り、その道は陰府（よみ）におもむくという（一六―一八）。まことに文字どおりに事実である。日本の今日に幾多の実例を見る。

遊女の反対は「賢き女」である。これをたたえたものが同じ箴言三十一章十節より三十一節までである。ついて読むべしである。

（一九二四年九月「聖書之研究」）

長命と名誉と富貴

箴言三章一―一〇節

長命の道はエホバの教えを忘れず、心にその戒めを守るにあるという（一―二）。一見して俗世界の教訓であるかのように見える。しかしそうでない。第一に長命そのものが大なる恩恵である。十誡第五条にいわくなんじの父と母とをうやまえ、こはなんじの神エホバのなんじに賜うところの地になんじの生命の長からんためなり（出エジプト記二〇・一二）

と。長命の目的は、長く地上の生命を楽しまんためでない。長き生涯の経験をもって神と人とにつかえんがためである。衛生の目的はここにあらねばならぬ。そして長命術の第一は、エホバの教えに従いその戒めを守るにある。そして大体において、これは人類の実験によって証明されたる事実である。養生法はあまたありといえども、神をおそるるにまさるものはない。ユダヤ人が今日といえども長命をもって有名なること、欧米諸国において、医師、法律家、牧師の三階級の内で、最も長命なるは牧師階級であることは、よく知れわたりたる事実である。私のごとき、学校時代においては同級生中第一番に墓に下るべきものと認められしものが、今日なお健康をたもち、かつ意気の若きことにおいては同級生中第一であることは、全く自分の選びし事業の、エホバの教えとその戒めとの研究伝播によるのであると信ずる。もちろん信仰を守るの結果として生命を捨て、または、ちぢめざるを得ざるの場合あるはいうまでもない。しかしながら、かれとこれとは全く別の問題である。

長命しかり、名誉またしかりである。

さらばなんじ、神と人との前にめぐみとほまれとを得べし（四）

とある。名誉に悪いものと善いものとがある。讃美歌にいうところの「この世の君らの花の冠」は決して慕わしきものではない。政府の授くる位階勲章に多くの疑わしきものがある。しかしながら人の授くる名誉のほかに神の授けたもう名誉がある。これは天下何ものも奪い去ることのできない名誉であって、慕うべきもの、尊むべきものである。イエスご自身にこの名誉がとものうた。ルカ伝二章五十二節にしるしていう、

イエス、知恵もよわいもいやまさり、神と人とにますます愛せられたり

と。正しき道を歩みて、神に愛せらるるはもちろん、ついに人にもうやまわれる。罪のこの世もついには義人をうやまわざるを得ない。その名誉は慕うべき名誉である。多くのクリスチャンが、よし現代には認められざる

も、後世かならずわれを義とするものあるを信じて死についた。クロンウェルのごときもその一人であった。名誉といえば一概にこれを排斥するは大なるまちがいである。札幌のクラーク先生が彼の愛する学生と別かるるにあたって発せし一語は有名である。いわくBoys, be ambitious! 青年よ、大なる野心をいだくべしと。名誉を得んと欲せず、また名誉を傷つけらるるも憤おりを発せず。かかることは非キリスト的行為なりと信ずる今日幾多のキリスト教青年は、いまだ神のよみしたもう高貴なる生涯の何たるかを知らざるものである。

なんじ心をつくしてエホバによりたのめ。自己の悟りによることなかれ（五）

みずから見てさとしとするなかれ（七）

自分と自分の判断によりたのむなかれ。自分を標準として万事を断定するなかれとの戒めである。自己過信は青年のおちいりやすき罪である。ことに近代人特有の罪である。そして罪であると同時に大危険である。これに反して「なんじ、すべての道にてエホバを認めよ」である。エホバとその教えを離れて何事をも判断するなかれとの教えである。普通、親孝行が孝子の処世上大なる利益であることはよく知れわたりたる事実である。まして万事においてエホバの実在を認め、そのみむねに従わんと努むるにおいてをや。これは信仰の実益を教えた言である。そして信仰は直接に利益はないが間接には非常にある。単独で事をおこなうにあらず、神にはかりて（祈りて）事をなすのである。そこに信者の強みと安全とがあるのである。

なんじの貨財（たから）となんじがすべての産物の初なりをもてエホバをあがめよ。さらば倉庫は満ちて余り、なんじの酒ぶねは新しき酒にてあふれん（九―一〇）

とある。いかにも利己主義の信仰奨励の言であるように聞こえる。されどもこれまた人生の事実なるをいかんせん。エホバにささぐるに所有の最良のものをもってす。さらばエホバもまたその最善のものをもって報いたもうと。かかる教訓は考えてわかることでない。おこなって見て判明することである。長命、名誉と同じである。確実なる富もまたエホバのたまものである。信仰の生んだ富のみが永久不朽の富である。大実業家は大政治家、大科学者と同じく、たいていは大信仰家である。欧州最大の富豪ロスチャイルド家の富はモーセ律の厳守より成ったものであるとは、その首長の宣言せるところである。わが国においても、三井、住友等の起原をたずねて見れば、その内に深い道徳的理由を発見するのである。確か三井中興の祖先であったと思う、その言にいわく「一に人物、二に場所、三に資本」と。事業成功の要素は「一に人物」である。神と人類とにつかえんと欲する心なくして確実なる富をなすことはできない。ここに至って実業も伝道もその根本の精神において異ならないことがわかる。アダム・スミスの『富国論』は倫理哲学の一篇としてあらわされたるものであることを忘れてはならない。

（一九二四年十月「聖書之研究」）

知識と聡明と知恵

箴言三章一三―二〇節

知識に三階段がある。その第一が知識、第二が聡明（悟り）第三が知恵である。文字をならべただけではその意味はわからない。ことに訳字においてはしかりである。われらは事の何たるかを知って、しかるのちにその意味を文字の内に読みこまねばならぬ。文字はつまるところ表号にすぎない。

ここに知識というは観察的知識である。物を見てその実状を知るの知識である。試みに雀を見んか、そのいかなる鳥なるか、その大きさ、色、習慣等、単に鳥の一種として探り得たる知識である。人として見たる人にかかわる知識、天然として見たる天然にかかわる知識、事物の大小を問わず他の物より離して一物を見て得し知識、それが単なる知識であって、基礎的知識と称すべきものである。この知識が確実なればなるほど、他の知識が確実なるのである。天然学者はこの種の学者である。ダーウインはその最も優秀なるものであった。また個人を知るは社会と人類を知るの前提である。伝記に精通せずして歴史を解することはできない。

知識の後に聡明が来る。聡明は関係的知識である。一物の他物に対する関係を知る知識である。雀は鳥である。これに似たる鳥がある。これと異なりたる鳥がある。また鳥として他の動物に対する関係がある。雀を知っただけでは雀はわからない。宇宙万物との関係を明らかにして雀の意味がわかるのである。雀しかり、いわんや人においてをや。自分を知っただけで自分はわからない。日本人として、アジア人として、アダムのすえとして自分を見て、自分の存在の意義がわかるのである。そして自分にかかわるこの種の知識が聡明である。自分の大も小も、義務も責任も、権利も運命も、自分にかかわる関係的知識すなわち聡明を得て、自分に初めて自覚するのである。

知識あり聡明ありて、しかるのちに知恵があるのである。知恵は実際的知識である。知識の応用これを知恵という。まず物を知り、物と物との関係を知り、しかるのちにその知識によっておこのうて、われらはあやまちなきを得るのである。すべての知識の目的は正しくおこなうにある。われらが学ばんと欲するすべての学問の目的は、われらが神の前に正しき、人らしき生涯を送らんがためである。

知識の三階段を現代の言葉に訳していうならば、第一が科学であって、第二が哲学、第三が道徳である。科学のための科学でない。哲学を通して道徳に達せんための科学である。そして知恵の書なる箴言は、当時の科学と哲学との上に築かれたる道徳を教うる書である。著者ソロモンがいかに博学の人なりしかは、列王紀上四章三十節以下の言によって明らかである。

> ソロモンの知恵は東方の人々の知恵とエジプトのすべての知恵よりも大なりき……彼、箴言三千を説けり。またその詩歌は一千五百篇なりき。彼また草木のことを論じて、レバノンの香柏より垣にはゆる苔にまでおよべり。彼また獣と鳥と匍行動物と魚のことを論じたり

今日でいえば、ソロモンは、博物学者で、哲学者で、同時にまた倫理学者であったのである。最も健全なる学者であって、われら何びともならうべきである。

以上の説明を心に留めて、第三章十三節以下二十節までを読めば、その意味はよくわかるのである。

さいわいなるかな、知恵を求めて、これを得しものは。
知恵をおのが所有とせしものはさいわいなるかな。
そは知恵を得るは銀を得るにまさり、
その利益は金よりも善ければなり。

知恵はさんごよりも貴し、
これにくらぶべき宝あるなし。
長寿はその右の手にあり、
その左の手に富と貴きとあり。

その道は楽しみの道なり、
その小道はことごとく安きなり。
これはこれを握るものには生命の木なり、
これを抱いて離れざるものはさいわいなるかな。

エホバは知恵をもて地をすえたまえり、
悟りをもて天をささえたまえり。
その知識によりて水はわき出で、
雲は露を降らすなり。（一三―二〇）

知恵は最善のもちもの、知恵は最大の宝、知恵は最上の楽しみ。それはそのわけである。天地万物はエホバの知恵によって成りしものであるからである。泉のわき出づるも、露と雨との降るのもエホバの知恵による。人の知恵をもって神の知恵に応ずる、それが道徳である。天然の法則ととなえて道徳と離れたるものではない。すべての知識はその究極において、知恵すなわち道徳であると。これ聖書の見方である。はたしてそうであるか。その事をきわむるのが学問の目的である。学問を非道徳にするのが近代知識の傾向である。これに反して、キリスト教はその始めより有神的であって道徳的である。

（一九二四年十二月「聖書之研究」）

知恵第一

箴言四章一―九節

父といい子という。単に血肉の関係であるばかりでない。ほんとうの父は肉の父であると同時に霊の父であらねばならぬ。すなわち子に肉の生命を与えしとともに霊の生命を与うるものであらねばならぬ。すなわち信仰の伝達者であらねばならぬ。そしてヘブライ人の間にありてはこれが事実であった。ヘブライ人と同種族なるアラビヤ人の間にありては今もなおしかりである。家長は父であり、祭司であり、教師であり、預言者である。アブラハム、イサク、ヤコブの事蹟がよくこのことを語る。父は単に肉の父であり、子は父と思想信仰を異にするもさしつかえなしとは西洋思想であってまた近代思想である。そのはたして真理なるかはいまだ証明せられざる問題である。あえて父のためにいわず、子のためにいう。子ははたして肉体以外のことにおいて父より何ものをも授かるの必要なきか。もししかりとすれば子の不幸この上なしである。「わが父われを教えたれば、われ教えをなんじに授く」と。知恵は伝統的である。人生の経験は各自これをくりかえすにおよばず、またくりかえすあたわず。父祖の経験は知恵としてこれを受けつぎ、われはその上に立ちて新方面に向かって発展すべきである。そのことそれ自身が大なる知恵である。善も悪も自分が新たに実験するにあらざれば認めずと称するは、自由と称するよりもむしろ愚である。近代人はみずから善悪の木の価値を定めんと欲して大なる危険をおかしつつある。そして彼らの多数がその評価を誤りて身を滅ぼし霊を失った。

知恵は第一のものなり（七）

道、信仰、人類の実験をもって証明されし神の示し、すなわちここにいうところの知恵である。これ第一なりとソロモンはいう。親が子に伝うべき第一の資産はこれ、子が親より求むべき第一の宝はこれ、知恵にくらべてみて、この世のすべての富も尊きも、学問も才能も数うるに足りない。知恵ありての富、知恵ありての権能（ちからである。国も人も知恵なくしては、すべて他のものありといえども永くはたもたない。知恵は富と尊きとを生むが、富と尊きとは知恵の代用をなさない。財産と学問とはなくともよい。しかし知恵はなかるべからずである。

知恵を福音の信仰と解して、その至大の価値を近世史の多くの事実をもって例証することができる。スペインは一時は富をもってあふれたが、知恵に欠けしがゆえに今日の衰退を来たした。ドイツは学術をもって世界に覇たりしが、智恵を失いしがゆえに今日の屈辱を招き、今日の困難を来たした。今日の日本もまた神を知るの知識を養わざりし結果として、その他のことにおいては優秀の国なりといえども、すべてのことにおいて行きづまりつつある。国しかり、人またしかりである。人の成功はその信仰による。大成功者はすべて信仰の人である。主イエス・キリストがその最大の実例である。彼に学問なく、財産なく、あったものは神を信ずるの信仰であった。

たれかよく世に勝たん。われらをして世に勝たしむるものはわれらが信なり（ヨハネ第一書五・四）

である。もし世にほんとうの意味においてのキリスト教文明なるものがあるとすれば、それは信仰をもってする世の征服である。武力または知能をもってする征服は、浅い暫時的の征服にすぎない。

もちろん、かかる人世の見方はこの世の人にあざけらる。知恵の真価は知恵の人にのみ認めらる。

知恵は知恵の子に正しとせらる（マタイ伝一一・一九）

とイエスはいいたもうた。浅い文士や小りこうの政治家にたずねずして、深く人生を味わいし人に問うならば、彼らはいずれもソロモンのこの言の誤らざるを証するであろう。「知恵は第一なり。何を得ずとも知恵を得よ。すべてなんじの得たるものをささげても知恵を得よ」と。マタイ伝十三章四十四節以下におけるイエスの言がソロモンのこの言の最善の注解である。

天国は畑に隠れたる宝のごとし。人、見出ださば、これを隠し、喜び帰り、そのもちものをことごとく売りてその畑を買うなり。天国はまたよき真珠を求めんとする商人のごとし。一の値高き真珠を見出ださば、そのもちものをことごとく売りてこれを買うなり。

知恵は何ゆえにかほどに尊きか。そは人生の実験によりて知らる。

知恵を捨つるなかれ、彼女はなんじを守らん。
彼女を愛せよ、彼女はなんじをたもたん。
彼女を尊べ、彼女はなんじを高くあげん。
もし彼女をいだかば、彼女はなんじを栄えしめん。
彼女はうるわしき花の冠をなんじのこうべに置かん。
栄えの冠をなんじに与えん。（六—九）

ことばは至って平凡であるようであるが、その意味は深長である。すなわちその意味は、この世の安全または成功をもって尽きない。事は永遠にかかわる問題である。知恵を単に知恵として解せず、人生の実験より得たる有効的知識として取らずして、最高の知恵すなわちイエス・キリストにありて神を知るの生けるまことの知識と解して、天上天下これにまさりて貴きものはない。その意味において知恵第一である。諸君は何を捨ててもこれを得んと欲するか。これは商売のひま、または勉強の間に得んと欲して得らるるものでない。すべての代価を払うて求むべきものである。（一九二四年十一月「聖書之研究」）

心の防衛

箴言四章二三節

すべての守るべきものよりまさりてなんじの心を守れ。そは命の流れこれより出づればなり（四・二三）

人生は戦争であって、なかば攻撃であってなかば防衛である。攻防の二術に長ぜずして勝利は得られない。ここは防衛について語るのである。

守るべきものは種々ある。健康も守らざるべからず、知力も守らざるべからず、貞操も守らざるべからず、人によっては財産も地位も門閥も守らざるべからず。油断大敵である。

なんじが持つところのものを堅くたもちて、なんじの冠を人に奪わるることなかれ（黙示録三・一一）と主はわれら何びとにも告げたもう。

神が賜いしものは何ものをも奪われてはならない。しかもその内に最も大切に守るべきものは心である。これを奪われて全部を奪わるるのである。心は人の本営である。作戦計画はすべてここに講ぜらる。敵に本営を犯さるるがごとく、本営がやぶれて全軍が滅びたのである。

事は平凡の真理であるように見える。しかし平凡であって大事である。しかして国民の歴史において桶狭間はめったにないことであるが、個人の生涯においては最も普通にあることである。心を敵に奪わるること、この災難に会わない人はいずこにあるか。わが心を死に至るまでわがものとしてたもつ人、これを他人に与えざるのみならず、悪念をしてこれをけがさざらしむる人、その人は偉人である。聖人である。しかもその人のみが独立の人、人たる資格を有する人である。

天才にして利欲にその心を奪われたる人、英雄にして色慾の奴隷となれる人、または名誉にその一身を滅ぼせる人、……英雄、天才はすくなからずといえども、心を守り通す人は最もすくない。ネルソン将軍の勇気、胆力をもってするも、一婦人にその心を奪われて、トラファルガーの大勝は彼女のけがすところとなった。心を守るは最も大切である。しかして最も難くある。箴言十六章三十二節にいえるがごとしである。「おのれの心を治むるものは城を攻め取るものにまさる」と。

さらばいかにしておのが心を守らんかというに、まず第一に罪に近づかざることである。罪は伝染的である、これに近づきて悪感化を受けざるはない。「罪に近づくも可なり。これにおちいらざれば足る」とは偽りの教えである。ソロモンはいう、

よこしまなるものの道に入ることなかれ。悪しきものの道を歩むなかれ。これを避けよ。過ぐることなかれ。離れて去れ（箴言四・一四—一五）

と。悪を知るの必要はない。しかり、悪を知るは危険である。社会研究と称して悪事の研究に従事して、自身悪しきものとなったためしははなはだ多い。この点から見て、演劇、ダンス等には近寄らざるが安全である。劇場が紳士淑女の避くべき所なるは、改心せる俳優のしばしば告白せるところである。禁酒、禁煙の利益もここにある。悪事の媒介者なる酒を絶ちて、悪そのものを避くるのである。低級文学に目を触れざることもまた一大要件

である。これは読んで益なきもの、知る必要なき知識の供給物である。今日の雑誌と新聞紙の多数は人類日々の罪悪史として見てさしつかえない。彼らは人心の腐敗を歎じながら、腐敗促進の大機関である。

悪を避けて善と親しむ、それが第二の道である。善き人があり、善き仲間があり、善き文学がある。必ずしもキリスト教にかぎらない、キリスト教以外にも多くの善き人と善きものとがある。このことに関し、ピリピ書四章八節におけるパウロのすすめに注意すべきである。

兄弟よ、われこれをいわん。およそまことなること、およそうやまうべきこと、およそ正しきこと、およそ愛すべきこと、およそ善き聞こえあること、すべていかなる徳、いかなるほまれにても、なんじらこれを思うべし

と。ギリシャの哲人ソクラテス伝を読みて、いかに熱心なるクリスチャンといえども、多く教えらるるところなきあたわずである。

しかしながら、心は単に悪を避け善と親しむだけで守られ得るものでない。善き感化だけで心は清浄なることはできない。心は内に聖きものを迎えて聖くなることができる。聖人の書を読むだけでは足りない。自身聖人とならねばならぬ。そして神にわが心にやどっていただいてのみ、われはまことの聖人になることができる。ここにおいてか、聖書にいうところの聖霊降臨の必要があるのである。神ご自身にわが心を守っていただくのである。さればわれは安全である。しかして神はこのことを、すべて彼を信ずるものに約束したもうた。

イエス答えていいたまいけるは、もし人、われを愛せば、わがことばを守らん。かつわが父はこれを愛せん。われら来たって彼と共に住むべし（ヨハネ伝一四・二三）

と。三位の神がわが心に臨在してくださるという。かくてわが心の安全は保証さるるのである。しかして彼来たりたもう時にわが過去の罪までが洗われ、われは新たに造られて、彼が全きがごとく全くなることができるのである。「なんじの罪は緋のごとく赤くとも、雪のごとく白くなり、くれないのごとく赤くとも羊の毛のごとくならん」（イザヤ書一・一八）との預言者の言が、罪にけがれしわが内において実現するのである。

「そは命の流れはこれより出づればなり」と。人の一

生はつまるところ、その心のごとくになるのである。その運命は心のいかんによって定まる。

（一九二四年十二月「聖書之研究」）

身の清潔

箴言五章一―二三節

娼妓、あそびめ、
娼妓のくちびるは蜜をしたたらし、その口は油よりもなめらかなり。されどその終わりは茵蔯（いんちん）のごとくににがく、もろ刃の剣のごとくにするどし（五・三―四）

と。人類あって以来、娼妓のなかった時はなく、なかった所はない。西洋にある、東洋にある、米国にある、日本にある。娼妓をもってけがされざる国とては天が下に一カ国もない。ことに伊勢の山田、または京都の島原（東本願寺のとなり）等、神聖たるべき地にこれあるを見て、社会はその根底までこれをもって毒されていることがわかる。いう、エバがアダムとともに罪を犯してエデンの園を追われし時に娼妓は始まったのであると。あるいはしからん。人が神より離るる時にその情性がけがれて、堕落男女となるのである。たぶんキリストの再臨によりてこの世が化してキリストの国になるまで、娼妓はこの世より絶えぬであろう。

そして男子が娼妓にその身をけがす時に、彼は身とともに霊魂をけがすのである。パウロはいうた、

人のすべておこなう罪は身の外にあり。されど淫をおこなうものはおのが身を犯すなり（コリント前書六・一八）

と。すなわち身をその中心すなわち霊魂において犯すのである。罪はいずれも恐るべしといえども、娼妓によって犯す罪、すなわち姦淫ほど恐るべき罪はない。これは単に放蕩または道楽として看過すべきものでない。重大なる罪である。これによって生命の根本が毒さるるのである。単に人類の健康状態より考うるも、淫行は疾病十分の九の原因である。直接に花柳病として現わるるものにとどまらず、それが原因となりて種々雑多の疾病に現わるるは人のよく知るところである。世に娼妓が絶ゆる時に病の十分の九は絶ゆるのである。まことに梅毒によ

って滅びた国家はあまたある。ハワイのごときはそのもっとも悲しむべき実例である。今より百五十年前に、カピテン・クックが初めてこれを発見せし時には、ハワイ群島は強健なる土人四十万を有する幸福なる国であった。しかるに彼の探検隊がのこせし病毒が原因をなして、百年を経ざるに島民の健康状態はいちじるしく悪化し、死亡率は激増し、ついに国として独立を維持するあたわずして今日見るがごとくに米国の領土となったのである。ハワイ国に宣教師をおくりてその教化を計りし前に、キリスト教国は酒と梅毒とを送りてこの太平洋の楽園を化して娼妓、悪徒の国となしたのである。同じことがシベリヤにおけるロシヤ人によっておこなわれたのである。ロシヤ人の感化によって、強健なるシベリヤ民族にして絶滅せしものすくなからずとのことである。シベリヤ土人はキリスト教を称してロシヤ人の宗教といい、ヴォドカ（焼酎の一種）を称してロシヤ人の酒といい、梅毒を称してロシヤ人の病というとのことである。ロシヤ人の宗教とロシヤ人の病。矛盾か、皮肉か、まことに戦慄すべきは淫行の害毒である。

事実かくのごとくであれば、人は何びとも淫行を避けねばならぬ。男子は娼妓に近づいてはならぬ。その家の門に近づくことなかれ。「なんじの道を彼女より遠く離れしめよ。その家の門に近づくことなかれ。おそらくは……」とあるは適当の訓戒である。パウロはこれをくりかえしていうた、「なんじら淫を避けよ」と。すなわち淫行はこれを避けよ、これに近づくなかれとの教訓である。娼妓は危険物である。これに近づいて危険をおかすなかれとのことである、これに近よるも可なり、接すべからずとか、あるいはこれに接するも可なり、これにおぼるべからずというがごときは、人生のこの危険におちいらざる道でない。社会研究と称して遊里に入るは死に近づくのである。そして入って、身と霊魂を滅ぼせし人は無数である。また社会の暗黒面を知るの必要はすこしもない。世に吉原通なるものありといえども、その人は決して人生を解するものでない。人生は神の光明に接してわかる。世の罪悪に接してすこしもわからない。みずから罪悪のちまたに入って罪悪学者となる必要はすこしもない。かかるものはたいていは罪悪の捕虜となりてその一生を終わるのである。

淫におちいらざるの道は淫を避くるにある。すなわち淫に近づかざるにある。しかしそれだけでは足りない。

身をつつしむだけでは身はきよまらない。身をきよめんと欲すれば神に身をきよめていただかねばならない。すなわち聖霊にやどっていただかねばならない。淫行は重い罪であるだけにまた強い罪である。これは人の努力だけで抵抗するははなはだ困難である。神に助けていただいて、完全にこれに勝つことができる。ここにおいてコリント前書六章十九節の意味がわかるのである。いわく

なんじらの身は、なんじらが神より受けるなんじらの内にある聖霊の宮にして、なんじらはなんじらのものにあらざることを知らざるか

と。わが身を聖霊の宮としていただいて、われは完全に淫行を避くることができるのである。小事に神の能力を拝借するように見えて、はなはだもったいなく思う人もあるならんも、事は小事にあらずして大事である。娼妓（あそびめ）の背後にサタン彼自身がはたらいていることを知って、これと戦うにあたって大能の力に頼るは決して不当でない。

淫を避くるは生を絶つのではない。神に身をきよめられて初めて家庭の幸福と子孫の繁栄とを計ることができる。邪淫流行の国に人口は減少し、男女関係清潔の国に民は増殖す。身の清潔は、人生の幸福をそのすべての方面において楽しむために必要である。つつしむべきは愛の濫費である。

（一九二四年十二月「聖書之研究」）

保証の危険

箴言六章一—五節

わが子よ、なんじもし朋友のために保証をなし、他人のためになんじの手を打たば、なんじはそのことばによりてわなにかかり、その口のことばによりて捕えらるるなり（六・一—二）

と。またいう、

他人のために保証をなすものは苦しみを受け、保証をきらうものは平安なり（一一・一五）

と。すなわち「保証は容易になすべからず」とのことである。保証をなすは危険である。これがために身と身代（しんだい）とを滅ぼせしもの、あげて数うべからず。しかるに事実いかにと問うに、たいていの人はたやすく保

証するのである。他人の金銭借用証書に裏書きするのである。これに捺印して連帯責任を誓うのである。しかして彼らはこれをなして、人を助け義俠の精神をあらわすのであると思う。しかしながら保証するは易くして責任を満たすは難くある。しかして責任に当たらねばならぬ場合に遭遇して恥を取り、時には身を滅ぼすのである。ゆえに知者は容易に保証しない。紹介書をすら容易に書かない。自分にその責任に当たるための充分の用意あるを認めざる以上は、保証はいかなる場合においてもなさないのである。

　これは人に対し不親切であるようなれども決してそうではない。人は何びとも、他人の保障を受けざればなすあたわざることはこれをなさざるを可とす。彼は何事も自分の信用によってなすべきである。他人の信用を借りてなすべきでない。朋友のために保証するは、わが信用をもって彼の信用をおぎなわんとするのであって、これは彼の独立を弱くし、成功をあやうくするの道である。そしてたいていの場合において、保証はこの悪結果に終わるのである。

　キリスト信者としてわれらが保証をこばむ理由は他にある。すなわちわれらはわれらの未来を知らないからである。われらは自分のことにおいてすら、明日のこと、または明年のことを誓うことはできない。まして他人のことにおいてをや。このことにつき明らかにわれらに教うるものはヤコブ書四章十三、十四節である。

> われら今日明日それがしの町に行き、かしこにて一年とどまり、売り買いして利を得んというものよ、なんじら明日のことを知らず。なんじらの命は何ぞ。しばらく現われてついに消ゆる霧なり。ゆえになんじらのいうことに代えてかくいえ。主もしゆるしたまわば、われら生きて、あるいはこのこと、あるいはかのことをなさんと

聖書のこの精神を解するものは、自己について誓わず、また他人について保証しないのである。

　保証するなかれ、されどもすでになしたる場合にはいかがすべき。行きてみずからへりくだり、ひたすら友に求め、保証を取り消してもらうべきである。それがために多少の損害は顧みるにおよばず。もし身を滅ぼさざればさいわいである（六・三―四）。

（一九二五年三月「聖書之研究」）

ありに学べ

箴言六章六―一一節

ありは勤倹とともに勤勉を教う。

なまけものよ、ありに行きてそのなすところを見て
知恵を得よ（六）

という。天然は最良の教師である。今や天然科学の進歩により、われらは天然物において、あり以外に多くの良き教師を発見した。プリンス・クロポトキンの名著『天然界における相互援助』のごとき、この種の教訓を豊富に供給するものである。

ありに学べ、はたらくべき時にはたらいておこたるなかれ。懶惰は愚である、罪である、懶惰の結果として人生は全然失敗に終わるとは、ソロモンがここに教うるところである。そして人がなまける理由を考うるに、彼は明日あるをはかって今日おこたるのである。今年なすべきことを来年にのばして、今年遊蕩の夢をむさぼるのである。しかしこれは理由なき妄想である。今日は二度来たらないのである。今年は去ってふたたび来たらないのである。年二十にしてなすべきことは二十一歳に達してなし得ないのである。これを学問のことをもって例証せんに、語学の習得のごとき、二十五歳を過ぐれば完全を期することほとんど不可能である。脳髄のいまだ固まらざる前に学ぶべきことは学ばざるべからず。すでに習得の時期を過ぎて、熟達せんと欲するもあたわずである。十代になすべきことがある、二十代になすべきことがある。三十代、四十代、五十代、六十代、すべて同じである。二十代になすべきことを三十代になすことはできない。人生は多忙である。その一年一日をもゆるがせにすることはできない。それゆえになまけてはならないのである。しかるに事実いかにと問うに、

ありは夏のうちに食を備え、とりいれの時にかてを集む

といえども、人は準備時代に準備せず、ゆえに完成時代に完成し得ないのである。夏はたらかずして秋に収穫なく、冬は空乏である。ゆえに来世復活の春は来ない。

このことについてわれらは聖書の教えを待つまでもない。古い東洋道徳がよくこのことを教える。朱文公勧学文として私が青年時代に暗誦せるものは左のごとしである。

いうなかれ、今日学ばずして来日ありと、
いうなかれ、今年学ばずして来年ありと、
日月逝きぬ、歳われと延びず、
ああ老いたり、これ、たがあやまちぞや。

そして人生のまじめさを充分に闡明するキリストの教えに接して、古いシナ人の教えの意味が一層深く味わわれるのである。懶惰の悔いは今世においては充分に感じられないであろう。主のみ前に立ちて、ゆだねられし財貨(タレント)の使用についてさばかるる時に、われらは無意味に消費せし年月のいかに身をわざわいするものなるかをさとるであろう。

(一九二五年三月「聖書之研究」)

よこしまの人

箴言六章一二―一九節

よこしまなる人、悪しき人、
彼は偽りのことばを事とす。(一二)
目をもてめくばせし、足をもて知らせ、
指をもて合図し、(一三)
心に悪をはかり、
つねに争いの種をまく。(一四)
このゆえにわざわいにわかに来たり、
たちどころに滅びて助けなし。(一五)

エホバの憎みたもうもの六つあり、
その心にきらいたもうもの七つあり。(一六)
たかぶる目、偽りをいう舌、
罪なき人の血を流す手、(一七)
悪しきはかりごとをめぐらす心、
すみやかに悪に走る足、(一八)

偽りを述べて証する人、
兄弟のうちに争いを起こすもの、
これなり。（一九）

イエスは教えていいたもうた、

善き人は心の善き倉より善きものを出し、悪しき人はその悪しき倉より悪しきものを出す。それ心に満つるより口はものいうなり（ルカ伝六・一五）

と。このことをよく教うるのが箴言のこの数節である。**「よこしまなる人」**、「よこしまの人」と読むほうがよい。原語は「ベリアルの人」とある。コリント後書六章十五節に「キリストとベリアルと何の合うところかあらん」とあるそのことばである。「ベリアルの人」とは道徳的に最下級の人である。神にのろわれたる人、救わるる希望の絶えた人である。滅びに定められたる人である。彼を一名**「悪しき人」**、あるいは「悪の人」という。その根本において悪しき人をいう。「悪そのもの」と称して可なるものである。

かかる人はあるか、またはあり得るかと問う人がある。人の性は善なりと唱うるものは、かくのごとき人のあることを否定する。また神の愛を高調する信者は「滅びに定められたる人」ありと聞いて強き反対を表する。たれがかかる人であるか、そのことはわからない。しかしかかる人のあることは確実である。われらは自分の学説または感情によって、神のお言葉を拒んではならない。

「よこしまの人、悪の人」、彼はいかなる人であるか。木はその実をもって、人はそのおこないをもって知らる。「ベリアルの人」のなすことは下のごとし。**「彼は偽りのことばを事とす」**「偽りに歩む」と意訳することができる。虚偽がその生命である。彼のことばのみならず全身が虚偽である（一）。ゆえに彼は**「目にてめくばせし、足をもて知らせ、指をもて合図し」**という。目も足も指もことごとく虚偽の器としてはたらくという。彼の全身が虚偽にて満つるがゆえに、その肢（えだ）はことごとく虚偽の機関となりてはたらく（二）。悪は彼の常性であれば、悪をたくらむが彼の心の常態である。ゆえに彼はいたる所に**「争いの種をまく」**。神の子供が平和の子であるに対してベリアルの子は争いの子である。彼のある所に争いは必ずかもさる（三）。

よこしまの人は公然とあらわに悪をおこなわない。心に悪をはかり、目と足と指とをもって、自己を隠しつつ人の平和をみだす。されども隠れたる罪があらわに罰せらるる時が来たる。わざわいはにわかに思わざる時に来たる。しかして彼はたちどころに滅びて彼を助け起こすものなし。彼の滅亡は完全である。彼は倒れてまた立たず。白蟻（しろあり）に柱の心をはまれし家のごとく、心はくされて形骸のみ残れる彼は、わざわいの一撃に会うて、ふたたび立つあたわざる程度に崩潰するのである。

かかる人ははたしてなきか。あると私は信ずる。私の生涯において私はかかる人を見た。まことにここに書いてあるとおりの人を見た。私は彼に何か善きところなきかと思い、探ってみた。しかし、何の善きところをも発見するあたわずして失望した。彼は自己の姿を隠して罪をおこなう。彼が平和の攪乱者であることを発見するまでには、長き時日と多くのつらき実験を要する。私はたびたび彼を疑うてはならないと思い、いくたびも彼を信頼して彼の誠実に接せんとした。しかしながら、全然誠実に欠乏する彼の心の門は、信頼をもってして開くことができなかった。彼はいたる所に争いの種をまいた。そして彼と絶縁してのちに平和は私の身に臨んだ。まことにふしぎである。しかし事実である。彼はベリアルの人である。サタンの占領するところとなった人である。何ゆえに彼がかかる人になりしか、私は知るに苦しむ。しかし事実はいなむべからず。ベリアルの人はベリアルの人である。

もし不幸にしてベリアルの人に遭遇せんか、これに勝つ道はただ一つある。すなわち神のさばきを待つのみである。彼は悪をおこなうにたくみにして、とうてい人の力をもってして彼を除くことはできない。

このたぐいは祈禱と断食にあらざれば出づることなし（マタイ伝一七・二一）

とイエスはいいたもうた。祈禱は信者が悪人と戦う時の唯一の武器である。そして神がわれらに代わって戦いたもう時に勝利は完全である。**「わざわいにわかに来たり、たちどころに滅びて助けなし」**である。あえてわが敵の滅びんことを祈るのではない。わが場合を神にゆだねまつり、彼のさばきを待つのである。

第十六節以下十九節までに、神のきらいたもうものが列挙してある。**「六つあり、七つあり」**という。かずかずあり、そのうち最もきらいたもうものは最後のものなりとの意である。たかぶる目、偽りをいう舌等、いずれもきらいたもうといえども、エホバが特にきらいたもうは「**兄弟のうちに争いを起こすもの**」である。神がきらいたもうものにしてこれにまさるものはない。山上の垂訓にいう、

やわらぎを求むるものはさいわいなり、その人は神の子ととなえらるべければなり（マタイ伝五・九）

と。ベリアルの人は神の子と正反対である。彼はやわらぎを憎んで争いを愛す。彼のある所に、友人は離反し兄弟は散乱す。彼が喜ぶことにして、人の平和のこぼたるるがごときことはない。親密なる夫婦の仲をさくを最上の楽しみとする近代婦人ありと聞いた。ゆえにわれらは祈らざるを得ない。世にベリアルの男女ある理由は慥かにわれらに祈りを教えんがためであるに相違ない。ゆえにわれらは恐るるに足りない。

われらが戦いの器は肉に属するものにあらず。要塞を破るほど神によりて力あり（コリント後書一〇・四）

とあるがごとし。ベリアルの人といえどもクリスチャンの祈禱には敵することはできないのである。

ベリアルの人、根本的悪人、生まれながらの悪人とも称すべき人、もしかかる人ありてわれらを苦しめんか、われらは悪をもって悪に抗せず、善をもって悪に勝たんとする。すなわち祈禱をもってこれに応戦する。そして彼が悔いて神にかえり、われと和する場合がある。その時のわが喜びはたとうるにものなしである。されども彼もし悔いずして反抗をつづけんか、彼は「**わざわいにわかに来たり、たちどころに滅びて助けなし**」である。「にわかに」とあるは、「不意に」との意である。彼が思わざる時に、彼が勝利を誇りつつある時に、彼がわれを無きにひとしきものと見なし、その軽侮、凌辱をつづけつつある時に、滅亡彼に至り、彼は倒れてわれは助かるのである。かくて無抵抗主義と称してはなはだ意気地なく見ゆるといえども、実はこれにまさりて完全なる勝利の道はないのである。人にこの忍耐と戦いの武器なくして、彼はクリスチャンでない。祈る、祈る、祈る、祈って神がわれに代ってわれを苦しむるものをさばきたもうを待つ。

神は昼夜祈るところの選びたるものを、久しく忍ぶともついに救わざらんや。われなんじらに告げん、

神はすみやかに（にわかに、不意に）彼らを救いたまわん（ルカ伝一八・七―八）

と、イエスはかかる場合においてある信者をなぐさめていいたもうた。まことにありがたいことである。神は生きていましてそのさばきをおこないたもう。この世においても勧善懲悪は確実におこなわる。義人はすこしも失望するにおよばない。

（一九二五年三月「聖書之研究」）

姦淫の世

箴言七章一―二七節

箴言は娼妓について語るところが多くある。第五章全部がそれである。第六章の後半部がそれである。さらにまた第七章全部がそれである。くどくどしきほどに細密にわたり、今日の紳士淑女の前に読むをはばかる個所なきにあらずである。娼妓は単に公娼にとどまらず、すべて淫婦をさしていうなるがごとし。彼らは文字どおりにあそびめである。人生を遊楽視する女である。厳粛味に全く欠けたる女である。いわゆる一生をおもしろおかしく送らんと欲する女である。そしてかかる女が、いずれの時代にも、またいずれの国にもあるは事実である。彼らによって家は倒れ、国は滅び、戦争は起こる。言あり、いわく、もし「クレオパトラ女王の鼻にしてすこしく低くあったならば、世界の歴史は全然ちがったであろう」と。そしてクレオパトラはエジプト国を支配せし女王であったが、実は娼妓であったのである。もし新田義貞を誘うに勾当内侍がなかったならば、わが国の王政復古は今より五百年前におこなわれたであろう。そして彼女にまた娼妓性のあったことを疑うことができない。しかして箴言の著者なりとして伝えらるるソロモン彼自身が同一の誘惑におちいりて、ダビデ王国滅亡の因を作った。人生における娼妓の害毒はわれらが想像するよりもはるかに甚大である。彼女によって流されし涙の量ははかり知ることができない。聖書が娼妓について多く語るは理由なきにあらずである。

私はことにわが国における娼妓の害毒のはなはだしきを思わざるを得ない。日本を称して東海の美姫国という は決して名誉の名称でない。日本人が世界に雄飛するあたわざるおもなる理由は確かにここにあると思う。第一に、日本が娼妓の供給国であることは恥ずべきのきわみである。南はシンガポールより北はニコリスクに至るまで、日本の娼妓のおらざる所はない。娼妓は日本の有利なる輸出品の一つである。国家の不名誉この上なしである。第二に、娼妓は日本人の活力を消靡すること非常である。

淫婦は人の貴き生命を求むるなり（六・二六）

とあるが、そのとおりである。何十万人という公娼、私娼が、血吸いこうもりのごとくにわが国民の貴き生き血を吸いつつある。娼妓によってその貴き天才をこぼたれし日本人の数はあげて数うべからずである。日本国の富はその土地においてあるのではない。その人民においてあるのである。そして天賦の才能においてすぐれたる日本人を、その生命の根本において害するものは、日本国の基礎をこぼつものである。

そは彼女は多くの人を傷つけて倒せり。彼女に殺されたるものぞ多かる（七・二六）

である。事は単に品行問題でない。国家の存亡問題である。日本人がキリストの福音を受けて、これによってその淫風を一掃するまでは、強健有力なる民となることはできない。

さらに考うべきは、神を離れたるこの世が大なる遊里であって、娼妓がこの世の精神の表現であることである。イエスはこの世を呼んで「よこしまにして不義なる代」（マタイ伝一二・三九改訳）といいたもうた。「不義なる」は「姦淫する」である。この世は姦淫する世である。すなわち淫婦であるとのことである。このことをくわしく述べたものがヨハネ黙示録第十七章である。

七つの鉢を持てる七人の天使の一人、来たりてわれに語りていいけるは、来たれ、われなんじに多くの水の上に坐する大淫婦のさばきを示さん。地の王たちこれと淫をおこない、地に住めるもの、その淫乱の酒に酔いたり。われ、み霊に感じ、携えられて野に行き、赤色の獣に乗る女を見たり。……この女、紫と赤の衣をまとい、金と宝石と真珠をもて身を飾り、手に憎むべきもの、およびおのが姦淫のけがれを盛れる金のさかずきを持ち、そのひたいに名をしるせり。いわく「奥義、大いなるバビロン、淫婦と地の憎むべきものの母」と。われこの女の、聖徒の血に酔い、イエスの証をなししものどもの血に酔いたるを見たり。われこの女を見て大いにおどろきあやしめり……(黙示録一七・一―六)

以上「淫婦」とあるは「娼妓」である。この世全体が大なる娼妓である。彼女は箴言第七章に示すがごとき姿と飾りとことばとをもって聖徒を誘う。ひとたび彼女の毒手にかかれば、彼女とともに滅びに終わる。

その家は陰府(よみ)の道にして死の室に下り行く(七・二七)

とあるがごとし。

この世は大淫婦である。これに対してキリストはきよき花婿である。彼は淫婦を妻として迎うることはできない。ここにおいてか、彼女をきよめ、彼に適したる花嫁となすの必要がある。そしてかくきよめられしものがエクレジヤすなわち教会である。この世にありてこの世に属せざるもの、その姦淫のけがれをぬぐわれたるものである。クリスチャンはエリコの娼妓ラハブのごときものである。この世にそむいて神の民とくみして、そのきよめにあずかりしものである。

淫婦に対し、貞淑なる花嫁がある。キリスト信者とキリスト教会とはそれでなくてはならない。

小羊の婚姻の時すでに至り、その嫁すでにみずから備えをなし終われり。嫁はきよくして光ある細き布を着ることをゆるさる。この細き布は聖徒の義なり(黙示録一九・七―八)

とある。この世は娼家、エクレジヤはクリスチャンホーム、ゆえにいう、

この世にならうなかれ。なんじら、神の全かつ善にして喜ぶべきむねを知らんがために、心をかえて新たにせよ(ロマ書一二・二)

と。

(一九二五年三月「聖書之研究」)

知恵は語る

箴言八章一—一一節

この世は不義の世すなわち姦淫の世である。これを大なる遊廓と見てさしつかえない。そして娼妓はその精神の代表者である。遊廓にひとしきこの世にありては万事が秘密におこなわる。その市民はすべて暗黒を愛す。彼らはつねに「たそがれに宵に夜中に暗やみにある」（箴言七・九）をこのむ。彼らがこのんで語ることはすべて内証ごとである。

> 夫は家にあらず。遠く旅立ちして手に金ぶくろを取れり。満月ならでは家に帰らじ（七・一九）

と。パウロのいわゆる「恥ずべき隠れたること」である。しかもこの世の人たちの語ることは多くはこれである。すなわち恥ずべき、公明をはばかることがらである。必ずしも妓楼または待合茶屋にかぎらない。政党、会社、時には教会においてさえ、議せらるることは多くは隠密に属することとである。「家内の隠密」と称して、この世の人たちには隠密ならざる所に幸福はないのである。

知恵はしからずである。神の知恵は隠密をきらう。彼女はひばりのごとくに光明を愛する。娼妓は不義のこの世の代表者であって、ホクマすなわち知恵は神の国の代表者である。同じく女性であるが、二者の間に雲泥の相違がある。娼妓が

> 家の窓により、格子窓よりのぞきて、一人の知恵なきものを誘う（七・六—七）

に対して、知恵は公然ちまたに立ちて叫ぶ。

> 知恵は呼ばわらざるか、
> 悟りは声を出ださざるか。（一）
> 彼女は道のかたわらの高き所に、
> ちまたの中に立ちて叫ぶ。（二）
> 町の入口に、その門のかたわらに、
> 門の入口に立ちて、声高く呼ばわる。（三）

娼妓はうすぐらき室の内になまめきたることばをささやき、知恵は市民集合の場所たる町の門に高き声を揚ぐ。「女らしくない」というであろうか。彼女はあまり

に清くして秘すべきことがないのである。これは「おてんば」ではない。玲瓏玉のごとき心の状態である。おのが芸術にたのむ声楽者が公衆の前に歌うをこのむがごとく、おのが清浄を疑わざる知恵ホクマは公然人の前に立ちて大義を唱えて喜ぶのである。

娼妓は愚かなるものを一人一人にあしらうに対して、知恵は万人を相手に語る。

人々よ、われなんじを呼ぶ、
わが声を揚げて人の子らを呼ぶ。(四)
つたなきものよ、なんじら悟りを学べ、
愚かなるものよ、なんじら知恵を得よ。(五)

知恵の喜ぶものは真理と公義とである。ゆえに彼女はこれを万人に伝えんと欲する。彼女は万人に訴え、万人を教え、万人を導かんと欲する。かくするは、彼女が傲慢であるからでない。彼女が普遍的真理をいだくからである。ことさらに大衆を求むるからでない。万人の通有性に訴えんと欲するからである。全人類と幸福をともにせんとするが知恵の特有性である。

知恵の道は公明である。世界的、人類的である。ゆえに彼女に確信がある。人はおのれのために求むる時に疑い、世のために求むる時にためらわない。彼女はおのが主張を公表していう。

なんじら聞け、われは善きことを語り、
わがくちびるは正しきことを述ぶればなり。(六)
わが口は真実を伝え、
わがくちびるは悪しきことを憎めばなり。(七)
わが口のことばはことごとく正し、
その内に偽りとよこしまとあるなし。(八)
これはみな、さときものにはまこととせられ、
知識を得るものには正しとせらる。(九)

わがことばに誤りなし。しかしてこれを証明するものは知者と識者となりという。

知恵は知恵の子に正しとせらる(マタイ伝一一・一九)とあるはこのことである。たかぶりのことばのごとくに聞こえてしからざる理由はここにある。真理は自証者で

ある。真理を証明するものは真理そのものである。知恵すなわち人生の実際的真理を証明するものは、これを実験的に獲得したるものである。知恵は福音の真理である。これは公明にして正大、万人の良心に訴うべきもの、これを伝うる時に、わが口のことばはことごとく正しく、その内によこしまと偽りとあるなし。しかしてその真理たるを証明するものはこの世の世論ではない。大学者もまたその鑑定を誤る場合ははなはだ多し。知恵を正しとするものは知恵の子である。十字架の福音を神の真理として認むるものは、福音の子すなわち信者である。ヘロデ王の配下に立てる神学者らに認められざりし嬰児イエスが、老いたるアンナとシメオンとによって迎えられしと同然である。

さらにまた、知恵は金銀を排して自己を提供す。

なんじら教えを受けよ、銀を受くるなかれ。
精金よりもむしろ知識を得よ。（一〇）
それ知恵は真珠にまさり、
すべての宝もこれにくらぶるに足らず。（一一）

今や知恵といい知識といえば金銀を得るためのものである。されど真の知識は金銀以上である。

（一九二五年五月「聖書之研究」）

知恵の前在ならびに人格性

箴言八章二二—三一節

エホバ、いにしえ、そのみわざを始めたまわざりしさきに、
そのみしごとの初めとしてわれを造りたまえり。
はじめより、地のあらざりしさきより、
永遠より、われは立てられたり。
いまだ海あらざりし時に、
いまだ大いなる水の泉あらざりし時、われすでに生まれたり。
山いまだ定められざりしさきに、
丘いまだあらざりしさきに、われすでに生まれたり。

これは、神いまだ地をも野をも、
地のちりの根元をも造りたまわざりしさきなり。

彼、天を造りたまいし時、
海のおもてに大空を張りたまいし時、
彼、上に空を固く定めたまいし時、
淵の泉を堅めたまいし時、
海にその限界を立てたまいし時、
地の基を定めたまいし時、
われはそのかたわらにありて創造者となり、
日々に喜び、つねにその前に楽しめり。
その地にて楽しめり、
また世の人を喜べり。(八・二二—三一)

以上は決して完全なる翻訳ではない。しかし大体の意味を通じてまちがいないと思う。いう心は、知恵は人(ペルソン)として万人よりもさきに造られ、地いまだあらざりし時、地のちりの根元(元素?)さえも造られざりし時にすでに生まれたりとのことである。しかり、地はもちろんのこと、天さえもいまだ成らざりし時に、知恵は神のかたわらにありてその造化のみわざに携わり、子がその父のかたわらにありて遊び楽しむがごとくに、彼が造りたまいし地を楽しみ、その上に置かれし人を喜べりとのことである。

箴言のこのことばの示すところのものは、第一に知恵の前在である。第二にその人格性である。その第一についていわんに、さきに知恵があって万物が成ったのであって、万物があってその内から知恵が現われたのでない。すなわち知恵は進化の原因であってその結果でない。われらが三章十九節において読んだとおりである。

エホバ知恵をもて地を定め、
悟りをもて天をすえたまえり。

と。そして、これがまことの哲学であらねばならぬ、宇宙はいかに見ても偶然にできたものでない。これは、ある計画の上に確乎たる目的をもって成ったものである。そして知恵がその基礎的計画である。宇宙は神の善きみ心を成就せんがために成ったものである。そのことは単一のことを見ただけではわからない。しかし宇宙全体ならびにその成り行きの方向を見ればわかる。むかしの人がこれをコズモスと称したのはそのゆえである。これは整体である。完備せる全体である。混沌に始まって完全に終わるもの、部分的には不完全なるも全体的には完全なるものである。あたかも美術家が美術品を作るがごとくである。彼は確乎たる意匠を握らずして製作に取りかからない。されどもあるうるわしき理想にかられて、カンバスまたは大理石に対するや、彼は万難を排してその理想を実現する。ラファエルまたはミケル・アンゼローは神の小なる模型にすぎない。されども彼らの創作は神の創造を代表して誤らないのである。作家あり理想ありて作品があるのである。神あり知恵ありて宇宙があるのである。しかるに作品を見て作家とその理想とを賞讃する人は、宇宙を見て神とその知恵とを讃美しないのである。のみならず、宇宙は偶然の作であって知恵は宇宙の産であるという。背理もまたはなはだしからずや。人の宇宙観いかんはその人にとり小問題ではない。これによって彼の品性ならびに一生の方針が定まるのである。そして古き箴言の宇宙観は、近代人多数のそれにまさり、はるかに健全で深遠である。ことわざにいわく「神を信ぜざる天文学者は狂人なり」と。ひとり天文学者にとどまらず、生物学者、哲学者、文学者、法学者、すべてしかりである。宇宙と人生とに神の知恵を探るのが、すべての学問の目的であらねばならぬ。

第二に学ぶべきは知恵の人格性（ペルソナリチー）である。知恵は神が万物を造りしさきに生みたまいしものであって、彼は彼（神）のかたわらにありて創造者となれりという。すなわち神の場合において、知恵は作家の場合における理想たるにとどまらずして、造化の相談相手また共働者であったというのである。ことばは単に比喩（アレゴリー）として見ることができない。その内に深い真理がある。有名なるヨハネ伝発端の言にいわく、

> 初めにことばあり。ことばは神と共にあり。ことばはすなわち神なり。このことばは初めに神と共にありき。万物これによりて造らる。造られたるものに一つとしてこれによらで造られしはなし

箴言の「知恵」はヨハネ伝の「ことば」である。そしてことばはイエス・キリストであったという。おどろくべきことばである。されども使徒らは冷静にこのことを唱えてはばからなかった。神の知恵は人、その人はナザレのイエスと。遠大なる真理である。

（一九二五年五月「聖書之研究」）

ユダの理想婦人

箴言三一章一〇―三一節

婦人問題は小問題に似て、実は小問題でない。ひいて男子問題となり、人類問題、世界問題となる。近来婦人問題の論議さかんなるは偶然ではない。さらば聖書は婦人をいかに見るか、これ大いに研究の必要がある。ことにキリスト教の婦人観をもってアメリカの婦人観と混同さるる今日においては、この区別を明白にするはたいせつである。アメリカの婦人観はキリスト教の婦人観ではない。われらは聖書によりてのみキリスト教の婦人観を知るのである。

聖書の婦人に関する記事は一括されていない。全部にわたりて存する。これ研究に不便なるがごとくして、実は大いに研究を刺激するのである。まず旧約について見るも、婦人を取り扱える記事すこぶる多きにおどろく。シナにおいては女子と小人は養いがたしというも、聖書は婦人を尊み、神の前には男女全く平等なりとしている。これキリスト教が他の宗教と異なる点である。たとえば、アブラハムの妻サラはイスラエル人の理想婦人である。モーセの姉妹のミリアムもまたしかり。その他、士師記には女預言者デボラの伝あり、サムエル書には賢母ハンナの事蹟あり、従順貞淑のルツ、異邦人にして篤信のラハブ、列王紀下第二十二章の女預言者ホルダ、ネヘミヤ記第六章第十四節の女預言者ノアデヤ、新約に見ゆるアンナ、使徒行伝にあるピリピの家にて預言する四人の女ら、みな有数の婦人である。ことに注意すべきは、旧約聖書三十九巻中、二巻は婦人の伝記なることである。すなわちルツ記は従順なる女の模範を示し、エステル書は女愛国者の伝である。かのユダのプリムの祭はエステルを記念する盛儀である。かく観じ来たれば、ユダヤ人にとりては婦人の地位にまことに尊いものがある。あるいは母として、あるいは預言者として、あるいは娘として、それぞれ重大なる地位を占めている。

箴言第三十一章第十節―第三十一節はユダの理想婦人をえがけるものである。しかして聖母マリヤも、ヨハネ、ヤコブの母サロメも、洗礼のヨハネの母エリザベツも、みなこの箴言によりて育てられたのである。

たれか賢き女を見い出だすことを得ん。その価は真珠より貴し。その夫の心は彼女をたのみ、彼の産業は乏しくならじ。彼女がながらうあいだはその夫に善きことをなし、悪しきことをなさず。彼女は羊の毛を求め、喜びて手ずから働く（三一・一〇―一三）

「真珠」とあるは、ルビーあるいはさんごなりという人がある。いずれにもせよ、最も美しき宝石よりも尊しというのである。かつ注意すべきは、ここに彼女が教育を要したということは毫もしるされていない。ユダの理想婦人は母または妻であって、いわゆる老嬢（オールドミス）は例外であったことは確かである。

彼女は夜の明けぬさきに起き、その家人にかてを与う。彼女はその手に糸ぐるまを取り、その指につむを握る（一五―一九）

彼女は現代の教育ありわがままなる婦人のごとく朝寝をしなかったのである。勤勉にして、努めてやまなかったのである。もとより今日においては糸ぐるまを取るを要しない。つむを握ることはできない。しかしながら、ユダの理想のごとく、勤勉は現代婦人の理想でなければならない。かつ第十九節は、ユダの婦人が単に消極的に家事を治むるのみならず、積極的にみずから進んで、その手にて織りし物を売って家のためにしたと示している。かくのごとくして、物を売るは毫も彼女の恥とせざるところであった。日本の家庭における奥様が、ただ坐して命令のみするとは非常なる差異である。これユダヤ人のかせぎてもうける偉大なる半面を伝うるものである。

彼女は家のもののために雪を恐れず。そはその家人みなくれないの衣を着ればなり（二一）

くれないの衣とは、ゆたかなる衣服の意である。勤勉にしてつねに心を生活に用うるがゆえに、雪来たるも、こごえる恐れはないのである。また

彼女はあきうどの舟のごとし。遠き国よりそのかてをはこぶ（一四）

と。ある注釈家は、ユダの婦人は外国より輸入せる物を家庭にて用うといえるが、こはあまりに散文的なる解釈である。むしろ遠きおもんぱかりによりてよく非常の時に備うるの意に解すべきである。あたかも日本における山内一豊の妻にたとうべきである。

田畑をはかりてこれを買い、その手のはたらきをもてぶどう園を植う（一六）

と。これ婦人の仕事として手にあまるもののごとく思われる。しかし主婦にこの心がけがなければいつまでも借家住まいをまぬかれない。またわれらは実際二十余年も辛苦して金を貯蓄し、夫のために借金全部を返済したる賢き妻の例をも知っている。

以上述べたるところはユダの理想婦人の一面である。しかしてこれ決して小事でない。何となれば、信仰の独立のうらにはつねに家計の独立がともなうからである。しかしながら、われらはさらに一歩を進めて考えなければならない。

> 彼女はその手を貧しきものに伸べ、その手を苦しめるものに伸ぶ（二〇）

と。一方に蓄え他方に与う。これつねに相ともなうを要する。また実際、真に同情に富める人は勤勉の人に多いのである。人生においてなまけるものほど慈善に冷淡なるものはない。勤勉なる人はほどこしをこのむ。怠惰と不人情、勤勉と憐憫とは実に手を携えて行く。この対照中に、霊的、道徳的の深き意味がふくまれているのである。カーライルが後年家庭を持った時に、貧しきものに一シルリングの銀貨を施与した学生時代を追想して、「余は今一度この楽しみを味わいたい。しかしながら、今や余の妻が余の代わりに貧者に物を与えてくれる。まことにありがたいことである」と、その妻の同情に富めるをよろこんだ佳話がある。かくのごとき婦人こそ理想的の女である。

> 力と尊きとは彼女の衣なり。彼女は後の日を笑う。彼女は口をひらきて知恵を述ぶ。彼女の舌にいつくしみの教えあり（二五―二六）

女のよく気のつくところは衣服である。ゆえに衣にたとえて婦人の徳をほめたのである。才能と尊厳（マヂェスチー）とを兼備する女性はおのずから人の尊敬を受くるものである。かくのごとき婦人がわれらの前に立って口を開きたりとせよ。彼女の述ぶるところは神学にあらず、哲学にあらず、真の知恵である。理窟にあらず、議論にあらず、いつくしみの言葉である。

さて最後にはユダの理想婦人の教育問題である。かかる美しき性質をいかにして養い得べきかの問題である。

> つややかは偽りなり。うるわしきは息のごとし。ただエホバをおそるる女はほめらるべし（三〇）

と。理想婦人養成の祕訣はエホバを知ること、これである。これ聖書の明白に示すところである。教育とは、中にあるものを引き出すことである。しかしながら、何がよき性質を引き出し得るや。エホバを知ることをおいて他にないのである。現代人は教育をやかましくいう。しかしていわく「神を信ずるは可なり。されども知恵はほかより得よ」と。聖書はいう、「エホバをおそるるは知恵の始めなり」と。この点において、エホバは他のすべての神と異なる。エホバは知識である。この知識は他の学問が与うるところの知識よりも根本的のものである。この知識は現代の教育の欠陥をことごとく充たすものである。大学教育は多くの害を教うる。しかしながらエホバを知るの知恵は善き実をのみ結ぶのである。ゆえに青年男女に必要なるはまずエホバを知ることである。

余は女子教育を廃せよと論ずるものでない。しかしながら植物学、文学、哲学がエホバを知るの知識に代わる力あるものとは信じない。ユダの理想婦人たるマリヤは貧しき普通の女であった。しかし現代の教育ある婦人のいかなるものよりも知恵に富み識見にまさっていた。ゆえにここに二人の子女ありて、一方は女子大学に学んでエホバを知らず、他方は小学教育を受けしにとどまるもエホバを知りたりとせよ、彼らは三十年後に至りてどうなるであろうか。単に知識、学問の点より見ても、後者がはるかに前者をしのぐは明白である。何となれば、エホバを知るものは自発的にその知識をみがく道を見出だし得るからである。

かくのごとき婦人を母として、その子たちは彼女を尊敬せざるを得ない。これを妻として、その夫は彼女を愛せざるを得ない。ゆえに

彼女の子らは立ちて彼女を祝す。その夫は彼女をほめていう、『世に賢き女多し。されどもなんじは彼らすべてにまさる』と（二八—二九）

最後に

そのわざのゆえをもて彼女を町の門にほめよ（三一）

と。これギリシャ哲学の婦人観といちじるしく異なる点である。ギリシャの哲学者はいう、「女子にはすべての仕事をさせよ。されどもおおやけにその功績を認むべからず」と。これ婦人をそまつにする考えである。ユダの婦人観はそうでない。単に家庭において尊敬するのみならず、彼女をおおやけに町の門にほめ、その功績を世の前に推賞し、もって一般婦人の模範たらしめよというの

である。聖書は理想婦人を遇するにはかくのごとくせよと教うるのである。

右はユダの婦人観の大体である。これに連関して思い出さるるは、詩人ホイッチャーの佳篇「雪ごもり」Snow bound である。余は昨夕の大雪の中を散歩しつつ、久しぶりにその美しき数節を誦せざるを得なかった。この詩はニューイングランドにおけるピューリタンの単純なる家庭生活（ホームライフ）を歌うたものである。余はこのホイッチャーの詩にあらわれたる婦人がユダの理想婦人によく似たるを感ずるものである。神を知れる婦人の尊さと美しさをここに見るのである。彼らは決していわゆる新婦人ではない。しかし深き知恵を有する。あるいは糸を巻き、あるいは勤勉に働くは、古き日本の女にも見るところである。しかしユダの理想婦人は単にここにとどまらない。さらに進んでエホバを知り、エホバによる女である。この点は全く古い日本の女と異なる。エホバを知るの知恵に満てる女、これ最も完全に発達したる婦人である。

以上によって見れば、ユダの理想的婦人は、米国の理想よりもはるかに日本のそれに近くある。夫を第一とし主としてこれに仕うるの点において、日本婦人は米国婦人よりもはるかに聖書的である。ペテロ前書三章六節の示す

サラ、アブラハムに従いてこれを主ととなえしがごとし

との教えのごとき、日本婦人のよく解し得るところであって、米国婦人にとりてはかえって大なる屈辱として感ぜらるるのである。米国宣教師が日本人に伝えし多くの誤謬のうちに、婦人に関する誤謬が最も大なるものであると思う。米国婦人の理想を採用して、日本の家庭は破壊されざるを得ない。（藤井武筆記）

（一九一九年四月「聖書之研究」）

伝道の書

伝道の書について

ヨブ記と箴言と雅歌と伝道の書とは、聖書の中にありて別に一部門を形成する。これを称して知恵文学という。まことの知恵は何であるかについて論ずる書であるからである。

伝道の書、ヘブライ語にてはコーヘレスのことばという。コーヘレスは固有名詞であるか、普通名詞であるか、よくはわからない。もし固有名詞であって、人名であるならば、伝道の書はコーヘレス先生の訓戒集とでも称すべきものである。しかしもし普通名詞であるならば、コーヘレスは討論者の意味であれば、この書はこれ討論者論集とでも称すべきものである。英訳聖書にてはこの書を称して Ecclesiastes (エクレジアステス) という。Ecclesia とは、普通、教会と訳せらるることばであれば、Ecclesiastes とは教会者と訳さるべきものであろう。しかしてもし伝道の書は教会者のことばであるというならば、何やら監督の教書のように聞こえて、その真価がはなはだ疑わるるように思われる。しかしエクレージヤは元来教会と訳さるべきことばではない。単に会合または会衆の意である。ゆえにエクレジアステスは会合者と訳すべきであって、会衆の一人をさしていうことばと見てよいのである。かくのごとくに解して、伝道の書は、知恵を学ばんために会合せしものの一人が(あるいは数人が)、その席上において陳述せしことばをあつめて一書となしたるものであると見ることができる。これを何ゆえに伝道の書と訳したかというに、これはルーテルのドイツ訳聖書の Die Reden des Predigers をそのままに訳したるものであって、ルーテル自身の誤訳をそのままに採用したるものである。偉人の権威(オーソリチー)もまた大なるかなである。彼の誤訳までがまことして伝えらるるのである。

しかし書名はどうでもよいのである。われらの知らんと欲することはその伝えんとする真理である。伝道の書は何を教えんとするか、その取り扱うおもなる題目は何であるか。伝道の書は知恵文学中の一書である。しかしてその主として論ぜんと欲するところは、善とは何ぞや、そのことについてである。道徳的の善についてばか

りでない。より広い意味の善についてである。著者自身のことばをもっていえば、

世の人は天が下において生涯いかなることをなさば善からんか（二・三）

と、その問題について論ぜんと欲するのである。今日の学者のことばをもっていえば、人の至上善とは何ぞ、(What is the summum bonum of man) その問題について論ぜんと欲するのである。人は何をなさば最も幸福であるか、何をなすことが人生最大の目的であるか、快楽の方面より見、道徳の方面より見て何をか善と称すべきか。コーヘレスはこの書においてこの大問題について論究せんと欲するのである。

しかして彼は劈頭第一にいうたのである。

空（くう）の空、空の空なるかな、すべて空なり（一・二）

と。しかして彼は書中いくたびか繰りかえしていうたのである。

ああみな空にして風を捕うるがごとし（一・一四、二・二六、四・一六等）

と。よって知る、人の至上善は何であるかとの問題について、著者はその何でなきかについて知るところ多くして、その何であるかについては彼の知るところのはなはだ少なくあったことを。すなわちこの大問題に対して彼は消極的解答を与うるに成功して、積極的解答を与うるにはなはだ貧弱であったのである。伝道の書のこの性質を認めずして、その評価を誤るのである。伝道の書は人の至上善の何でなきかを示すに明確である。しかしながらその何であるかを教うるに微弱である。われらはこの大問題についてこの書よりすべてを学ぶことはできない。人の至上善は何であるか、そのことについては、これを聖書の他書より学ばなければならない。これを四福音書より、またはロマ書より、学ばなければならない。

われ永生を得んがために、いかなる善をなすべきかとのある人の質問に対して、イエスは答えていいたもうた。

何ゆえにわれに善について問うや。一人のほかに善あるなし。すなわち神なり（マタイ伝一九・一六－一七改訳）

と。イエスはここに伝道の書の提供する問題に対して明確なる積極的解答を与えたもうたのである。コーヘレス

とてもややこれに類したる解答を与え得なかったのではない。彼は巻末に達してついにいうたのである。

事の全体の帰するところを聞くべし。いわく、神をおそれそのいましめを守るべし。これはすべての人の本分なり(一二・一三)

と。されども彼はようやくにしてこの結論に達したのである。彼は至上善を神以外のいろいろのものに求めて、これに失望して、ついにやむを得ずしてここに達したのである。イエスとコーヘレスとはくらぶべくもない。

しかしながら、人の至上善の何でないかを高調するにおいては、伝道の書にまさる書は、聖書以内において、またそれ以外において、これを見出だすことはできない。伝道の書は、神を離れて人生に真の幸福のなきことを教うるにおいて天下唯一の書である。この書のごとくに、強きことばをもって、固き確信をもって、すべての人が善なり幸福なりと認むるものを排斥する書(もの)はない、空の空、空の空なるかな、すべて空なりという。これ強い重いことばである。平家物語の祇園精舎の鐘の声……のごとき、とてもこれにくらぶることはできない。「盛者必衰」ではない。空の空である。「たけき人もついには滅びぬ」ではない。空の空である。空の空である。すべて空である。知恵も知識も、富も位も、幸福なる家庭までも、すべてが空の空であるというのである。

空の空という。ヘブライ語の habal の訳字として不適当なるものではあるまい。「ただちに消ゆるもの」の意である。ゆえにもし「息」と訳したならばさらに適切であろう。口より吐く息である。全く無いものではないが、じきに消ゆるものである。槿花一朝の夢というと同じことである。しかし槿花よりもさらに短いものである。息である。湯気である。立つかと思うとすぐに消ゆるものである。空の空なりといいて、空虚、無価値の意を最も強くいいあらわすことができる。余はこの訳字を変えんことを願わない。

「風を捕うるがごとし」とある。「ごとし」の字はけずるがよい。「風を捕うるなり」である。空虚の意を他のことばをもっていいあらわしたのである。また原語の意は「捕う」ではない。「食う」である。知識を得、知恵を蓄うるは、これ風を食うのであるとの意である。

目は見るに飽くことなく、耳は聞くに満つることなし(一・八)

とあるその意を、食物にたとえていうたのである。すなわち知恵も知識もそれを食うて飽くことあたわず、胃はこれによって満つることなしとの意である。空の空、空の空なるかな、すべて空なり、風を食うこととなりという。しかして知恵も知識も、富も位も、すべての人が善なり幸福なりと称して追求するものは、すべてこれであるというのである。

人類の多数が人生の至上善として追求するものは学問である。この書の著者のいわゆる知恵と知識とである。知識は事物に関する知識であって、知恵はその応用である。今人のいわゆる科学と哲学とである。ひろく知って賢くおこなうことである。しかしてコーヘレスもまた一時は知識万能を標榜して、全力をこれにそそいだのである。

われ心を尽くし知恵を用いて、天が下におこなわるるもろもろのことをたずね、かつしらべたり(一・一三)

という。しかもその結果たる、いかに。彼は心に満足を得たであろうか。あらず、

目は見るに飽くことなく、耳は聞くに満つることなし(一・八)

それ知恵多ければ憤り多し。知識を増すものは憂いを増す(一・一八)

と。宇宙と人生とを知れば知るほど、悲嘆と不平とは増すのである。ドイツ人はこのことを称して宇宙歎(Weltschmerz)という。これは学者独特の悲嘆である。ニュートンにもこの悲嘆があった。ゲーテにもあった。この点において無学は幸福である。知恵と知識とは決して人生の至上善ではない。

宇宙と人生とは旋転重複にほかならない。天が下に絶対的に新らしいこととてはない。みな古いことの繰りかえしである。歴史は繰りかえすというが、繰りかえすものは歴史にかぎらない。日の出て入り、またもとの所より出づるがごとく、風の北より吹き南にめぐり、また前のごとくに北より吹くがごとく、また川の海に入りて永久に尽きざるがごとく、万事万物ことごとく千遍一律の重複である。よし世に新発見なるものありて一時世界をおどろかすといえども、たれか知らん、これはたして真の新発見なるかを。太古のエジプト人は今人の知らざる多くの技術を持っていた。もししからざれば、ピラミッ

ドのごとき大建築は彼らの手によって成らなかったであろう。哲学の諸問題はすでにことごとくギリシャ人によって攻究せられ、近世哲学はギリシャ哲学以上に新解決を供することはできないとのことである。のみならず、新発見はじきに旧発見として、うとんぜらる。蒸気は電気の代わるところとなり、自由政治は社会政治の代わるところとなりつつある。よしまた物質や政治のことに関しては多少の革新ありとするも、あらたまらぬものは人の心であって、このことに関しては

曲れるものは直からしむるあたわず、欠けたるものはおぎなうあたわず（一・一五）

とのコーヘレスの言は文字どおりにまことである。アレキサンダーのなしたることをシーザーはなし、シーザーのなしたることをナポレオンはなし、ナポレオンのなしたることをカイゼルはなさんとしつつあるのである。時代は変わるも人は変わらないのである。かつてはドイツと同盟して仏国を撃ちし英国は、今や仏国と同盟してドイツを撃ちつつあるのである。同じ古きジョン・ブルである。時代は変わるもその心は変わらないのである。まことに

日の下には新らしきものあらざるなり（一・九）

である。

ああ空の空にして風を食うことなり（一・一四）

である。

それ知恵多ければ憤り多し。知識を増すものは憂いを増す（一・一八）

である。学問といい、新知識といいて、多く学べば多く幸福が来ると思うものは、いまだ知識、学問の何たるかを知らないものである。

コーヘレスは知恵と知識とに人生の至上善を求めて失望した。ここにおいてか、彼はおのれにむかっていうたのである。

来たれ、われ試みになんじを喜ばせんとす。なんじ、楽しみをきわめよ（二・一）

と。しかして彼はイスラエルの王としてきわめ得るだけの楽しみをきわめたのである。大建築をなしたのである。大果園を開いたのである。大池をうがったのである。しかしてこれに加うるに美術をもってしたのである。珍宝を蓄えたのである。音楽を入れたのである。しかしてひとりこれを楽しむをもって飽き足らずして、

「人の楽しみなる妻妾を多く得たり」とある。かくて彼はいうた、

およそわが目のこのむものはわれこれを禁ぜず。およそわが心の喜ぶものはわれこれを禁ぜざりき（二・一〇）

と。しかして楽しみ得るだけ楽しみてその結局はどうであったか。「これもまた空なりき」と彼はいいわざるを得なかった。

われわが手にてなしたるもろもろの事業（建築、植林、開鑿のたぐい）、およびわが労して事をなしたるその労苦（心の辛労をいう。財宝の蒐集、妻妾の聘招等のためについやしたる）を顧るに、みな空にして風を食うことなりき。日の下には益となるものあらざるなり

とは、コーヘレスが逸楽追求より学び得し大教訓であった。彼はこれを称して狂妄と愚痴というた。「狂妄」とは、本能性の欲するがままをなすことであって、今人のいわゆる自然主義の実行である。「愚痴」とは無知である。知恵の反対である。知識によって歩まずして感情によっておこなうことである。コーヘレスは知恵と知識の益なきを知って、凡夫同様、人生の幸福を肉の快楽に求めたのである。これ学者の往々にして取る道であって、彼らの愚もまたあわれむべきである。詩人ゲーテの『ファウスト劇』における主人公ファウストもまたこの道を取ったのである。しかしてソロモンならぬ、またゲーテならぬわが国の小学士、小博士にして、始めに知恵と知識にあこがれ、のちに人生の不安に堪えずして自然主義の実行に終わったものは決して少なくないのである。

コーヘレスは狂妄と愚痴とを試みんとするにあたっていうた。

われ心に知恵をいだきておりつつ、酒をもて体を肥やさん（二・三）

と。彼もまた多くの酔漢とひとしく「酔うとも動ぜず」というて誇ったのである。「知恵をいだきつつ酒を飲む。何の害か、これあらん」というたのである。されども知恵はついに酒の飲むところとなったのである。身を狂妄にゆだねんとす。しかして狂妄の中になお正覚を失わざらんと欲す。堕落の淵に臨んで学者の心中にあわれむべきものがある。学者かならずしも決して知者ではない。

知恵と知識とは空である。狂妄と愚痴ともまた空である。しかしさすがにエルサレムにありてイスラエルの王たりしコーヘレス（ソロモン?）である。彼は知恵と愚痴とは同等に空なりとはいわなかった。彼はいうた、

光の暗きにまさるがごとく、知恵は愚痴にまさるなり。われこれをさとれり（二・一三）

と。二者同じく空である。その終わるところは一である。しかりといえども、二者をくらべて見て、知恵の愚痴にまさるは明らかである。知恵と知識とは空なりといいてこれをしりぞくべきではない。学問は確かに無学よりも貴くある。知識に永久の康きはなしといえども、しかもこれを卑しみ、これを軽んじ、これを廃すべきでない。知識は天上の光ではない。されどもすくなくとも地上の光である。神の知恵ではない。されどもすくなくとも人の知恵である。これに憤りと憂いとのともなうにかかわらず、これを修むべきである。

知恵は空なり。逸楽は空なり。いずれも心を満たすに足りない。人生の至上善はこれを二者いずれにおいても求むることはできない。ここにおいてか、コーヘレスは、これを自己の労働と、労働によりて得しつつまやかなる家庭において求めんとした。労働と家庭、田園生活、簡易生活、雅歌に歌われし牧者とシュラミ女との生活、これが理想である、至上善であると彼は思うた。彼は楽しみをきわめつくしてその反対の簡易生活に帰ったのである。田園生活の歌わるる時はつねに奢侈のさかんなる時である。人は逸楽に倦みつかれて、その反対の労働に慰安を求めんとするのである。「来たれ、われなんじを喜ばせん、なんじ、楽しみをきわめよ」というものは、遠からずしていうのである。

すべてなんじの手に堪うることは、力を尽してこれをなすべし（九・一〇）

と。逸楽をすすめてまた労働をはげます。この世の知者のなすことはおよそみなかくのごとしである。

しかして小なる静かなるつつまやかなる家庭を試みて、コーヘレスは何というたのであるか。彼はついに満足を発見したのであるか。あらず、彼はまた嘆声を発していうたのである。

人の飲み食いをなし、その労苦（労働）によりて心を楽しましむるは幸福なることにあらず（二・二四）

と。彼はいくたびかこの理想をいだき、いくたびか失望

したのである（三・一二―一三、三・二二、五・一八、九・七以下）。「これもまた空にして風を食うことなり」とは、彼が繰りかえしてやまざる畳句（じょうく）であった。

なんじ行きて、喜びをもてなんじのパンを食い、楽しき心をもてなんじの酒を飲め。そは神しばらくなんじのわざをよみしたまえばなり。なんじの衣をしてつねに白からしめよ。なんじの頭に油を絶たしむるなかれ。日の下になんじが賜わるこのなんじの空なる命の間、なんじその愛する妻と共にくらすべし。……これはなんじが世にありて受くる分、なんじが日の下に働ける労苦によりて得るものなり（九・七―九）

と。「楽しき心をもてなんじの酒を飲め」。人生の至上善はここにありという。わが一休和尚の「極楽はいずくの果てと思いしに、杉葉たてたる又六が門」を思い出さしめざるを得ない。まことに低い理想である。「なんじが賜わるこの命の間、なんじ、その愛する妻とともにくらすべし」という。詩人バーンスの Highland Mary を読むような心地がして、小さき愛らしきメーリーのおる所にわが天国はあるというのである。しかるに著者のコーヘレスは婦人について何というておるか。

われさとれり。婦人のその心はわなとあみのごとし。その手は縛るなわのごとし。これ死よりもにがきものなり。神の喜びたもうものはこれを避くるを得べし。されども罪人はこれに捕えらるべし……われ千人の中には一人の男子を得たれども、その数の中には一人の女子を得ざるなり（七・二六―二八）

と。しかしてもし婦人とはかくのごときものであるならば、これと共にくらすことの人生の至上善でないことはいわずして明らかである。「これ死よりもにがきものなり」と著者自身がいうているのである。「楽しき、楽しき家庭」と歌うといえども、これ比較的のことばであって、これに人生の至上善を求めて、人は何びとも「これもまた空なり。風を食うことなり」といいて顔をそむけざるを得ないのである。

伝道の書の著者コーヘレスは「世の人は天が下において生涯いかなることをなさば善からんか」との問題を設け、これを論究し実験したるの結果、「空の空、空の空なるかな、すべて空なり」との結論に達したのである。知恵と知識、これ空なり。狂妄と愚痴、本能性の満足、逸楽の生涯、これまた空なり。さらば静かなる家庭、簡易生活、田園生活、晴耕雨読の詩的生涯、よき妻とともに楽しき、つつまやかなる家庭生活をいとなむこと、これいかにとおのれに問うて、彼はまた答えざるを得なかったのである。「これもまた空にして風を食うことなり」と。かくして彼は問題を設けてこれに対して満足なる解答を与え得なかったのである。彼は人生の至上善の何でなきかを知るを得しといえども、その何であるかはこれを知り得なかったのである。彼はただ繰りかえしていうたのである、「これもまた空なり。風を食うなり」と。しかしてこの書の終わりに至ってただわずかに人の本分の何たるかにすこしく思い当たったのである。かくのごとくにして、伝道の書は、その設けし大問題については、消極的に断定すること多くして、積極的に教うるところはきわめてわずかなるのである。

ここにおいてか、われらは聖書の他の部分をもって伝道の書をおぎなうの必要があるのである。人生は空の空、すべてが空であるのではない。人生に空ならざるものがあるのである。知恵と知識とはもちろん空である。しかしながら神は人に知恵以上、知識以上のものを賜いて、彼をして満足せしめたもうのである。体の快楽はもちろん空である。しかしながら神は、事業以上、美術以上、財宝以上のたまものを人に与えたもうて、彼をして何ものをも持たざれどもすべてのものを持つの感あらしめたもう。労働と家庭とは神の大なるたまものたるに相違ない。されども霊魂を満たすためのかてとしてはこれまた空の空たらざるを得ない。ゆえに神はまた労働以上、家庭以上の善きものを備えたまいて、彼を愛するものに永遠に変わらざる平康と安息とを与えたもう。人の至上善は、学識以外、安逸以外、家庭以外、ほかにある。伝道の書は明白にこのことについて示すところはない。しかしながら聖書は他の所において、イザヤ書において、エレミヤ書において、四福音書において、ロマ書において、新約聖書全体において、もっとも明白にこのことを示している。

イエスいいけるは、われは命のパンなり。われにきたるものは飢えず、われを信ずるものはつねにかわくことなしと（ヨハネ伝六・三五）

ここに、目は見るに飽き耳は聞くに満つるものがあるのである。

わが父わが母われを捨つるとも、エホバわれを迎えたまわん（詩篇二七・一〇）

ここに父母よりも親しきもののわが永久の保護者として存するものがあるのである。

そは、あるいは死、あるいは生、あるいは今あるもの、あるいは後あらんもの、あるいは高き、あるいは深き、また他のつくられしものは、われらをわが主イエス・キリストによれる神の愛よりはならすることあたわざるをわれは信ぜり（ロマ書八・三八）

とありて、宇宙何ものをもってするも断つことあたわざる愛のきずなの、われを天上につなぐものあるを知るのである。その他、このことに関する聖書のことばは、これをかかげつくすことあたわずである。人生の万事万物ことごとく空である。しかしながら、そこにただ一つ、しかりただ一つ、空ならざるものがあるのである。しかしてこのものがあるがゆえに、これによりて、すべての他のものまでが空ならざるに至るのである。

人生の至上善、コーヘレスならぬわれらクリスチャンはその何であるかをよく知っているのである。それはもちろん学問ではない。才能ではない。哲学ではない。神学でもない。さればとてこの世が追求してやまざる生活のすべての材料ではない。金ではない。銀ではない。宝石ではない。帝王のいただく冠ではない。美術ではない。音楽ではない。庭園ではない。さればとてまた労働でもない。静かな楽しき家庭でもない。忠実なる夫と妻とでもない。愛らしき、すこやかなる子供でもない。しかり、聖人の徳でもない。宗教家の信仰でもない。われらは伝道の書の知っていしよりもより多くの至上善でなきものを知っているのである、人生の至上善は？……ナザレのイエスである。人類の罪のために、しかり、わが罪のために、十字架につけられし彼である。しかり、わが罪のためにわたされ、わが義とせられしがゆえによみがえらされし彼である。彼は人の見ることを得ざる神のかたちにして、よろずの造られしもののさきに生まれしものである。

万物、彼によりてたもつことを得るなり

といい、

父はすべての徳をもて彼に満ためしたまえり（コロサイ書一・一三）

という。永生といい、栄光といい、彼を離れてあるものではない。彼は、エッサイの根より出でしダビデのすえなる義の太陽にして、曙(あけ)の明星なる彼は、まことに人生の Summum bonum すなわち至上善である。

その証拠はどこにあるかと、世人(ひと)は吾人に問うであろう。しかり、今ここに証拠をあぐることはできない。ただ一つ、信者の実験について語ることができる。イエスに完全の満足があるのである。人はイエスを信じ彼と一体となりて、ここに人たるの生命の何たるかを初めて知ることができるのである。ここに、永久に疲れざる、倦まざる、飢えざる、かわかざる生涯が始まるのである。ここに、充実せる、意味ある、希望ある生涯を実験することができるのである。議論ではない。実験である。イエスが至上善たるの証拠は、彼を受けしものの、彼以上に善を求めざることにおいてある。天父(ちち)を人に示したもう彼は、人を満たしてなおあまりあるのである(ヨハネ伝一四・八—九参照)。

ここにおいてか、クリスチャンの立場より見て、人の幸不幸の判別はもっとも明白であるのである。

神の子を持つものはいのちをもち、その子を持たざるものはいのちを持たず(ヨハネ第一書五・一二)

とある。イエスを信ずるものは幸福なり。イエスを信ぜざるものは不幸なり。生命(すべての幸福の基いなる)はイエスにおいてあれば、彼を離れてまことの幸福はないのである。また彼にありてすべての幸福はあるのである。イエスを信ずるを得て、知識あるも幸福である。知識なきも幸福である。富めるも幸福である。貧しきも幸福である。ひとりあるも幸福である。多くの人とともにあるも幸福である。家庭の楽しきも幸福である。家庭の楽しからざるも幸福である。幸福のもとなる生命をおのれに持つがゆえに、境遇のいかん、所有の有無にかかわらず、すべての場合において幸福である。

これに反して、イエスを信ぜずして、いかなる境遇もいかなるもちものも、人を幸福にすることはできない。神の子を持たずして、学識と芸能とはかえって悲嘆の種である。イエスとともならずして、富貴はかえって身を害してこれを益さない。イエスのいましたもう家庭のみ、まことに幸福なる家庭であって、彼を迎えまつらずして、他の条件はことごとく完備するも、幸福なる家庭はないのである。たれか幸福なるものぞ。イエスを信ずるものである。たれか不幸なるものぞ。イエスを信ぜざるものである。イエスはまことに人の至上善である。

伝道の書はこのことを教えない。しかしこのことをさとるに至るの階段となる。至上善の何でなきかを明白に示して、これを読むものをして、その何であるかを尋ねざるを得ざらしむ。しかしてこの用をなすがゆえに、この書もまた聖書の一部分として貴くあるのである。この世の人が善として慕うものをことごとく否認して、唯一の善、すなわち神の子イエス・キリストを人に紹介するための道をひらくのである。伝道の書はこの心をもって読むべきものである。これをおぎなうに新約聖書をもってして、われらはこの書の、ヨブ記、雅歌、箴言と肩をくらべて決して劣らざる書なるを知るのである。

聖書はみな神の黙示にして、教えと戒めと、また人をして道に帰せしめ、また正しきを学ばしむるに益あり(テモテ後書三・一六)。

イエス彼らに答えていいけるは、なんじら聖書に永生ありと思いてこれをしらぶ。この聖書はわれにつきてあかしするものなり(ヨハネ伝五・三九)。

(一九一五年十一月「聖書之研究」)

伝道の書解譯

伝道の書一―一二章

訳者いう。改訳ではない。解訳である。文字の配列と、すこしばかりの修正と、ことに題目の挿入とによりて、読者をして自身本文の意をさとらしめんとつとめたるものである。

人生の事実

空の空なるかな

一章　エルサレムの王ダビデの子コーヘレスのことば(一)
コーヘレスいわく、空の空なるかな、
空の空なるかな、すべて空なり。(二)
日の下に人の労するすべての労苦は
その身にとりて何の益するところあるなし。(三)
世は去り世は来たる、
されども地はとこしえにのこるなり。(四)
日は出で日は入り、

またその出でし所にあえぎ行くなり。（五）
風は南に行き、また北にまわり、
めぐりめぐりてまたもとの所に帰るなり。（六）
川は海にそそぐ、しかして海は満つることなし、
しかしてその出で来たれる所に川はまた帰るなり。
（七）
万物ことごとく労苦す、人これをいい尽くすことあ
たわず。
目は見るに飽くことなく、
耳は聞くに飽くことなし。（八）
さきにありしことはまたのちにあるべし、
さきになされしことはまたのちになさるべき事な
り。
日の下に新らしきこととてはあらざるなり。（九）
もし「見よ、これは新らし」といわるることあらん
か、
そはさきにすでに久しくありたることなり。（一〇）
さきにありしものは今おぼえられず、
またのちに来たるものも、そののちに来たるものに
おぼえられざるなり。（一一）

至上善の探究

一　知恵なるか

われコーヘレスはエルサレムにおいてイスラエルの
王たりき。（一二）
われわが心をつくし、知恵をもて、天が下におこな
わるる
すべてのことをたずね、かつしらべたりしに
（この苦しきわざを神は人の子にさずけたまえり。
これ、これによりてその心を練らんためなり）……
（一三）
われ日の下になさるるすべてのわざを見たりしに、
見よ、**みな空にして風を捕うることなり。**（一四）
曲れるものはこれを直からしむるあたわず、
欠けたるものはこれをおぎなうあたわず。（一五）
われわが心に語りていいけらく、
われはまことにわれよりさきにエルサレムにありし
すべての人にまさりて多くの知恵を得たり。
わが心は多くの知恵と知識とを得たりと。（一六）
われはわが心をつくして知恵と知識とを求めたり。

しかしてこれまた風を捕うることなるをさとれり。（一七）
それ知恵多ければ悲しみ多し、
知識を増すものはうれいを増すなり。（一八）

二　快楽なるか

二章　その時われわが心にいいけらく、
来たれ、われ歓楽をもてなんじを試むべし。
なんじ、快楽をきわめよと。
しかして見よ、**これもまた空なりき**。（一）
われ歓楽にいえり、「なんじは狂なり」と。
快楽にいえり、「なんじ何をなし得んや」と。（二）
われ知恵をもておのれを導きつつ、
酒をもて体をなぐさめんと試みたり。
また人の子はその短き生涯の間に
何をなさばよからんかを知らんがために
われは痴愚をさえ、あえてしたりき。（三）
われは大いなる事業に身をゆだねたり。
われは家を建てたり。葡萄園を設けたり。（四）
われは園と庭とを作りたり。
しかしてその内に種々の果樹を植えたり。（五）
われは水の塘池（ためいけ）を作りたり。
しかしてこれよりして林にみずそそぎたり。（六）
われはしもべ、しもめを買い得たり。
また家に生まれたる家僕ありたり。
われはまたすべてわれよりさきにエルサレムにおりしものよりも
多くの牛と羊との群れを持てり。（七）
われは銀と金とを積みたり。
また王たちの国々の財宝を集めたり。
われは歌い手と歌い女とを得たり。
また多くの美しき妻妾を楽しめり。（八）
かくてわれはこのことにおいて、われよりさきにエルサレムにおりしすべてのものにまさりたり。
しかしてわが知恵はわが身を離れざりき。（九）
すべてわが目のこのむところのものはわれこれを禁ぜざりき。
すべてわが心の喜ぶものはわれこれを制せざりき。
われはわがすべての労苦によりて快楽を得たり。
この快楽はわが労苦より得たるわが分なりき。（一〇）

されどもわれわが手にてなしたるすべての事業（わ
ざ）と
これをなさんとて労したる労苦を顧みたるに、
見よ、すべては**空にして風を捕うることなりき**
日の下に益となるものはあらざるなり。（一一）

知恵と快楽との比較

われまた身をめぐらして知恵を狂妄と痴愚とにくら
べしに、
（王の後に来たる人は何をなし得んや。
さきになされしことをなすにすぎざるべし）—（一二）
われは見たり、光の暗やみにまさるがごとく、
知恵は（快楽の）痴愚にまさることを。（一三）
知者の目はその頭にあり。
愚者は暗やみに歩む。
されどわれ知る、同一事の二者にのぞむことを。
（一四）
ゆえにわれわが心にいいけらく、
愚者に臨むことはわれにもまた臨む。
われ知者たるは何のためぞと。
ここにおいてか、われはわが心にいえり、
これもまた**空なるかな**と。（一五）
愚者の記憶の存せざるがごとく、知者もまたしかり。
来たらん世には二者ともに早く忘らる。
ああ智者もまた愚者と同じく死ぬるなり。（一六）
これを思うてわれはいのちをいとえり。
日の下にてわがなす事業（わざ）はわれに重荷なり。
そはすべては空にして風を捕うることなればなり。
（一七）
まことにわれは日の下にてわがかち得しものをきら
う。
そはわれはこれを後継者にのこさざるを得ざればな
り。（一八）
しかしてたれか知らんや、そのものの知者なるか愚
者なるかを。
されども彼は日の下にてわが労して為し、
知恵をしぼりてなしたるすべての事業をつかさどら
ん。
これまた空なり。（一九）
われ身をめぐらして、日の下にてわが労し、

労して為したるすべてのはたらきを見て失望せり。
(二〇)
ここに人あり、知恵と知識と才能をもて労し、
しかしてその事業を、これがために労せざる人にゆ
ずらざるべからず。
これまた空にして大いに悪しきことなり。(二一)
それ人はその日の下にて労して為し、
心をはげまして為すところのはたらきによりて何を
得るや。(二二)
その世にある日は憂いなり。その労苦は苦し。
その心は夜の間も安んずることあらず。
これまた空なり。(二三)
されば人の世にあるや、食いかつ飲み、
その労苦によりて心を楽しましむるにしかず。
されどもわれは見る、これもまた神の手より出づる
ことを。(二四)
そはたれか彼を離れて食いかつ楽しむことを得ん
や。(二五)
神はその心にかなう人に知恵と知識と喜楽とを賜
う。
されど罪人には労苦を賜いて、集めかつ積ましめた
もう。
こはこれを神の心にかなう人に与えたまわんためな
り。
これもまた空にして風を捕うることとなり。(二六)

三 事業なるか

三章　すべてのことに時あり。
天が下にて人の為すすべてのわざに時あり。(一)
生まるるに時あり、死ぬるに時あり。
植うるに時あり、植えたるものを抜くに時あり。(二)
殺すに時あり、癒やすに時あり。
こぼつに時あり、建つるに時あり。(三)
泣くに時あり、笑うに時あり。
悲しむに時あり、踊るに時あり。(四)
石を投げ打つに時あり、石を集むるに時あり。
抱くに時あり、抱くことをつつしむに時あり。(五)
得るに時あり、失うに時あり。
たもつに時あり、捨つるに時あり。(六)
裂くに時あり、縫うに時あり。

黙すに時あり、語るに時あり。（七）
愛するに時あり、憎むに時あり。
戦うに時あり、やわらぐに時あり。（八）
かくて人は労して、その労苦よりして（かならずし
も）益を得るあたわざるなり。（九）
われ神が人の子にさずけたまいしわざを見しに、
（これ、これによりてその心を練らんためなり）……
（一〇）
彼は万物をその時にかないてうるわしく作りたまえ
り。
彼はまた人の心に無窮の観念を与えたまえり。
しかも彼らは神のみわざの始めと終わりとを解する
あたわざるなり。（一一）
われは知れり、人は世にあるあいだ楽しみ、かつ善を
なすよりほかに善きことのあらざることを。（一二）
われはまた知れり、人の飲みかつ食い、
その労苦によりて楽しむを得るは、
これすなわち神のたまものなることを。（一三）
われは知れり、すべて神のなしたもうことの無限に
存することを。
これに加うべきところなし。またへらすべきところ
なし。
神のこれをなしたもうは、人をしてその前におそれ
しめんためなり。（一四）
今あるものはすでにさきにありしものなり。
のちにあらんものはすでにさきにありしもの
なり。
神は過去を繰りかえしたもう。（一五）
われまた日の下を見しに、
さばきをおこなう所によこしまなることあり。
公義をおこなう所によこしまなることおこなわる。
（一六）
ここにおいてか、われわが心にいいけらく、
神は正しきものと悪しきものとをさばきたもうべ
し。
そは彼にとりては、よろずのことと、よろずのもの
とに時あればなりと。（一七）
われまたわが心にいいけらく、
神の、人の子を篩（ふる）いたもうは、
これにその獣なることをさとらしめんためなりと。

（一八）
人に臨むことは今獣にも臨む。
二者に臨むところのことは一つなり。
これも死ねば、かれもまた死ぬるなり。
二者同一の呼吸によりて生く。
人は獣にまさるところなし。
二者同じく空なり。（一九）
二者同一の所に行くなり。
同じくちりより出でてちりに帰るなり。（二〇）
たれか人の魂の上にのぼり、
獣の魂の地にくだるを知らんや。（二一）
さればわれはこのことを見たり。すなわち
人その労苦によりて楽しむにまさるの善きことなきを。
そはこれ彼の分なればなり。
世に彼にその身の後事を示すものあらんや。（二二）

四章　われまた身をめぐらして日の下におこなわるるすべての圧制を見たり。
われは圧せらるるものの涙を見たり。
されども彼らをなぐさむるものあらざるなり。
圧するものの手に権力あり。
されども彼らをなぐさむるものあらざるなり。（一）
ゆえにわれは[illegible]えり、すでに死にたる死者の、
今なお生ける生者よりも幸福なるを。（二）
またこの二者よりも幸福なるは、生まれずして、
日の下におこなわるる悪事を見ざるもののなるを。
（三）
われまた人のすべての労苦と仕事の巧みとの、
人々相互の嫉妬（競争）より起こるを見たり。
これまた空にして風を捕うることなり。（四）
惰夫は手をつかねながら肉を食う。（五）
片手に物を満てて平安なるは、
両手に物を満てて労苦して風を捕うるにまさる。
（六）
われまた身をめぐらして日の下にむなしきことを見たり。（七）
ここに人あり、単独にして伴侶（とも）なく、
子もなし、また兄弟もなし。
しかるにそのすべての労苦に際限（はてし）あるなし。
その目は富に飽くことなし。

彼はたがために労し、たがために節するにや。
これまた空にして悪しきことなり。（八）
まことに二人は一人にまさる。
そは彼らはその労苦に対し善きむくいを得ればな
り。（九）
もし一人倒れんか、その伴侶かれを助け起こすべし。
されども単独にして倒るるものはわざわいなるかな
彼を助け起こすものあらざるなり。（一〇）
またもし二人ともに寝ねなば暖かなり。
もし一人ならば、いかで暖かならんや。（一一）
敵あり、その一人を攻め撃たば、二人してこれに当
たるべし。
三すじのなわはたやすく切れざるなり。（一二）
貧しくして賢き青年は、老いて愚かにして、
諫言をいるることを学ばざる王にまさる。（一三）
彼、牢獄（ひとや）より出でて王となれば、
王はその国にありて乞食（こつじき）となる。（一四）
われ日の下に歩むところの群生が、
王に代わりて立ちしところの青年の下にむらがるを
見る。（一五）
果てしなき民衆その前にあり。
されども彼ののちに来たる時代は彼を喜ばざるな
り。
これもまた空にして風を捕うることなり。（一六）
五章　なんじエホバの家に至る時、なんじのおこないを
つつしめ。
進みて聞くは、愚者のいけにえをささぐるにまさ
る。
彼らはさとらずして罪を犯すなり。（一）
なんじ神の前に出でてかるがるしく口を開くなか
れ。
心を静かにしてみだりにことばを出だすなかれ。
神は天にいまし、なんじは地におるなり。
さればなんじのことばをして少なからしめよ。（二）
…………（この一節けだし後世の記入文ならん。第七
節の半部また同じ）。（三）
なんじ神に誓願をかけんか、
これを果たすことをおこたるなかれ。
愚者に一定の意志あるなし。
なんじはかけし誓願を果たすべし。（四）

誓願をかけて果たさざるよりは、
むしろ誓願をかけざるこそ善けれ。（五）
なんじの口をしてなんじの身に罪を犯さしむるなかれ。
また使者の前に「そはあやまちなりき」というなかれ。
おそらくは神なんじのことばを怒り、
なんじの手のわざを滅したまわん。（六）
なんじエホバをおそれよ。（七）
なんじ貧者のしいたげらるるを見んか、
また国に公義の曲げらるるを見んか、
あえて心をいたましむるなかれ。
そは上官の上に上官あり、
またその上に上官ありて、これを制圧すればなり。
（八）
かくあるは国民全体の利益なり。
王もまた国土の奴僕たるなり。（九）
銀を愛するものは銀に飽くことなし。
富にすがるものは得るところあらず。
これまた空なり。（一〇）

財貨増せば、これを食（は）むものも増すなり。
そのもちぬしはただ目にこれを見るのみ、
そのほかに何の益あらんや。（一一）
労働者の眠りは安し。
その食物の多少にかかわりなし。
されども富裕は富者をして眠るあたわざらしむ。
（一二）
われまた日の下に大いに憂うべきことあるを見たり。
すなわち富者によりてたくわえられし財貨の、
その身に害をおよぼすこと、これなり。（一三）
彼、運つたなくして投機に家産を失い、
彼、子をもうけてその手に何ものもあるなし。
（一四）
彼、母の胎より出で来たりしがごとくに、
彼、裸にて出で来たりしがごとくに、
そのごとくに彼はまた逝（ゆ）くなり、
その労苦によりて得たるものを、
その一つをも彼は携え行くあたわざるなり。（一五）
人は来たりしそのままにまた行かざるべからず。

これまた大いに憂うべきことなり。
風を追うて労苦するものは何の益するところあるな
し。（一六）
彼は生涯暗黒のうちにありて食う。
彼にまた憂いと病と憤りとあり。（一七）
見よ、われはこのことのまことなるを見たり、すな
わち
人の身にとり善かつ美なることは、
神に賜わるその命の間、食いかつ飲み、
日の下にて労して得たるさいわいを楽しむことなる
を。
これその分なればなり。（一八）
何びとによらず、神もし彼に富と宝とを賜い、
またこれを食うの力を賜い、
またその分を取りその労を楽しむを得しめたまわん
か、
これまた神のたまものたるなり。（一九）
かかる人はそのよわいの多からざるを憂えず。
そは神、彼の心の喜びをゆるしたまえばなり。（二
〇）

四　富貴なるか

六章　われ日の下になお一つの憂うべきことあるを見
る。
しかしてそのことの人を苦しむるや大なり。すなわ
ち（一）
人あり、神これに富と宝と貴きとを賜い、
彼の求むるところのものに一つとして欠くるところ
なしといえども、
神、彼にこれを食うの力を賜わざるがゆえに、
他人の来たりてこれを食うこと、これなり。
これ空にして大いに憂うべきことなり。（二）
たとえ人、百人の子をもうけ、
その命長く、そのよわいの日多からんも、
もしその心、福利に満足せざらんか、
よし墓の彼を待つことなからんも、
われはいう、流産の子は彼にまさると。（三）
そは彼は空に来たり暗黒に行き、
その名は暗黒の隠すところとなればなり。（四）
彼、日を見ず、またものを知らず。

ゆえにこのものはかのものよりも安らかなり。(五)
まことにたとえ彼の命は千年に二倍するとも、
彼はさいわいを見ず。二者同一の所に行くにあらずや。(六)
人の労苦はすべてその口のためなり。
しかもその欲は満たされざるなり。(七)
知者なんぞ愚者にまさるところあらんや。
貧者なんぞ貴顕と異なるところあらんや。(八)
目に見るは心に思うにまさる。
これもまた空にして風を捕うることなり。(九)
今あることはすでにさきにありしことなり。
人の何なるかはすでに定められたり。
彼はおのれより強きものと争うことあたわざるなり。(一〇)
多くのことばありて空論を増す。
されども人に何の益あらんや。(一一)
たれか知らんや、人世何ものか善なるを。
人はそのむなしき日を影のごとくに送るなり。
たれか彼ののちに日の下にあらんことを彼に告げ得るものあらんや。(一二)

五　中庸の道なるか

七章　良き名は良き油にまさる。
死ぬる日は生まるる日にまさる。(一)
悲しみの家に入るは、ふるまいの家に入るにまさる。
そはこれすべての人の終わりなればなり。
生者はこれを心にとむるならん。(二)
悲しみは笑いにまさる。
そは顔に憂いあるは心に善くあればなり。(三)
知者の心は悲しみの家にあり。
されども愚者の心は楽しみの家にあり。(四)
知者の詰責を聞くは愚者の謳歌を聞くにまさる。(五)
愚者の笑いは釜の下に燃ゆるいばらの音のごとし。(六)
圧制をおこなうによりて知者も狂するに至る。
わいろを使うは人の心をそこなう。(七)
事の終わりはその始めにまさる。

忍耐は傲慢にまさる。（八）
なんじ、気をいらだてて怒るなかれ。
怒る心は愚者の胸にやどるなり。（九）
いうなかれ、むかしの今にまさるは何ゆえぞやと。
なんじのかく問うは、知恵より出づるにあらざるなり。（一〇）
知恵ありて財産あるは善し。
これありて、生けるものに利益多し。（一一）
知恵は身の守りなり、金銭（かね）もまたしかり。
されど知恵の利益はその所有者に生命をたもたしむるにあり。（一二）
なおまた神のみわざを考うべし。
たれか彼の曲げたまいしものを直からしむるを得ん。（一三）
さいわいの日に会わんか、楽しめよ。
わざわいの日に会わんか、考えよ。
神はこの二つを相交えてくだしたもう。
これ人をしてその後事を知らざらしめんためなり。（一四）
われわがむなしき日の間にさまざまのことを見たり。
義人の正義をおこのうて滅ぶるあり。
悪人の悪をおこのうてその命を延ぶるあり。（一五）
このゆえになんじ正しきに過ぐるなかれ。
また賢きに過ぐるなかれ。
なんじ、なんぞ身を滅ぼさんとするや。（一六）
なんじ悪しきに過ぐるなかれ、また愚かなるなかれ。
なんじ、なんぞ時至らざるに死ぬべけんや。（一七）
なんじ、これを手に取るは善し。
またかれにも手を放すなかれ。
神をかしこむものは両極端よりのがれ出づるなり。（一八）
（知恵の知者におけるは、
勇者十人の町におけるにまさる）……（一九）
そは善をなし罪を犯さざる
正しき人とては地にあらざればなり。（二〇）
なおまた人の語るすべてのことばに心をとむるなかれ。
おそらくはなんじのしもべのなんじをそしるを聞か

ん。（二一）
なんじもまたしばしば人をそしることあるは、なんじの心に知るところなり。（二二）
われ知恵をもてこのすべてのことを試みたり。
われはいえり、「われは知者ならん」と。
されども遠くおよばざりき。（二三）
万物の理は遠くしてはなはだ深し。
たれかこれをきわむることを得ん。（二四）
われ身をめぐらし心を尽くして、
知恵と道理とを探りかつ求めんとし、
また悪の愚たると愚の狂たるとを知らんとせり。
（二五）
しかしてわれはさとれり、婦人の死よりもにがきことを。
婦人は（人を捕うる）あみなり。
その心はわななり。その手はくさりなり。
神の喜びたもうものはこれを避くるを得べし。
されども罪人はこれに捕えらるべし。（二六）
コーヘレスいう、見よ、われこのことをさとれり。
われその数を知らんとて一々数えたりしに、
われわが心の求むるものを求めて得ざりき。
しかり、われ千人の中に一人の男を得たれども、
されどもその中に一人の女を得ざりき。（二七）
見よ、われはただこのことをさとれり、すなわち、
神は人を正しきものとして造りたまいしも、
人はさまざまの工夫をめぐらして（曲れるものとなれり）。（二八）

八章　知者のごときものはたれぞ。

事物の理を解するものはたれぞ。
人の知恵はその顔に光輝を供し、
その粗暴の相を変ゆべし。（一）
われいう、王の命を守るべし、
神に誓いたればことにしかり。（二）
早まりて彼にそむくなかれ。
悪事に携わるなかれ。
そは彼はすべてその欲するところをなせばなり。
（三）
王のことばには権力あり。
たれか彼に向かいて「なんじ何をなすや」というを得んや。（四）

戒めを守るものにわざわいは臨まず。
知者の心は時とさばきとを知るなり。（五）
よろずのことに時あり、またさばきあり。
人に臨まんとするわざわいは大なり。（六）
彼はのちにあらんことを知らず。
またその時を彼に告ぐるものなし。（七）
おのが魂をつかさどるものはあらず。
魂をとどめ得るものはあらず。
その死ぬる日の上に権力をふるうものはあらず。
この戦争にはゆるし放たるることあるなし。
罪悪はこれをおこなうものを救うあたわざるなり。
（八）
われすべてこのことを見たり。
また日の下におこなわるるすべてのことに心をとめたり。
すなわち人、他の人を治めて、おのれに害をおよぼすことあり。（九）
われはまた悪人の葬られて安息（やすき）に入るを見たり。
また善人の聖所を離れてその町に忘れらるるを見たり。
これまた空なり。（一〇）
悪事に対する命令のすみやかにおこなわれざるがゆえに、
人の子の心は安んじて悪をおこなうなり。（一一）
罪人、百たび悪をおこないて長寿をたもつとも、
われは知る、まことに神をおそるるもののさいわいなるを。（一二）
悪人はさいわいならじ、その命も長からざるべし。
彼は影のごとくにして消ゆべし。
そは彼は神の前におそれざればなり。（一三）
われは日の下になしきことのおこなわるるを見たり。
すなわち義人の悪人の受くべき報いを受くるあり。
また悪人の義人の受くべき報いを受くるあり。
われはいえり、**これもまた空なり**と。（一四）
ここにおいてか、われは喜楽を称讃せり。
そは食い、かつ飲み、かつ楽しむにまさる善きことの、

人にとり日の下にあらざればなり。
これこそは神が日の下に彼に与えたもう
命の日のあいだ彼を離れざるものなれ。（一五）

至上善の発見

（上）探求の結果

一　知恵にあらず

われ知恵を得んとしてわが心を尽くし、
世におこなわるることをきわめんとしたり……
かかる人は夜も昼も目に眠りを見ざるなり……（一
六）
われは見たり、人は日の下におこなわるる
神のすべてのわざをきわむることあたわざるを。
人これを探らんとして労するも、
彼はこれをきわむることあたわず。
また知者ありて、これをさとれりと思うも、
彼はこれをきわめたりしにあらざるなり。（一七）
九章　われはまたすべてこのことを心にさとりまた明ら
めたり。
すなわち義者と知者とそのわざとは神の手にある
を。
彼らは愛に会うやまた憎みに会うやを知らず。
すべてのことは未来に属す。（一）
すべての人に臨むところはみな同じ。
正しきものにも、悪しきものにも、
善きものにも、清きものにも、けがれたるものに
も、
いけにえをささぐるものにも、ささげざるものに
も、その臨むところは一つなり。
善人も悪人に異ならず、
誓いをなすものも誓いをなすことを恐るるものに異
ならざるなり。（二）
まことに日の下におこなわるることの中に最も悪し
きことはこれなり。
すなわち同一のことのすべての人に臨むことなり。
またこれなり。人の子の心は悪事にて満ち、
その生ける間は心に狂妄をいだき、
しかしてついに死者の中に行くことこれなり。
（死を）免除せらるるものあるなし。（三）
すべて生けるものには望みあり。

生ける犬は死せる獅子にまさる。（四）
そは生けるものはその死なんことを知る。
されども死せるものは何ごとをも知らざればなり。
報いはかさねて彼らに来たらず。
世は彼らを記憶にさえとどめず。（五）
彼らの愛はその憎みとねたみとともに失せ、
日の下になさるる何ごとにも彼らはかかわりなきに
至る。（六）

二　快楽にあらず

さればなんじ行きて喜びをもてなんじのパンを食
え。
楽しき心をもてなんじの酒を飲め。
そは、神なんじのわざをうけたまいたればなり。
（七）
なんじの衣をしてつねに白からしめよ。
なんじの頭に油を絶えしむるなかれ。（八）
神が日の下になんじに賜いしなんじの命の日の間、
なんじのむなしき日の間、
なんじの愛する女とともに喜びてくらせ。
そはこれ世にありてなんじの受くる分、
日の下にてなんじが働ける労苦（の報い）なればな
り。（九）
すべてなんじの手にきたることは、
力を尽くしてこれをなすべし。
そはなんじの行く所なる陰府（よみ）にありては、
わざもはかりごとも知識も知恵もあらざればなり。
（一〇）
われまた身をめぐらして日の下を見しに、
速きもの競走に勝つにあらず。
強きもの戦争に勝つにあらず。
賢きもの食物を得るにあらず。
さときもの財貨を得るにあらず。
もの知るもの恩寵にあずかるにあらず。（一一）
時と運とは一様にすべての人に臨むなり。
しかして人はその時をさえ知らざるなり。
魚のわざわいのあみにかかるがごとく、
鳥の鳥あみに捕わるるがごとく、
人の子もまたはからざるにわざわいの臨む時に、
わざわい（のあみ）にかかるなり。（一二）

三　功績にあらず

われ日の下にこのことを見て、賢きこととなし、
大いなることとなせり。すなわち（一三）
ここに一つの小さき町ありたり。
しかしてその民は少数なりしが、
大王攻め来たりてこれをかこみ、
これに向かいて大いなる雲梯を築きたり。（一四）
時に町の中に一人の貧しき賢き人ありて、
その知恵をもこの町を救えり。
しかるに一人の、この貧しき人をおぼゆるものなかりき。（一五）
ここにおいてか、われはいえり、
知恵は腕力にまさるといえども、
貧しきものの知恵はかろしめられ、
そのことばは聞かれざるなりと。（一六）
静かに語る知者のことばは、
愚者のかしらの叫びにまさる。（一七）
知恵はいくさの器にまさる。
されども一人の愚者は多くの善事をそこなうなり。
（一八）
一〇章　あたかも死にしはえの、香ぐわしき油に悪しき
においをおこすがごとく、
すこしの痴愚は多くの知恵と貴尊とを圧するなり。
（一）
知者の心は右に向かいて有効なり。
愚者の心は左に向かいて無効なり。（二）
まことに愚者出でて道を歩むや、その無知をあらわし、
会う人ごとに彼をさしていう、「彼は愚者なり」と。
（三）
もしなんじの君なんじにむかいて怒りを発せんか、
なんじの処を離るるなかれ。
忍耐はさらに大なる凌辱を避（よ）けん。（四）
われ日の下に一つの憂うべきことあるを見たり。
これは君たるもののおちいるあやまちなるがごとし。（五）
すなわち愚者、高き位に上げられ、
賢者、低き処にすわる。（六）
われはまた、しもべの馬に乗り、
主人の、しもべのごとくに土を踏むを見たり。（七）
されども（つぶやくなかれ）穴を掘るものはみずか

らこれにおちいり、
石垣をこぼつものは蛇にかまれん。(八)
石を引き出すものはかえってこれがために傷つき、
木を割るものはかえってこれがために切られん。
(九)
斧にぶくしてその刃を磨(と)がざらんか、
力を多く用いざるを得ず。
知恵は功をなすに益あり。(一〇)
蛇もしまじないを聞かずして咬(か)まんか、
まじない師の益いずこにかある。(一一)
知者のことばは恩寵をまねき、
愚者のくちびるはその身を滅ぼす。(一二)
その口のことばの始めは愚なり。
しかしてその終わりは暴と狂となり。(一三)
愚者はことば多し。
人は後にあらんことを知らず。
今あることと後あらんことと、
たれか、これを知るものあらんや。(一四)
愚者の労苦はその身を疲らす。
彼は町に至る道さえをも知らざるなり。(一五)

わざわいなるかな、その王はわらべにして、
その君たちは朝より宴飲する国よ。(一六)
さいわいなるかな、その王は貴人にして、
その君たちは時を定めて食う国よ。
彼らは力を得んために食う。
酔いて楽しまんために飲まず。(一七)
怠慢のゆえに屋根は落ち、
怠惰のゆえに家は雨もる。(一八)
彼らは笑い喜ばんがために食い、
楽しみを取らんがために飲む。
しかして金と銀とはこれに応ぜざるべからず。(一九)
しかはあれど、なんじ心の中にても王をそしるなか
れ。
また寝室にても貴顕をのろうなかれ。
おそらくは空の鳥、知らせをはこび、
つばさあるもの、そのことを伝えん。(二〇)

(下) 喜ばしき発見

一 愛と勤勉の生涯にあり

一一章 なんじのパンを水の上に投げよ。

多くの日の後になんじふたたびこれを得ん。(一)
これを七人に分かてよ、また八人に分かてよ。
なんじ地にありていかなるわざわいに会うかを知らざるなり。(二)
雲もし雨をふくむあらんか、
これを地にそそぐなり。
木もし南に倒れんか、また北に倒れんか、
木はその倒れし所にとどまるなり。(三)
風をうかがうものはまくことをせず。
雲を望むものは刈ることをせず。(四)
なんじは風の道を知らず。
女の胎にて胎児のいかにして育つかを知らず。
かくてなんじは万事をなしたもう神のみわざを知らざるなり。(五)
さればなんじ朝になんじの種をまくべし。
夕べになんじの手をゆるむるなかれ。
そはなんじはみのるものの、この種なるか、またかの種なるか、
また二つとも善く育つかを知らざればなり。(六)
かくて光はなんじに楽しかるべし。
しかしてなんじの目は日を見ることによりて喜ぶべし。(七)
人もし多くの年、生きながらえんか、
彼はさいわいの内にすべての年を過ごすべきなり。
彼はまた多くの暗き日の来たらんことをおぼゆべきなり。
まことに身に臨むすべてのことは空なり。(八)

二　希望と快活の生涯にあり

青年よ、なんじの若き時に楽しめよ。
なんじの若き時に心を喜ばしめよ。
なんじの心の道を歩めよ。
なんじの目の欲するところをなせよ。
しかして知るべし、そのすべてのわざのために、
神なんじをさばきたもうことを。(九)
さればなんじの心より憂いを去るべし。
なんじの身より悲しみを除くべし。
そは若き時とさかんなる時とはともに空なればなり。(一〇)
一二章　なんじの若き日に特になんじの造り主をおぼゆべし。

悪しき日の来たらざるさきに、
「われははや何ごとをも楽しまず」といわんその年
の至らざるさきに、（一）
また日や光や月や星の暗くならざるさきに、
雨の後に雲の帰らざるさきに……（二）
その日至らん時に、家を守るものは震え、
力ある人はかがみ、
ひき臼をひく女は少なきによりて休み、
窓より外をうかがうものの目はくらみ、
ちまたの門は閉ざさる。（三）
ひき臼の声絶えて、
鳥は叫んで空をかけり、
鳴く鳥はすべてその巣に帰る。（四）
時に震駭の、上より臨むあり。
恐怖、道に横たわる。
はたんきょうはしりぞけられ、
いなごは身に重くなり、
薬味は嗜欲を起こさず、
人は永遠の家に至らんとして、
泣き女、ちまたに行きかう。（五）
われはいう、銀のひもは解け、
金の皿の砕けざるさきにと。
またいう、つるべは泉の側に破れ、
ろくろは井戸のかたわらに破れんさきにと。（六）
かくして体はもとの土に帰り、
魂はこれを授けたまいし神に帰るべし。（七）

人生の目的

神をおそれ、その戒めを
守るにあり

空の空なるかな、すべて空なり。
コーヘレスは自身知者なりき。（八）
彼はまた民に知恵を教えたり。
多くの格言を対照し、蒐集し、編纂したり。（九）
コーヘレスはなぐさめのことばを探り、
これを正しきまことをのことばをもて書きしるした
り。（一〇）
知者のことばはとげあるむちのごとし。
司会者のことばは打ちこまれたる大釘のごとし。
しかして二者ともに一人の牧者より出でしものな

り。（一一）

わが子よ、特にこのことを注意せよ、すなわち
多く書を作るも果てしなし。
多く学ぶは身の疲労なり。（一二）
事の全体の帰するところを聞くべし。いわく
神をおそれてその戒めを守るべし。
これ人の全部なり。（一三）
神は人のすべてのわざをさばきたもう。
善にもあれ、悪にもあれ、
すべての隠れたることをさばきたもう。（一四）

伝道の書綱目

人生の事実

空の空なるかな（一・一―一一）

至上善の探求

一　知恵なるか（一・一二―一八）
二　快楽なるか（二・一―一一）
　付　知恵と快楽との比較（二・一二―二六）
三　事業なるか（三・一―五・二〇）
四　富貴なるか（六・一―一二）
五　中庸の道なるか（七・一―八・一五）

至上善の発見

(上)探求の結果
一　知恵にあらず（八・一六―九・六）
二　快楽にあらず（九・七―一二）
三　功績にあらず（九・一三―一〇・二〇）
(下)喜ばしき発見
一　愛と勤勉の生涯にあり（一一・一―八）
二　希望と快活の生涯にあり（一一・九―一二・七）

人生の目的

神をおそれ、その戒めを守るにあり（一二・八―一四）

参考書

この解訳をなすに当たり、訳者は下の三書に負うところがはなはだ多い。すなわち Ecclesiastes: by Dr. E. H. Plumptre; The Book of Ecclesiastes; by Dr. Samuel Cox; Ditto: by George A. Burton.

（一九一六年四―六月「聖書之研究」）

空（くう）の空

伝道の書一章一節

伝道者いわく空の空、空の空なるかな、すべて空なり（一）、

と。まことにこの世のことはすべて空である。財貨も空である。知識も空である。名誉も空である。最も成功多き生涯を送りし人といえども、ひとたびは必ずこの嘆声を発せざるを得ないのである。「なにわのことは夢の世の中」、財貨はくされ、知識はふるび、名誉もそこなわる。豊太閤の栄華の一生も、伊藤博文公の幸運の連続も、その終わるところは空である。

空の空、空の空なるかな、すべて空なり

このことを思うて何びとも世をいとわぬものはないのである。ニュートンの引力説も今は疑われ、スペンサーの進化哲学も今は顧みられず、日本国の博士もその数ほとんど千に達して、博士たる、必ずしも学海の権威たらざるに至った。伝道者はいうた、

われは多くの知識を得たり。わが心は知恵と知識とを多く得たり。われ心をつくして知恵を知らんとし、狂妄と愚痴を知らんとせしが、これもまた風を捕うるごとくなるを知れり（一・一六―一七）

と。富者たらんと欲することのみが狂妄と愚痴ではない。学者たらんと欲するものも同じである。政治家たらんと欲するものも同じである。この世のことにして一つとして永久に心霊を満足さするものはない。あると思うは迷信である。人は悪魔にたぶらかされて、影を追いつつ世をわたるのである。

しかり、富貴は空である。学識は空である。位階勲章ことごとく空である。美術は空である。芸術は空である。事業のための事業といい、学問のための学問といい、芸術のための芸術という。その事業と学問と芸術とはことごとく空である。これらは人が死せんとする時に彼の霊魂に満足を与うることができない。

さらば人生は絶対的に失望すべきであるか。世は全然これをいとうべきであるか。しからずである。万物こと

ごとく空であるが、ただ一つ空でないものがある。キリストとその十字架である。アイザック・ワットが歌いしごとく

In the Cross of Christ I glory,
Towering o'er the wrecks of Time.

時の残壊の上にそびゆる
キリストの十字架にわれは誇らめ

である。ここに永久の宝がある。永久の知恵がある。永久の栄光がある。これに携わりて人はその永久性の分与にあずからざるを得ないのである。しかしてこのことたる、迷信ではない。教会のしうる教義ではない。過去一千九百年間の人類の実験である。聖書に

見よ、われつまずく石またさまたぐる岩をシオンに置かん。すべてこれを信ずるものははずかしめられじ　ロマ書九・三三）

とあるはこれである。この世が見て、もって、つまずく石すなわち大疑問となすもの、それが万世ゆるがざる岩であって、これに信頼するものは最後のさばきの日においてはずかしめられず、すなわち恥を取らずとのことである。シオンに植えられしイエス・キリストと彼の十字架のみ不朽不動であって、彼にたよりてのみ永生はあるのである。人が空をまぬかれんと欲してただこの一途あるのみである。

空の空、空の空なるかな、すべて空なり

されどもただ一つ空でないものがある。ただ一つ永久に実在するものがある。愛の神がある。イエス・キリストは神の体現であって十字架はその愛の表号である。神の愛、イエス・キリストの十字架、……万物は敗壊に帰する時に、これのみはのこるのである。

（一九一五年七月「聖書之研究」）

伝道の書第一章

伝道の書一章一節

開巻第一に

空（くう）の空、すべて空なり（一・一）

という伝道者のことばははなはだしく厭世的であって、現世の富にたより知識にあこがれつつある今の人の聞くをこのまぬところなれども、しかもつねに耳にひびくことばである。これ古代においては栄華のきわみにありしソロモン王も、近く日本においては成功の権化と歌われた故伊藤公といえども、桂公といえども、いわざるを得ぬことばであって、そして何びともひとたびは発するところのことばであって、また最後に発するところのことばである。さらば人はついに生まれざるをよしとし、すでに生まれたるものは早く死ぬるをよしとすべきかというにそうではない。この世における富も位地も、事業も知識も、いずれもみなついに空なれども、ただ一つ空ならざるものがあって、人はこれがために生きこれがために働くのである。しかしてこのことはこの書には述べられずして、聖書の他のところにておぎなわれている。この書の書かれたるゆえんはこの意を示すためである。さきごろ日光に東照公の三百年祭を見、かの陽明門の前に立ち、神々しき杉並木の下に神輿の通御を待ちつつ友人と語ったのであるが、初代徳川家においてこれを建てた時は、徳川家はじめ何びとも、徳川家の栄華は永久につづき万代に栄ゆることと思ったであろう。しかもわずかに三百年後の今日においてはいかに。さいわいにして徳川家は滅ぶることはなかりしも、当時の栄華は跡なく去りて、今や霊廟の維持は徳川家一門のたえがたき負担であって、維持のために世間に広く資をつのる等、種々の方法は講ぜらるるも、なお修理ゆきとどかずして、昔日の美観は大いにそこなわれている。思うに四百年祭を挙行するのころはさらに落莫たるものありて、今日芝増上寺二代将軍の霊廟を見るごとくになるのであろう。当時栄華の中にありては世事決して空ならずして、ひたすらにかかる栄華の永続を思い、先祖の墓の維持に苦しむの日が来たらんとは何びとも思わなんだであろう。徳川家しかり、その他一般社会に興（おこ）る家あり、倒るる家あり、昨日は栄え今日は衰うという栄枯盛衰の実物をおたがい毎日目撃するのである。知識またしかりにて、新知識としてさかんに迎えはやさるるものはただちにまた古くなりて、あざけり捨てらるるのである。ヘロデ王の神殿は日光廟に幾倍まされる宏荘華麗のものであったろうが、キリストは「ここに一つの石も石の上にくずれずしてはのこらじ」と仰せられた。まことにこの世のこと一として空ならざるはない。しかり、しかしながら空ならざるものが一つある。ヘロデ王の神殿はくずれ徳川家の栄華は失せたが、永久に失せないものが一つある。これを忘れてはならぬ。この世のことすべて空なれども、われらはこれを捨てずして、それぞれの職務に力をいたすが、しかもそは空なるこの世のことのためではない。他の空ならざるもののためである。この世に千種万様のことがいとなまれつつありて、そのもっとも大切とさるるところがいずれも空なることである。学生の語るところはいわゆる成功であり、実業家はひたすらに産をなすことにのみ熱中して他を思うのいとまなく、挙世滔々(とうとう)として空なることにのみ奔走しおるのであるが、われらは空のこともなせども空ならざることになすところがなくてはならぬ。われらにしてこれがなければ、ただに人に忘れらるるのみでなく神に忘れらるる悲惨の日が来るのである。教師の地位にある余がこれをいえば、故意にわがなすところを貴しとし我田引水の観あれども、これはわが仕事ではなくてわれの選みし仕事である。諸君にしてもし最上の興味を、万事は消えても消えざる唯一のことに持たざれば、諸君各自が消えてしまうのである。

この今井家は幾多の艱難の中にありしも、恵みのもとに今日あるを得て、世に多少の善事をもなし、空ならざることのために尽くすところがあったのは、余の深く神に感謝するところである。ソロモン滅び徳川家もおとろえ、幾多豪家も倒るる世にありて、この家の繁栄も永遠につづくべしとの予言は何びとといえどもできぬところであるが、空ならざる方面のことは永久にのこるのである。これが大切なることである。もししからずして、世のいわゆる成功にあこがれたならば、いかに成功するとも知れたものにして、たとえ日本の富をことごとく得るとも計り知るべきである。願わくはこの家は消えざることのために永く存せんことを祈る。このことのために尽くして、家もまた滅ぶることはないのであるが、よしや滅ぶるとも、花が果実をのこして散るごとく、消えざることのためにのこすところあればうらみはないのである。諸君もまた心を留めて、ソロモンは滅び、徳川家の栄華は夢と消え、明治の文明は滅び失せるとも、永遠滅びざるもののために尽くされんことを望む。（六月五日故今井樟太郎氏第九回記念日芝区白金猿町なる同家にての親睦会において、中田信蔵筆記）

（一九一五年七月「聖書之研究」）

事業熱に捕えられしコーヘレス

伝道の書三章一節—五章一八節

逸楽に飽き知識に失望せしコーヘレスは事業を試みた。彼は多くの有為の人とともに、活動の生涯に人世の憂苦を忘れ、激励の快楽をむさぼらんとした。彼はいうたであろう、身の逸楽は淡きこと夢のごとし。つかみしかと思えば消え失す。知識もまた同じ。その得るところは空想にすぎず。しかず、実行に身をゆだねんにはと。事業に事業としての確実の価値がある。またこれに従事して人は堅実ならざらんと欲するも得ない。神といい、善といい、霊魂といい、永生といい、実は言葉にすぎないのである。何よりも確かなるものは仕事である。この世をより善くなすことである。思想と言葉とにあらずして実物を世に供することである。哲学ではない。神学ではない。文学ではない。実業である。慈善である。社会改良である。今世を善事実行に消費して、来世はどうであろうと、あえて憂慮するにおよばないと。

かく意を定めて、コーヘレスは万事を抛擲して、当時のありとあらゆる事業に彼の一身をゆだねたのである。彼は邪曲（よこしま）の世におこなわるるを憤り、これを正さんとした（三・一六以下）。彼は圧せらるるものの涙を見てこれをなぐさめんとした（四・一以下）。彼は労働の平均を計りて民の労苦を減ぜんとした（四・四）。彼は守銭奴の愚を笑うて共同一致の利益を唱えた（四・七以下）。彼は政変に際して幸運児の政権を握るを見た（四・一三以下）。彼はまた宗教改革を試みた（五・一以下）。かくして彼の多忙なる生涯をもって自己の憂苦を忘るると同時に人類の幸福を増さんとした。彼は善行において人生の至上善を発見せんとしたのである。あたかも今日のキリスト教信者が、教義に飽き伝道に失望して、あるいは政治に入りて政界刷新を計り、あるいは慈善に投じて貧児の救済に従事し、あるいは社会主義者となりて社会改良を唱うるのたぐいである。その志たるや、よみすべしである。されどもコーヘレスはその目的を達せしや。事業ははたして彼にとり人生の至上善でありしや。彼はここに彼の実験の結果を世に伝えているのである。

　事業に従事して、コーヘレスがまず第一に学びしことは、人は願うて事業の成功を見ることができないということであった。事の成るに時がある。時を得ずして何事も成らない。人がいくら苦心しようが、いくら努力しようが、彼の才能はいかに多く、彼の思想はいかに高くあるとも、時を得ずして事業はあがらないのである。時である、時である。時を得て愚者も大功を奏し、時に会わずして賢者も無為に終わる。人が事をなすのではない。時がなすのである。時を待たずして事をなさんと欲するは、春を待たずして花を咲かさんと欲すると同じである。このことに感ずきしコーヘレスはいうたのである。

　すべてのことに時あり。
　天が下に人のなすすべてのわざに時あり。
　こぼつに時あり、建つるに時あり、
　たもつに時あり、捨つるに時あり、
　裂くに時あり、縫うに時あり、
　愛するに時あり、憎むに時あり、
　戦うに時あり、やわらぐに時あり、
　かくて人は労して、その労苦よりして必ずしも益を
　得るあたわざるなり。（三・一－九）

と。これ教訓の語のごとくに見えて実は失望の声である。逸楽に飽き知識に失望せし著者コーヘレスは、みずから立ちて大いに事業をなさんと欲したのである。しかるに事業に従事して、その容易に成らざるをさとったのである。事業は人のわざにあらざることを知ったのである。しかしていまだ「神のみ心」と断言するあたわざりし彼は「時」というたのである。事業は人がなすにあらずして時がなすのであると彼はいうたのである。しかして人生の至上善を事業に求めて、彼は失望せざるを得なかったのである。自分が求めて得るあたわざるもの、努めて

なすあたわざること、それが至上善でありようはずはない。事業は人力以外である。事業は時の産である。おのずから成るものである。人があせりまたは求めて成るものではない。待って成るのを見るにすぎないものである。「果報は寝て待て」である。「人は労して、その労苦よりして益を得るあたわざるなり」である。益と果報とは時が持ち来たるのである。事業の成功を目的として人の労苦は、たいていの場合においては徒労となりて終わるのである。

まことにコーヘレスのいうたとおりである。事業、事業（ワーク、ワーク）と叫び、事業がその信仰であり事業がその生命である今のキリスト教信者、ことに米国流のキリスト教信者には、事業さえもあがらないのである。社会は彼らの運動によりて改まらないのである。平和は彼らの活動によりて臨まないのである。信者は彼らの戦闘（キャンペーン）によりて起こらないのである。彼らはたださわぐのみである。ただ走るのみである。ただ有力者の賛成助力を得んとて奔走するのみである。ただ会合を開くのみである。ただ雄弁をふるうのみである。ただ事業の統計表を作るのみである。されども彼らによりて永遠の事業はすこしもあがらないのである。しかしてコーヘレスのごとくに誠実を愛し、至上善を求めてやまざるものは、ついにはこの徒労なる事業に失望せざるを得ないのである。事業は貴くある。神（時ではない）がなしたもうものなるがゆえに貴くある。人は神の役者（えきしゃ）にすぎない。ゆえに彼は神を目的として、事業を目的とすべからずである。彼は事業の成否にかかわらず働くべきである。時を得るも時を得ざるも、はげみて道を宣べ伝うべきである（テモテ後書四・二）。特別に大努力を試むべきでない。特別に大挙伝道をくわだつべきでない。ダビデのごとくに、民をしらべ民の数を知らんとして（信者の統計表を作りて）神の怒りをまねくべきでない（サムエル後書二十四章）。事業を談じ、事業をくわだて、事業を誇り、事業を表す、そのことが空である。しかり、罪である。

以上は事業全体にかかわるコーヘレスの失望の声である。しかして彼はつづいて、彼が試みし個々の事業について彼の失望を述べたのである。彼は邪曲の、世におこなわるるを見て憤った。彼はいうた、

われまた日の下を見しに、
さばきをおこなう所によこしまなることおこなわる。
公義をおこなう所によこしまなることおこなわる。
（三・一六）

と。裁判所の腐敗である。裁判官の堕落である。司法権の蹂躙である。国法の濫用である。コーヘレスはこれを見て憤慨に堪えなかったのである。ゆえにこれを矯（た）め、これを正し、国家と社会とをその根底よりきよめんとしたのである。されども、ああ、この場合においても、他の場合におけるがごとく、

曲れるものはこれを直からしむるあたわず（一・一五）

であった。腐敗は依然として継続せられた。司直の任に当たるものは種々の言をかまえて邪曲の邪曲ならざるを弁じた。コーヘレスの努力は無益であった。ここにおいてか、彼はおのれをなぐさめていうた。

神は義者と悪者とをさばきたもうべし。
そは彼にとりては万事万物に時あればなり（三・一七）

と。人なる裁判官は公平にさばかず。邪曲は司直の府におこなわる。今これを正しゅうせんと欲するもあたわず。されども神なる裁判官は義者と悪者とをさばきて誤らず。彼は彼の選びたもう時に必ずこれを実行したもうと。かくてコーヘレスの場合においても、革正の失敗は信仰を起こしたのである。彼は司法官の無能に失望して神に頼るに至ったのである。誠実なる改革の努力につねにこの利益がともなうのである。人は社会と政府と教会に失望して神を信ずるに至るのである。

コーヘレスは彼の第一の革正事業に失敗して、人の何なるかをさとったのである。

われまたわが心にいいけらく、
神の人の子をふるいたもうは、
これにその獣なることをさとらしめんとてなりと。
人に臨むことはまた獣にも臨む。
二者に臨むところのことは一つなり。
人は獣にまさるところなし。

たれか人の魂の上にのぼり
けものの魂の地にくだるを知らんや（三・一八―二一）

と。公義に欠乏して、人は獣と何の異なるところがない。人より正義を引き去りたるものは獣である。正義のおこなわれざる社会は獣の社会である。コーヘレスはこのことばを発して決して奇矯のことばを発したのではない。平明なる常識を述べたのである。しかして神はその平明なる真理をもって、人の明白なる邪曲をはかりたまいて（「人の子をふるいたもう」とあるはこのことをいうのであろう）、人にその獣なることをさとらしめたもうのである。もちろん神は人を獣として造りたもうたのではない。人は正義を捨てて、獣にまでなりさがったのである。しかして正義を捨てて獣に化せし人は、獣に何のまさるところはないのである。

二者同一の所に行くなり（三・二〇）

である。かかる人に霊魂の不滅あるなしである。かかる人を獣にくらべて、われらは

人の魂は上にのぼり、獣の魂は地にくだる（三・二一）

ということはできない。コーヘレスのこの観察はあやまらないのである。彼は改革事業第一に失敗して、神に頼るに至りしとともに、公義の執行を求めざる社会民衆の、獣にひとしきものなることをさとらしめられたのである。

コーヘレスはヘブライ人であった。彼は預言者の教訓に育てられて、義の人でありしと同時に情の人であった。彼はさきには公義をおこなう所によこしまなることのおこなわるるを見て憤った。彼は今や自由なるべきものの圧せらるるを見て泣いた。彼は身をめぐらして天が下におこなわるるところのすべての圧制を見ていうた。

われは圧せらるるものの涙を見たり。
されども彼らをなぐさむるものあらざるなり。
圧するものの手に権力あり。
されども彼らをなぐさむるものあらざるなり（四・一）

と。圧制は広く世におこなわる。しかして圧するものの

手に権力あり。しかして圧せらるるものにただ涙あるのみ。されども彼らをなぐさむるものあらざるなりと。

彼らをなぐさむるものあらざるなり（四・一）

と、彼は繰りかえしていうて、彼らに対する彼の深き同情を表した。しかして圧制の手のゆるまざるを見て、また圧せらるるものの涙のぬぐわれざるを見て、彼は人世について失望していうた。

ゆえにわれは思えり。すでに死にたる死者の、
今なお生ける生者よりも幸福なるを。
またこの二者よりもさらに幸福なるは、
生まれずして、日の下におこなわるる悪事を見ざる
ものなるを（四・二―三）

と。西洋に Man's inhumanity to man（人の人に対する不人情）ということばがある。世に残忍なること多しといえども、人が人に対しておこなう残忍のごときはないのである。四海みな兄弟なりとは空言である。兄弟ではない、讐敵である。おのが安寧を維持せんがためには、一の階級は他の階級を圧して、いつまでもその圧制の手をゆるめないのである。しかしてたまたま博愛の士の起こるありて、一視同仁、天恵等分の理を唱うるものあれば、権者は怒ってその声を圧し、彼に負わするに秩序攪乱の罪をもってし、彼をしてふたたび立って貧者の権利を主張するあたわざらしむ。しかして圧制はコーヘレスの時におこなわれて、今なおおこなわるるのである。文明の進歩は圧制を減じない。ただ圧制の形を変えるまでである。人類の大多数は今なお圧せられて、その涙はぬぐわれず、彼らをなぐさむるものはないのである。まことの同情の目をもって人生を見んか、死はまさに生よりもさいわいである。生まれざるは生まれしよりもさいわいである。しかして人世のこの不公平、この不平均を除かんと努めしものにして、コーヘレスの発せしこの嘆声を発せざるものはないのである。まことに弱者の味方となりてその救恤をはかりしものは、人の心の石よりも堅く、まむしよりも悪しきことを知りて、預言者エレミヤとともに叫ばざるを得ないのである。

人の心はすべてのものよりも偽るものにして、はなはだ悪し。たれかこれを知るを得んや（エレミヤ書一七・九）

と。

　コーヘレスはつぎに労働問題に注意した。彼は労働の神聖を教え、民をしてその業務に安んぜしめんとした。されども彼の善意に出でたるこの事業もまた失敗に終わった。民は彼の教えに従わなかった。彼らにありては労働は依然として労苦として存した。しかして彼は彼の教えのおこなわれざる理由を発見した。労働の動機がまちがっているからである。世人の労働に従事する、かならずしもなりわいのためではない。衣食の料を得んと欲して、人は寝食を忘れてまで働くの必要はないのである。もちろん神に仕うるための労働でない。天然をよりよくせんための労働でない。相互の嫉妬競争より起こる労働である。コーヘレスはいうたのである。

　われまた人のすべての労苦と仕事の精巧との、
　人々相互の嫉妬（競争）より起こるを見たり（四・四）

と。すなわち「他人に負けまい」という思念より起こる労働である。ことばを変えていえば、嫉妬に原因する労働である。虚栄を目的とする労働である。他人を倒してわれひとり立たんとするための労働である。しかして労働がかかる動機に出ずる間はその改善は期すべからずである。労働の動機を改めなければならない。しからざれば労働は改まらない。労働問題と称して、決して容易の問題でない。事は人生の根底に触れる問題である。その根底の問題の解決せらるるまでは、資本と労働の調和をはかるも無益である。しかり、二者の調和は不可能である。人が人を愛するに至るまでは労働問題は解決されない。しかしてこのことに気づきしコーヘレスはいうたのである。

　これまた空にして風を捕うることなり（四・四）

と。人類を利欲の動物と見ての労働問題の解決、これ空にして風を捕うる底（てい）の問題である。無益の問題である。解決の見こみなき問題である。労働問題は労働問題としてのみこれを解決することはできないのである。

　されども事実はいかに？　コーヘレスより二千五百年後の今日、世のいわゆる知者は、彼の気づきしこの単純の理に気づかないのである。労働問題は今なお労働問題として攻究されつつあるのである。嫉妬競争を罪悪として認めずして、しかり、これを合法視して、この世の論者はこの問題を解決せんとなしつつあるのである。空なるかな、この努力。風を捕うるにひとしきかな、この画策。労働問題は道徳問題として、または宗教問題として、または信仰問題として、その解決を見ることができるのである。

しかして個人の労働にとどまらない。国家の経綸もまた同じである。嫉妬競争を基因とする今の外交問題もまた果てしなき空問題たらざるを得ないのである。英国を倒さざればドイツは起こらないといい、ドイツを圧せざれば英国は滅ぶべしという。一個の小なる地球ありて、二個または二個以上のいわゆる世界勢力があるのである。世界の平和は乱されざるを得ない。嫉妬競争を人類の合法性と認めて、地に泰平（おだやか）を来たさんとするも、これまた空にして風を捕うるの業である。平和問題は福音宣伝を離れて語ることはできない。国家存在の根底がまちがっているのである。競争が進歩の原理として認めらるる間は、世に戦争は絶えないのである（ヤコブ書四・一参照）。

競争のためにする労働とともに蓄積のためにする労働がある。二者ともに自分本位の労働である。普通、世に後者を称して守銭という。自分本位にも程度があるのである。労働の結果を自分の妻子同類とともに分かたんとするのがある。これを自分一人で占有せんとするのがある。守銭奴は、銭を愛するの極、妻子眷属をもいとうのである。彼はただ銭を見てたのしむのである。手段が目的と化したのである。快楽を得るための金銭そのものが快楽と化したのである。しかしてその不自然の快楽を自分ひとりむさぼらんとするのである。守銭は自分本位の極端であってその絶下である。コーレヘスの言は簡単にして痛切である。

ここに人あり、単独にして伴侶（とも）なく、
子なし、また兄弟なし。
しかるにそのすべの労苦に果てしあるなし。
その目は富に飽くことなし。
彼はたがために労し、たがために節するにや。
これまた空にして憂うべきことなり（四・八）

と。馬琴の夢想兵衛、ジッケンスのスクルージは、ともによくこの人物をえがきしものであって、コーヘレスの

このことばのよき注解として見るべきである。

自分本位をその極端において見て、著者は共同一致の美をたたえざるを得なかった。四章九節より十二節に至るまでの数行は、わが毛利元就がその子らをいましめし言に似て、処世の箴（しん）として価いと貴きものである。

三すじのなわは容易に断たれざるなり（四・一二）

一脚にては足らず。二脚にては危し。三脚鼎足の上に立ちて、人は容易に動かず、主義もまたすたれないのである。同志三人かたく相結び、ともに相助けて、天下はすでにわがものなりと称して誤らないのである。

コーヘレスはまた世の政変なるものに際会した。しかして一介の書生の一躍して王者となりしを見た。老政治家が民の人望を失いて墜落し、青年政治家がこれに代わって廟堂に立つを見た。古今東西変わることなしである。著者をしていわしめよ、いわく

貧しくして賢き青年は、老いて愚かにして
諫言をいるることを学ばざる王にまさる。
彼ひとやより出でて王となれば、
王はその国にありて乞食（こつじき）となる。
われ日の下に歩むところの群生が、
王に代わりて立ちしところの青年の下にむらがるを
見る。
はてしなき民衆その前にあり。
されども彼の後に来たる時代は彼を喜ばざるなり。
これもまた空にして風を捕うることなり（四・一三―一
六）

と。「王」とは王者である。政権を握るものである。彼、「諫言」すなわち世論をいれざるに至りて、民間の青年政治家はあげられてその後を継いだ。彼は元老の忌諱に触れて、一時は牢獄に投ぜられしもの、今や牢獄を出でて自身王者となれば、前の王者はその国にありて乞食となる。しかして民の人望にわかに青年政治家にあつまり、その門前、市をなすに至った。しかはあれど、彼、青年政治家の勢力もまた長くはつづかなかった。彼の後に来たりし時代は彼を喜ばなかった。彼もまた彼が取っ

て代わりし元老とひとしく墜落して「乞食」となった。しかして政界は転輾して同一事を繰りかえした。これもまた空にして風を捕うることであると。

著者コーヘレスははたして身を政界に投じて自身彼の目撃せし政変にあずかりしやいなや。そのことはこの記事によってはわからない。余輩は彼がしかせざりしことを望む。しかも彼にひとしき古今東西の知者にして、政界の栄耀に幻惑せられ、あるいは教職をなげうち、あるいは家産をかたむけ、社会をその表面において飾らんとして、政界はすこしもきよめられず、自身は「その国にありて乞食となり」しものはあげて数うべからずである。コーヘレスは、自身墜落の厄難に会わずして政界離脱の知恵を学びしやいなやを知らずといえども、政治のことたる、多くはこれ空にして風を捕うることとなるは、誠実の士にしてこれを試みしもののひとしく看破せしところである。政治は決して人生の至上善ではない。よしこれに成功して総理大臣となり、大勲位を授けられ正一位を贈られて墓に下るとも、政治のことたる、豊太閤の歎ぜしがごとく「なにわのことは夢の世の中」である。コーヘレスもまたアジア人として一時は政治にあこがれたであろう。彼もまたある時はいと高き山に携え行かれ、その頂きに立たせられて、世界の諸国とその栄華とを見せられて、大いにその心を動かされたであろう。しかしながら、さいわいなるかな、彼にイスラエルの敬虔にして深遠なる教訓があった。彼は政治に捕えられなかった。少なくともその把握よりまぬかるることができた。政治は淫婦のごときものである。

神の喜びたもうものはこれを避くるを得べし。されども罪人はこれに捕えらるべし（七・二六）

である。

コーヘレスはまた宗教改革を試みた。彼は民の宗教の虚偽に流れ形式に沈みしを見て、これをその原始（はじめ）の単純に引きかえさんとした。彼はいうた、

なんじ、神の前にかるがるしく口を開くなかれ。
心を静かにして、みだりにことばを出だすなかれ。
神は天にいまし、なんじは地におるなり。
さればなんじのことばをして少なからしめよ（五・二）

と。彼は当時の宗教家の軽挙多弁に堪え得なかった。彼はまた民が実際に神をもてあそぶを見て義憤を禁じ得なかった（五・四—六）。彼は一言もって民の肺腑を突いた。

なんじ、エホバをおそれよ（五・七）

と。神をあざむくなかれ。彼をもてあそぶなかれ。宗教をしてまことに宗教たらしめよ。「なんじ、エホバをおそれよ」と。しかして彼の改革事業がはたして功を奏せしやいなや、そのことはしるしてない。しかしこの書の全体の調子より推して見て、彼のこの事業もまた失敗に終わったらしくある。世にまれなるものとてまことの宗教のごときはない。政治は政治家の玩弄物であって、宗教は宗教家の商品である。あざむかんと欲するの僧侶と、あざむかれんと欲するの民衆ありて、ここに世のいわゆる宗教が成立するのである。しかしてここに一人のアモスまたはルーテルのごときものが出て、世は震動するのである。彼はまことに神を信ずるのである。しかしてその信仰の実弾が、白く塗りたる墓に似たるこの世の宗教を粉砕し去るのである。まことの宗教は単純である。その言葉は少なくある。ゆえに民と僧侶とに喜ばれないのである、コーヘレスの宗教改革もまた、時を得ざりしがゆえに、多くの他の宗教改革とともに無効に終わったのであろう。

かくてコーヘレスは種々の事業を試みて、多くのつらき目に会うたのである。彼はまず第一に事業の容易に成るものにあらざるをさとった。彼はまた事業に労苦多くして、心の平安のこれにともなわざるを知った。事業は信仰の代用をなさない。事業に果てしがない。ゆえにこれに従事して、人は果てしなくその追窮するところとなる。事業は人をして疲労せしむ。事業は世の汚れと自己の弱きとを示し、人をして、世につき自己について失望せしむ。事業は人生の至上善ではない。しかしてこのことをさとりしコーヘレスはふたたび自己にかえり、暫時の慰安を求めていうた。

見よ、われはこのことのまことなるを見たり。すなわち

人の身にとり善かつ美なることは、
神に賜わるその命の間、食いかつ飲み、
日の下にて労して得たる幸福を楽しむことなるを
(五・一八)

と。これ「飲めよ、食えよ、われら明日死ぬべければなり」というのであって、決してほむべき慕うべき道ではない。されども心の平安を事業に求めて人はここにかえらざるを得ないのである。事業は空である。ゆえに死せる事業(dead works)という。事業はもって人の霊魂を支うるに足りない。事業は事業以外にある慰籍を要するのである。

事業に失望せしコーヘレスは、久しきあいだ、中庸道にまようた。されども神はいつまでも彼を迷霧の中におきたまわなかった。誠実に人生の至上善を探りし彼は、ついに光明の域に達した。彼はこれを、結果を望まざる愛の行為において発見した。

なんじのパンを水の上に投げよ(一一・一)

といいて、彼は悔いなき、失望なき、歓喜満足の生涯に入ったのである。

(一九一六年八月「聖書之研究」)

コーヘレスの中庸道

伝道の書七章一節—八章一五節

聖書は神の真理を伝うる神の書(ふみ)である。されどもその中に多くの、人の真理が伝えられている。これもちろん神の真理とともに人の真理を伝えんがためではない。人の愚かさをもって神のさとさを伝えんがためである。このことをわきまえずして、人の真理を神の真理と読みちがえて、われらは大なるあやまりにおちいるのである。聖書のしるすことばはことごとくは神のことばではない。その中に多くの人のことばがある。注意して聖書を読まざる時に、われらは人のことばを神のことばと取りちがえて、大なる害毒を身に招くのである。

その最もいちじるしき例は、伝道の書七章一節以下八章十五節に至るコーヘレスのことばである。これは確かにコーヘレスのことばである。神が彼をもって人類に告げたまいしことばではない。著者自身のことばである。

しかも著者が光明に達せし時のことばではない。いまだ暗黒にさまよいし時のことばである。その中にもちろん多少の真理がある。しかしながら、全然人の真理である。この世の知恵である。知者のことばのごとくに聞こえて実は人を誤りやすきこの世の知恵である。まことにパウロのいいしように

この世の知恵は神の前には愚かなる（コリント前書三・一九）

ものである。

著者コーヘレスは人生の至上善を探求して、これを知識に求めて得ず、快楽に探りて当たらず、事業に尋ねて見出ださず、失望の極、彼は一時おのれの知恵に落ちついたのである。人の知恵といえば古今東西変わることなしであって、イスラエル人コーヘレスの落ちついた知恵もまた中庸の道であったのである。孔子の道、釈迦の法、プラトーの理、人という人の道はすべてこれである。いわく中庸の道と。いわく黄金的中道（ゴールデンミーン）と。右に偏せず左に偏せず、よくその中間を歩むこと、熱きに過ぎず冷たきに過ぎず、寒暖そのよろしきを得ること、酒を飲むと同時に酒に飲まれざること、

知恵をもておのれを導きつつ、酒をもて体をなぐさむること（二・三）

これ神によらずしてみずからさとく世に処せんとするものの必ず採る主義方針である。しかしてあわれむべし、知者コーヘレス、彼人生の至上善を求めて得ず、しかも天よりの黙示の臨むあるなくして、彼もまたやむを得ずして、人の道にして俗人の知恵なる中庸の道に暫時の休息を求めたのである。

彼はまず凡人の套語をつらねていうた。

良き名は良き油にまさる。
死ぬる日は生まるる日にまさる。
悲しみは笑いにまさる。
知者の詰責を聞くは愚者の謳歌を聞くにまさる。
忍耐は傲慢にまさる。
なんじ怒るなかれ、怒る心は愚者の心にやどる
（七・一―九）

と。これ知者を待たずして人のよく知る真理である。しかもコーヘレスは彼の人生の実験によって、これら陳腐

のことばの中に深き真理を発見したのであろう。彼は快楽を愛した。しかし同時にまた快楽の危険を知った。ゆえに自己にたのみて正道を歩まんと努めし彼は、歓楽を避けて悲哀をえらんだのである。ゆえに彼はいうたのである。「死ぬる日は生まるる日にまさる」と。またいうたのである。「悲しみは笑いにまさる」と。歓楽を避けて、つとめて悲哀をえらむはつねに低き道徳の兆候である。生命のさかんなるところには必ず歓喜がともなうのである。「悲しみは笑いにまさる」とは寺院道徳の唱うるところである。修道院にありては笑いは禁物である。戦々競々として薄氷を踏むがごときの感をいだくにあらざれば正道はこれを歩むを得ずと、これらあわれむべき修養家は信ずるのである。ゆえに彼らの道徳なるものはことごとく消極的である。いわく、自己にかえりみよ、怒るなかれ、たのしみの家に入るなかれ、顔に憂いあるは心に善し……と。これみな外より内を治めんとするの道である。この世の普通の道であって、耳に賢く聞こえて身におこないがたき道である。しかしていまだ福音の何たるかを解し得ざりしコーヘレスもまた一時は聖人めきたるこの道を唱えたのである。

コーヘレスの俗才はさらにいちじるしく左のことばにおいてあらわれたのである。

> 知恵ありて財産あるは良し。
> これありて、生けるものに利益多し。
> 知恵は身の守りなり、金銭(かね)もまたしかり。
> されども知恵の利益はその所有者に生命をたもたしむるにあり(七・一一―一二)

と。まことに「高遠なる思想」である。人生の最大幸福はまことにこれであるに相違ない。「知恵ありて財産あるは良し」。知恵ばかりでは足りない。財産もなくてはいけない。財産ばかりではいけない。知恵もいる。学識に財産を兼ねて、幸福は完全であるのであると。余輩このことばを古き聖書の中に読みて、三千年前のユダヤ人の思想(かんがえ)を読んでいるような心地がしない。大正年間の日本人の理想を読んでいるような心地がする。「智慧ありて財産あるは良し」。しかり、しかり、まことにしかり。学士号を得、その上に博士号を得、これに加うに富家の女をめとりて、ここに学識と財産とが備わりて、人生の至上善はわが掌中に入ったのである。「知恵は身の守りなり、金銭もまたしかり」。まことにそのとおりである。清貧に安んぜしむかしの学者は安全の何たるかを知らなかったのである。今の世にありては、金銭に欠けて安全はないのである。コーヘレスはまことに今日の真理を語ったものである。大学教授にして株式売買に従事するものあるはこの真理を知るからである。「真理はそれ自身を支ゆるものなり」というがごときは、これを大学の教室において唱うるを得べし。しかしながら人生の硬（かた）き事実はかかる酔人のたわごとをゆるさず。聖書に伝道の書なるものありて、「知恵ありて財産あるは良し」と教う。聖書はまことに第二十世紀の書である。われは今よりこの書にのっとりて人世に処せんと。かくいう日本の学者と青年は決して少なくないのである。しかり、彼らのほとんどすべては、コーヘレスのこのことばには満腔の同情をもって共鳴するのである。

　コーヘレスはさらにその俗才を発揮して彼の中庸道を絮説（じょせつ）していうた。

われわがむなしき日の間にさまざまのことを見たり。
義人の正義をおこのうて滅ぶるあり、
悪人の悪をおこのうてその命を延ぶるあり。
このゆえになんじ正しきに過ぐるなかれ、
また賢きに過ぐるなかれ。
なんじ、なんぞ身を滅ぼさんとするや。
なんじ悪しきに過ぐるなかれ。また愚かなるなかれ。
なんじ、なんぞ時至らざるに死ぬべんけや。
なんじこれを手に取るはよし。
またかれにも手を放すなかれ。
神をかしこむものは両極端より逃れ出づるなり。
そは善をなし罪を犯さざる
正しき人とては地にあらざればなり（七・一五―二〇）

と。これ中庸道の要訣とも称すべきもの、思想の「高遠」、その「該博」、その「深遠」、まことに敬嘆渇仰すべきものである。宗教もかくのごとくに唱道せられて、たやすく世に受けいれらるるのである。「なんじ正しきに過ぐるなかれ。また悪しきに過ぐるなかれ」と。知恵と真理とはその中間にありである。

なんじらの義にして学者とパリサイの人の義にまさるところなくんば、なんじらは天国に入るあたわず（マタイ伝五・二〇）

といい、

天にいますなんじらの父の全きがごとくなんじらも全くすべし（マタイ伝五・四八）

といい、

もしなんじの右の目なんじを罪におとさば、抜き出だしてこれを捨てよ。もしなんじの右の手なんじを罪におとさば、これを切りて捨てよ。そは五体の一を失うは、全身を地獄に投げ入れらるるよりまさればなり（マタイ伝五・二九―三〇）

といい、

およそわれに来たりてその父母、妻子、兄弟、姉妹またおのれの命をも憎むものにあらざれば、わが弟子となることを得ず（ルカ伝一四・二六）

といい、

その命を惜しむものはこれを失い、その命を惜しまざるものはこれをたもちて永生に至るべし（ヨハネ伝一二・二五）

というがごとき、これみな極端の教えである。よし真理はそれであるとするも、これをかくのごとくに唱えて、世はこれを救い得べくもない。「義人の正義をおこのうて滅ぶるあり」、イエスのごときエレミヤのごときはその実例である。彼らは極端に正義をおこないしがゆえに早く滅びたのである。釈迦と孔子とはこれに異なり、よく中庸の道を守りしがゆえに長寿をたもち、多く教えて多く楽しんだのである。ゆえにいう、「神をかしこむものは両極端より逃れ出づるなり」と。敬神愛国の結果はこれである。善悪の両極端より逃れ出づるにある。エレミヤの預言ならで、またパウロの福音ならで、コーヘレスの中庸道こそ、よく東洋道徳にかないて、吾人を導きてまことの幸福に入らしむるに足ると。

ことに「称嘆」すべきは最後の一言である。すなわち

そは善をなし罪を犯さざる正しき人とては地にあらざればなり（七・二〇）

と。義人あるなし、一人もあるなし、ゆえに人はキリストを信ずるよりほかに神の前に義とせらるるの道あるな

しとは使徒パウロの唱えたところである（ロマ書第三章）。しかるにここに知者コーヘレスは教えていうたのである。義人あるなし、一人もあるなし、ゆえになんじ義人たらんと欲するの不可能的欲望を起こすなかれと。世に純義に達せんと欲するがごとき無益のくわだてはない。これ天にのぼらんと欲すると同じくわだてである。世に義人あるなし。しかるにわれ一人義人たらんと欲す。かかる欲望をいだけばこそ、いわゆるキリスト信者の生涯に失敗と失望とが多いのである。知者は無益の欲望を起こさないのである。彼は達成しあたわざることを達成せんと努めないのである。天の神が全きがごとく全からんと欲するがごとき、望んで全く益なきことである。この世の聖人君子がことごとく罪の人であるといわるるに、われ一人義人たらんと欲するは、これを僭越の極と称せざるを得ない。義人なし、一人もあるなし、ゆえにわれも凡夫として地上に棲息し、昇天の希望を起こすべからずであると。

イスラエルの知者コーヘレスはかくいうた。しかして日本の知者、学者、政治家、教育家、新聞記者、しかり宗教家と称せらるるものまでも、おおむねみなコーヘレスにならいてその中庸道を唱うるのである。彼らが恐るるものにして極端主義のごときはない。彼らは蛇蝎のごとくにこれを忌みきらう。哲人エマソンは教えていうた、「なんじの車を星につなげよ」と。しかるに今の学者と宗教家とは車を星につなぐの危険を唱えてやまないのである。彼らは実際的にわれらに教えていうのである。「なんじの車を政府につなげよ。あるいは教会につなげよ。あるいは富豪につなげよ。これを何ものにつなぐとも地球以外のあるものにつなぐなかれ。車を地を離れたる空の星につなぐがごとき、危険これより大なるはなし。今や理想と信仰とは地上の制度と権能とによりて支持せらる。政府の用ここにあり。教会の要ここにあり。星といい、理想といい、自由といい、独立というがごとき、これ詩人の夢想にあらざれば痴人の空想なり。なんじ、星を仰ぎ空想にあこがれて、なんじとなんじの愛する家族との幸福を犠牲に供するなかれ」と。しかして余輩はしばしばこれに類することばをキリスト教の教師より聞いたのである。その宣教師のあるものは、何のはばかるところなくして余輩にすすめていうたのである。「君の唱うるところは真理なるべし。されどもこれを実行せんとするは君にとりはなはだ不利益なるべし」(It will be very disadvantageous to you) と。真理なるべし、されども不利益なるべしと。これがコーヘレスの中庸道であった。しかしてまた今日の宣教師道徳である。アメリカ主義である。信者の卑しむべき、しりぞくべき世俗道徳である。極端主義のゆえをもって欧米の教会者らにいたくきらわるるデンマルクの信仰的勇者キルケゴールはいうた。

クリスチャンたるは難し。まことに難し。世にいまだかつてまことのクリンスチャンなるものは出でざりしならん。されどもそのことは、余がクリスチャンたるあたわざる理由とはならず。余は努めて世界最始のクリスチャンたるべきなり

と。しかして余輩もまたこの勇者のことばに従い、ローマ教会の法王、大僧正、英国教会の大監督と小監督、ルーテル教会の監督と神学者、メソジスト教会、バプチスト教会、組合教会、長老教会、クエーカー教会、その他ありとあらゆるすべての教会の監督、牧師、伝道師らを向こうにまわし、愛すべき彼キルケゴールとともに立ちていわんと欲す。

しかり、アーメン、余輩もまた神の恩恵と援助とにより、不可能と称せられ極端とそしらるる狭き小さき門より入りて、この世の事業の失敗を期して、まことのクリスチャンたらんことを欲す

と。中庸道は沈黙の利益を主張する。いわく

黙すに時あり、語るに時あり(三・七)

と。しかもおのが身の安全をはかりて、黙すべき機会は多くして語るべき機会は少ないのである。ゆえにいう、

愚者はことば多し(一〇・一四)

と。ゆえにたとえ世に非道と圧制とのおこなわるるを見るといえども、知者はつつしんで口をつぐむべきである。いわく

しかはあれど(世に多くの悪事はおこなわるれども)、なんじ心の中にても王をそしるなかれ。また寝室にても貴顕をのろうなかれ。おそらくは空の鳥しらせをはこび、つばさあるもの、そのことを伝えん(一〇・二〇)

と。不平はこれを心にいだくさえ危険である。曲れるものはこれを直からしむるあたわず。欠けた

るものはこれをおぎなうあたわず（一・一五）

曲れる時世はこれをそのままに放任しおくべきである。革正を叫ぶがごときは愚者のなすところである。知者は賢き沈黙を守りて身の安泰を計るべきであると。これ中庸道をもって至上善と信ぜしあいだ、コーヘレスが繰りかえしてやまざりしところであった。

　魯に行っては魯に従い、斉に行っては斉に従う。キリスト教国にありてはキリストを唱え、非キリスト教国に帰りては深く沈黙を守りて彼の名をさえ口にせず。平時にありては非戦を唱え、戦時にありては戦争を謳歌す。ただひとえに世に逆らわざらんと欲す。ただひとえに王者の忌諱に触れざらんと欲す。沈黙、沈黙、賢き沈黙、秘訣はここにありと彼はいう。

　なんじ道を宣べ伝うべし。時を得るも時を得ざるも、はげみてこのことをつとむべし（テモテ後書四・二）

とは聖書の教うるところである。中庸道はこれに反し、時を得ればこれを伝え、時を得ざればつつしんでこれを伝えないのである。中庸道は神をおそれない。世を恐れる。世がキリストを歓迎する時には「彼を知る」といい、世がキリストを排斥する時には

　彼を知らず（マタイ伝一〇・三三）

という。中庸道は何よりも熱心をきらう。争闘は絶対にこれを避けて安泰の道を歩まんとする。ゆえに人を教えていう、

　もしなんじの君（長者、先輩）、なんじにむかいて怒りを発せんか、なんじの処を離るるなかれ。低頭して彼の前を去るなかれ。彼と是非を争うなかれ。ただ忍耐せよ。忍耐によりてなんじはさらに大なる凌辱をまぬかるるを得ん（一〇・四）

と。まことに卑屈きわまる道である。されどもかくなすにあらざれば、永く官海に游泳することはできないのである。また教界に教権をふるうことはできないのである。

　中庸道に至上善を認めしコーヘレスの「達見」は、最も明らかに彼の婦人観において現われた。彼はいうた、

　われ知恵をもてこのすべてのことを試みたり。
　われはいえり、「われは知者ならん」と。
　されども遠くおよばざりき。

万物の理は遠くしてはなはだ深し。
たれかこれをきわむることを得ん。
われ身をめぐらし心を尽くして
知恵と道理とを探りかつ求めんとし、
また悪の愚なると愚の狂なるとを知らんとせり。
しかしてわれはさとれり、婦人の死よりもにがきことを。
婦人は（人を捕うる）あみなり。
その心はわななり。その手はくさりなり。
神の喜びたもうものはこれを避くるを得べし。
されども罪人はこれに捕えらるべし。
コーヘレスいう、見よ、われこのことをさとれり、
われその数を知らんとて一々数えたりしに、
われわが心の求むるものを求めて得ざりき。
しかり、われ千人の中に一人の男を得たれども、
されどもその中に一人の女を得ざりき。（七・二三―二七）

と。しかして彼はかくのごとくに婦人を見て、大いに人世をさとり得たりと思うた。「われはさとれり、婦人の死よりもにがきものなることを」と。よく婦人を解するものが人世を解するのである。しかしてコーヘレスは、婦人は人を捕うるあみ、その心はわな、その手はくさりなりと解して、万物の理をきわめ、知恵と道理とを探り得たりと思うた。彼は婦人をかく解して大なる発見をなしたりと思うた。ゆえに彼は手を打ちて叫んでいうたのである。「われはさとれり」と。

　しかしながら、いうまでもなく、これ浅き知恵である。まちがったるさとりである。まことによく婦人を解するものがよく人生を解するのである。しかして人の婦人観はその自己観である。

　妻を愛するものはおのれを愛するなり（エペソ書五・二八）

とある。婦人を敬する男子はおのれを敬し、婦人を卑しむものはおのれを卑しむ。人の人格、その品性は、最も明らかにその婦人観において現わるるのである。しかしてキリストを信じ、彼の救いにあずかるを得て、われらは自己の価値を知り得ると同時に婦人の価値（ねうち）を認むるに至るのである。

　夫たるものよ、なんじらも妻を扱うこと弱き器のご

とくし、ことわりに従いてこれと共におり、これをうやまうこと、いのちの恵みを継ぐもののごとくすべし（ペテロ前書三・七）

と。無窮の生命の恩賜にあずかるの資格を備えたる、神の選びたまえる器、クリスチャンの婦人観はこれである。コーヘレスのそれとは天壌の差がある。しかしてかくのごとくに婦人を見て、男子もまた自己を清うすることができ、婦人もまたますます清くせらるるのである。しかしてキリストは世を聖め男子を聖めんとするに当たりてまず婦人を聖めたもうたのである。彼はサマリヤ人を救うに当たりてまずサマリヤの女を救いたもうたのである（ヨハネ伝四章）。世にもしコーヘレスの唱えしがごとき婦人があったとすれば、それは、さきに五人の夫ありて今あるものはその夫にあらずといわれしこのサマリヤの女であった。されどもイエスは淫婦をさえ淫婦としては扱いたまわなかったのである。彼はペテロのことばのごとく「いのちの恵みを継ぐもの」として彼女を扱い、これに彼がその時まで何びとにも示したまわざりし大なる真理を示したもうたのである。かくのごとくにして彼女は救われ、彼女によりてあまたのサマリヤ人は救われたのである。婦人を賤視するは決して深き知恵ではない。まことに浅慮の至りである。しかして中庸道にさまよいし当時のコーヘレスの浅薄さかげんは、最も明らかに彼の婦人観において現われたのである。

かくのごとくにして、コーヘレスは久しきあいだ中庸道の浅瀬に彼の人生の舟をあやつった。しかして彼は浅瀬に浮かびながら深みに帆走りつつあると思うた。彼は浅くおのれの傷を癒やしながら、平安なきに平安平安と叫んだ。しかして彼の平安なるものはこの世の無異（ぶい）の家庭生活であった。彼は知者を気どりていうた。

ここにおいてか、われは喜楽を称讃せり。
そは、食いかつ飲み、かつ楽しむにまさる良きことの、
人にとり日の下にあらざればなり。
これこそは神が日の下に彼に与えたもう
命の日のあいだ彼を離れざるものなれ（八・一五）

と。ゆたかなる食卓と暖かなる炉辺と妻と書籍と婢僕とありて、ここに人生の喜楽は備われりと思うた。しかしてコーヘレスならぬこの世のあまたの知者はこれ以上に平安と満足とを求めないのである。彼らは人生の深みに真理の真珠を拾うの愚を笑い、みずからは安楽椅子によりかかりながら、眼鏡ごしに熱狂信者を見て、その狂態をあわれむのである。

しかしながらヘブライ人なりしコーヘレスは永くこの道に止まり得なかった。その血にアブラハム、モーセらの熱誠を受け、その心にイザヤ、エレミヤらの精神を継ぎし彼は、冷やかにもあらず、熱くもあらず、なまぬるき中庸道の主唱者をもって終わることはできなかった。彼はついに自己にそむいていうた、「狂たり愚たり、われこれを知らず。われは時を選ばず人を選ばず、つねにわが最善を尽くしてこの世を去らん」と。

　　なんじのパンを水の上に投げよ。
　　多くの日ののちになんじふたたびこれを得ん（一一・一）

と。これ知者のことばではない。信仰家のことばである。神を信じ人を信ずるにあらざればおこなうあたわざることばである。しかしてヘブライ人たるコーヘレスは、自己に帰りてかくいい、かくおこなわざるを得なかった。彼はここに全然ギリシャ風の哲学者の儒服を脱して、ヘブライ風の預言者の上衣をおのが肩に掛けたのである。彼は今は知者の知をほめなかった。また愚者の愚を笑わなかった。「なんじのパンを水の上に投げよ」といいて、彼は一視同仁の愛を主張した。さきには

　われは日の下にむなしきことのおこなわるるを見たり。
　すなわち義人の、悪人の受くべき報いを受くるあり。
　また悪人の、義人の受くべき報いを受くるあり。
　われはいえり、これもまた空なりと

といいし彼は、今は、義人悪人の差別を設けずして、ひとしくこれを愛するの道を唱えた。かくして彼はまことの幸福なる生涯に入った。人生を解して、人は何びとも失望せざるを得ない。神を信じて、人は何びとも希望満満たる生涯に入るのである。知者コーヘレスはあわれむべき人であった。彼の最上の知恵は中庸道であった。信者コーヘレスはうらやむべき人であった。彼は愛の実行に自己を忘れて、かえってよく人生を解するに至った。

神をおそれてその戒めを守ること、
　これ人生の全部なり

と。これ人生の哲学的解決ではない。その実際的解決である。さいわいなるかな、コーヘレス！

官吏生活を試みしコーヘレス

伝道の書九章一一節―一〇章二〇節

多技多能のコーヘレスは種々の事業を試みしとともにまた官吏生活を試みた。彼はアジア人として、政府の役人たることをもって人生最上の光栄また最大の幸福なりと思うた。彼は君主につかえ、国政に携わり、国を治め、家をととのえ、もって自他の利益を計らんとした。東洋人にとりては、得意とは、朝(ちょう)に立ちて君寵にあずかることである。失意とは、野(や)に下りて平民の生涯を送ることである。コーヘレスもまたユダヤ人として（ユダヤ人は東洋人である）またその例にもれなかった。彼もまた一時は官吏となりて官吏生活の甘きとにがきとを味おうた。

コーヘレスのつかえし王(きみ)のたれなりしか、今に至りて知ることはできない。北方イスラエル国の王なりしか、あるいは南ユダヤ国の王なりしか、あるいは預言者ダニエルのつかえしペルシャ国の王なりしか、そのことはわからない。しかし彼が良き心をもってこれにつかえたことは明らかである。彼は仕官に際しておのれをさとしていうた。

　われいう、王の命を守るべし。
　神に誓いたればことにしかり。
　早まりて彼にそむくなかれ。
　悪事（背叛）に携わるなかれ。
　そは彼はその欲するところをなせばなり(八・二―三)

と。神に誓いて忠良ならんことを期す。神に仕うるの心をもって王に仕えんと欲す。これ「神をおそれ王を尊ぶべし」とある新約の精神にかなうものである。コーヘレスは理想の官吏たらんと欲して仕官の途についたのである。

官途につきしコーヘレスは、大いに功績をあげて君主の恩賞にあずかると同時に民衆の人望を博せんとした。

しかしてかかる機会は彼に臨んだ。彼は大なる功績をあげた。されどもその結果は彼の予想に反した。彼は当時の実験をしるしていうた。

ここに小さき町ありたり。
しかしてその民は少数なりしが、
大王攻め来たりてこれをかこみ、
これに対して大なる雲梯をきずきたり。
時に町の中に一人の貧しき知者ありて、
その知恵をもてこの町を救えり。
しかるに一人の、この貧しき人をおぼゆるものなかりき。
ここにおいてか、われはいえり、
知恵は腕力にまさるといえども、
貧しきものの知恵はかろしめられ、
そのことばは聞かれざるなりと（九・一四―一六）

と。ここに「一人の貧しき知者」とあるは、彼自身をさしていうのであると思う。彼は功績を立てた。されども彼が比較的下級官吏なりしがゆえに、彼の功績は他人の奪うところとなりて、彼の功労は認められなかった。これ彼にとり大なる失望であった。しかもこれ官吏社会の定例である。賞罰の不公平なる、この社会のごときはない。一将功成りて万骨枯るである。属僚の功績は上官の奪うところとなる。このことを憤りて官吏たることはできない。コーヘレスは彼の官吏生活のかどでにおいてこのにがき経験をなめた。彼は今さらながらに、多くの屈辱の、名誉ある官職にともなうことをさとった。

　彼はいくたびかこれに類する屈辱を実験したであろう。しかしてやや「官海游泳術」の奥義に達したであろう。彼は彼の実験を述べていうた。

われまた身をめぐらして日の下を見しに、
速きもの競争に勝つにあらず。
強きもの争闘に勝つにあらず。
かしこきもの食物を得るにあらず。
さときもの財貨を得るにあらず。
もの知るもの恩寵にあずかるにあらず（九・一一）

と。これが官吏社会を支配する法則である。天然の法則とは正反対である。官吏社会の生存競争においては、優者かならずしも勝たず、劣者かならずしも敗れずである。この社会にありては、多くの場合において、学識はかえって昇進の妨害であり、無学はかえって立身の便宜である。愚者かえって恩寵にあずかり、知者かえって貶黜（へんちゅつ）せらる。まことに奇怪なるものにしてこの社会のごときはない。

知者食物を得るにあらず。
賢者財貨を得るにあらず。
識者恩賞にあずかるにあらず。

官吏社会の真実を語ることばにしてこれよりも適切なるものはない。しかして今より少なくとも二千三百年のむかし、アジア大陸の西端ユダヤの地にありてすでにこのことありしを読みて、われらは人類の進歩なるものの、その遅々たること、かたつぶりの歩みにすら遠くおよばざるにおどろかざるを得ない。

知者の認められざること官吏社会のごときはない。賢明の用いられざることまたこの社会のごときはない。のみならず、コーヘレスは官吏となりて初めて真の愚者を見たのである。愚者はもちろん社会いずれの所にも多数に存在するのである。「二千七百万人、多くはこれ愚者なり」とは、英国人を評したるカーライルの有名なることばである。しかしながら、もし真の愚者を探らんと欲するならばこれを官吏社会において求むべきである。しかしてコーヘレスは自身官吏となりて初めてまことの愚者に接したのである。彼はいうた、

あたかも死にしはえの香ぐわしき油に悪しきにおいをおこすがごとく
すこしの痴愚は多くの知恵と貴尊とを圧するなり。
知者の心は右に向かいて有力なり。
愚者の心は左に向かいて無能なり。
まことに愚者出でて道を歩むや無知をあらわし、会う人ごとに彼をさしていう、「彼は愚者なり」と
（一〇・一—三）

と。まことに愚者をののしりしことばにしてこれよりも痛切なるものを余輩は知らないのである。「見よ、わずかの火、いかに大いなる林を燃やすを」とは、使徒ヤコブが舌をいましめしことばである。「見よ、すこしの痴

愚、いかに多くの知恵を圧するを」とは、伝道の書著者が愚者を怒りしことばである。官衙の事業のあがらざるはこれがためである。少数の愚者の、その心臓の左方にかたむくありて（古人は愚者の愚なるはこれがためなりと信じた）、知者の提議を圧するからである。すなわち知者の香ぐわしき油は、死にしはえにたぐうべき愚者の発する悪臭の消すところとなるからである。しかして愚者はその愚を恥じずしてかえってこれを誇り、大道を濶歩してその愚をさらすがゆえに、会う人ごとに彼をさしていう、「彼は愚者なり」と。そもそもこれたが罪ぞ。

官吏社会における愚者の跋扈を憤りて、コーヘレスはさらに語をつづけていうた。

> われ日の下に一つの憂うべきことあるを見たり。
> これは君たるもののおちいるあやまちなるがごとし。
> すなわち愚者高き位に上げられ、
> 賢者卑しき処にすわる。
> われはまた（人の）しもべ（たるべきもの）の馬に乗り、
> 主人（たるべきもの）のしもべのごとくに土を踏むを見たり（一〇・五―七）

と。天下の痛事とはこのことである。すなわち愚者高位に坐し賢人低きにおる。馬に乗るべきもの土を踏みて歩み、土を踏むべきもの馬に乗りて意気揚々たり。しかしてこれたが罪ぞ。君主たるものに賢愚を識別するの明がないからである。言あり、いわく「適当の人を適当の地位に置きて万事成る」と。しかるに主人たるべきものをしもべの地位に置き、しもべたるものを主人の地位に置きて、万事転倒せざらんと欲するもあたわずである。秕政の原因はことごとくここにあるのである。人がその処を得ないからである。君主に人を選むの明なきがゆえに、愚者が高きに坐し、賢者が低きにおるからであると。

コーヘレスはかくも不平をもらし憤慨を述べた。しかして彼は自身官吏たることを忘れたのである。彼は官吏として愚者をののしる彼自身の愚に気がついたのである。愚を責めて官吏たることはできない。愚をゆるして、愚を見のがしてこそ、官吏たることができるのである。ゆえに彼はおのれにかえりていうた。

されどもつぶやくなかれ。穴を掘るものはみずから
これにおちいり、
石垣をこぼつものは蛇にかまれん。
石を引き出すものはかえってこれがために傷つき、
木を割るものはかえってこれがために切られん（一〇・八―九）

と。彼はおのれをいましめていうたのである、不平をつつしめよ。人をのろうものはみずからのろわる。他人の非をあぐるものは危害その身におよぶ。石垣はくずれかかりたるものなりといえども、なまじいにこれをこぼつべからず。おそらくは蛇そのすきまにひそみて、出で来りてなんじをかまん。弊害はこれをそのままに存しおくべし。堕落はこれを止めんとするなかれ。改善を計りて不合の石を引き出さんとしてかえっておのが身を傷つけ、革正をくわだてて因襲の木を割らんとしてかえってこれがために切られん。しかず、沈黙を守らんには。「曲れるものはこれを直からしむるあたわず」である。古き石垣はこれをそのままになしおくべし。斧鉞はこれを加うべからず。雄弁もし銀なれば沈黙は金なり。沈黙である、沈黙である。官史としての成功の秘訣は沈黙にある。沈黙を守らずして、おのれを忘れて弊害を矯（た）めんとし、愚者をののしり、王者のあやまちを唱えて、われはみずから身を滅ぼすものであるとコーヘレスはいうた。彼はさらに官吏たるものの知恵を語りていうた。

斧にぶくしてその刃を磨（と）がざらんか、
多く力を用いざるを得ず。
知恵は功をなすに益あり（一〇・一〇）

と。すなわち官吏としては正直一方にては功を立つるあたわずとの謂（いい）である。むだ骨を折るべからず。知恵は鋭利なるを要す。すこしく働いて多くなすの秘術を学ぶべしと。彼はまたいうた、

蛇もし魔術（まじない）を聞かずして咬（か）まんか、
魔術師の益いずこにかある（一〇・一一）

と。官吏は魔術師の一種である。蛇使いのごときものである。彼は人を御するの術をわきまえざるべからず。ゆえにもし蛇にして彼の魔術を聞かずして彼を咬まんか、侫人にして彼の統御の術に従わずして危害を彼の身に加えんか、責めは彼にありて蛇と侫人とにないのである。彼、長者の怒りを買い属僚の不平を招かんか、「魔術師の益いずこにかある」である。彼は官吏として当然有すべき技量に欠けているのである。「蛇のごとくさとくあれ」とは、ことに官吏に適切なる戒めである。彼はまたいうた、

　知者のことばは恩寵を招き、
　愚者のくちびるはその身を滅ぼす（一〇・一二）

と。偉人哲人としての知者ではない。官吏としての知者である。蛇を御するの術を知りたるものである。かかるもののことばは恩寵を身に招くとのことである。正直ではいけない。かんかんがくがくではいけない。婉曲でなくてはいけない。蛇の道を知らなければいけない。しからざれば恩賞にあずかり得ない。しかして愚者は、すなわち官吏としての愚者は、蜿蜒たる蛇の道を知らずして、はばからずして露骨にものを語るがゆえに、「そのくちびるは身を滅ぼす」のである。コーヘレスは官吏となりて、富貴に至るの道を知り、また貧賤に至るの道をさとった。

かくて始めは愚者をののしりしコーヘレスは、ついには愚者をほめて知者を笑うた。すなわち官吏となりて彼自身が愚者となりて、愚者を知者と呼び、知者を愚者とよぶようになった。官吏となりて彼の天地は転倒した。前の天は地となりて、地は天となった。彼は官吏社会の人類評価の標準の、普通社会のそれと全然異なることを知った。しもべたる人は馬に乗り、主人たる人は土を踏むの社会である（一〇・七）。そのいかに奇異なる社会なるかは知る人ぞ知るである。

かくてコーヘレスは官吏生活に入りて多くの低き知恵を学んだ。彼は知らず知らずの間にいわゆる俗吏根性の感染を受けた。彼はまさに俗了し去らんとした。しかしさいわいにして彼にはモーセと預言者との健全にして高潔なる教訓があった。彼は衷心より国を憂えた。民をあ

われんだ。ゆえにまたもとの誠実に立ち帰りていうた。

わざわいなるかな、その王はわらべにして、
その君たちは朝より宴飲する国よ（一〇・一六）

と。童子の、国に君臨するあり、酔漢のこれを輔佐するあり。民の不幸この上なしである。史にいわく、

エホヤキンは王となれる時十八歳にして、エルサレムにて三箇月、世を治めたり。……彼はその父祖のすべてなしたるごとくにエホバの目の前に悪をなせり（列王紀下二四・八―九）

と。これわらべが国を治めし一例である。その他アハブのごとき、よわいはわらべにあらざりしといえども、その知力は確かにわらべのそれであった（列王紀下一〇章）かかる王をいただいて、北方のイスラエル国と南方のユダヤ国とはついに滅亡の悲運をまぬかれなかったのである。衰亡に瀕せる国家の状態を見てコーヘレスはいうた。

怠慢のゆえに屋根は落ち、
怠惰のゆえに家は雨もる（一〇・一八）

と。国家を家屋にたとえていうたのである。破綻百出、国政みだれて糸のごとし。されども国政をつかさどるものはいう、「やすし、やすし」と。屋根は落ち家は雨もる。されども局に当たるものはいう。「前途有望、国運の発展期して待つべし」と。国に警醒の言のあがらざるにはあらずといえども、その声、上に達せず。コーヘレスはいう、

彼らは笑い喜ばんがために食い、
楽しみを取らんがために飲む。
しかして金と銀とはこれに応ぜざるべからず（一〇・一九）

と。為政家は宴会をこととす。されども自己の財嚢よりその費用をつぐなうにあらず。民の膏血より成る国庫の金と銀とをもってこれを弁ぜしむ。為政家は飲みかつ食う。しかして民は硬貨をもって浪費に応ぜざるべから

ず。「遍身綺羅のもの、これ蚕を養う人にあらず」。為政家、民の心を知らずである。泡立つシャンペン酒、これ民の流せる血である。うずたかき肉の山、これ彼らのさきし肉である。

コーヘレスはかく慷慨の言を発した。しかしてのち、たちまちおのれにかえりていうた、「ああ、われはまた官吏たるを忘れたり」と。当時の彼は二個の彼より成った。ヘブライ人としての彼と官吏としての彼とより成った。前なる彼は、神をうやまい義を慕うの彼であった。後なる彼は、人をおそれ自己を愛するの彼であった。彼は官吏となりて二心の人となった。彼は神をおそれた。また人を恐れた。ゆえに彼のいうところに多くの大なる矛盾があった。彼は信者のごとくに語りまた俗人のごとくに語った。あわれむべし、コーヘレス！　彼は官海に身を投じてより、風にうごかされてひるがえる海の波のごときものとなった（ヤコブ書一・六）。

国を憂うるのあまり慷慨の言を発して、彼は自己の声におどろいていうた。

なんじ心の中にても王者をそしるなかれ。
また寝室にても貴顕をのろうなかれ。
おそらくは空の鳥しらせをはこび、
つばさあるもの、そのことを伝えん（一〇・二〇）

と。危険、危険、沈黙よ、沈黙よ、と彼は自己をいましめていうた。不平はこれを口外すべからず。しかり、これを心の中においてすらいだくべからず。おそらくは間諜の鳥ありて（今の人は探偵を称して犬という）、わが不平を王者に告ぐるものあらん。不平はこれをおくびにも出すべからず。寝室にさえも語るべからず。政事に関しては絶対的沈黙、これが官吏たるものの知恵また安全また生命であるとコーヘレスはいうた。

かくてコーヘレスは官吏となりて道徳的に何の益するところがなかった。彼は多くの低き知恵を学んだ。多くの世才俗知にたけた。されども神につき義につき永生につき何の学ぶところがなかった。彼はまた多く国家のために尽くすことができなかった。彼は官吏としてはあまりに正直であった。彼の良心はあまりにするどくあった。彼はヘブライ人としての自己を殺さんと欲して殺し得なかった。ゆえにあわれむべし、彼の官吏生活もまた失敗に終わった。彼はみずから辞表を提出せしや、または諭示免官となりしや知らずといえども、彼がついに官吏たるをやめて、もとのヘブライ人となりしことは明らかである。彼は官吏生活の決して栄光の生涯にあらざるをさとった。彼はこれに多くの堪えがたき苦痛、多くの忍びがたき屈辱のともなうをさとった。彼はまた官吏となりて国と民とのために尽くすことの難きを知った。人生の至上善を官吏生活に求めしは彼の大なる誤りであった。

コーヘレスは官を辞してふたたびもとの平民となった。しかし彼は失意失望の人とはならなかった。さいわいにして彼にはモーセと預言者たちとの教訓があった。彼は意義ある生涯を他に求むるの道を知った。エホバを知るの絶大の利益はここにある。イスラエルを守るエホバを知りて、人は失望を知らなくなるのである。宇宙何ものもエホバのしもべの希望を圧服することはできないのである。これに反して、この知識に欠けて、すなわちエホバを知らざるがゆえに、多くの有為有能の人物が、君主（きみ）に追われ世に捨てられたればとて失意失望の人となりおわりし例は決して少なくないのである。有名なる方丈記の著者、鴨長明のごときはその一例である。

いずくより人は入りけん真葛原
　秋風ふきし道よりぞ来し
沈みにき今さら和歌の浦浪に
　寄せばやよらんあまの捨て舟

まことにあわれなるありさまである。仕官を断念したればとて外山に草庵をいとなみてその中に隠るるに至りしというその心理状態の底に、何ものか大いに欠乏するところがなくてはならない。しかしてまたシナ文学を読むものは何びとでも、その内に失意落胆の気の充溢するを認むるのである。まことにシナ文学より仕官の志を得ずしておこりし厭世思想を除き去りて何ものも残らないということができる。白楽天は官吏の身を婦人のそれにくらべていうた。

人生なるなかれ婦人の身
百年の苦楽、他人に由る

と。陶淵明はすこしく楽天的であって、官をやめられ故山に帰るや、羈鳥（きちょう）のかごを離れし感ありて、その自由を歌うていうた。

少より俗韻に適する無く　性もと丘山を愛す

誤って塵網の中に落ちて　一去三十年
羈鳥旧林を恋い　池魚故淵を思う
久く樊籠の裏にありてまた自然に返るを得たり

と。されどもかれといい、これといい、「志すところは功名にあり」であって、彼らにとりては廟堂枢要の地位に登りて君恩を受くるにまさるの栄誉はなかったのである。

　されどもヘブライ人たるコーヘレスにはこの悔恨はなかった。彼は官をやめられても厭世隠遁の人とはならなかった。彼には官海以外、別に大なる世界があった。彼には君王以上、別に大なる君王があった。彼は位階以外に人の真価を認めた。ゆえに彼は官職を去りてのちに怨恨不平の人とならなかった。彼は彼を去りし政府を憎まなかった。彼のねうちを認めざりし君主をうらまなかった。彼はまた世をもいとわず人をもきらわなかった。彼は今は「人」となった。善はすべての場合にこれをなし、人は何びとにかかわらずこれを愛すという神の心をもっておのが心となす人となった。官吏たるをやめて彼は単一なる人となった。彼は今神をおそるるほか人を恐れなくなった。彼の生涯は単純になった。「神をおそれてそのいましめを守ること」これよりほかに苦慮することはなくなった。しかしてその立場より国を愛せしがゆえに、彼の愛国は偽善をまじえざる単純無垢の愛国となった。その立場より君主を思いしがゆえに、彼の忠君は至誠純潔の忠君となった。彼は今はおのが身の安全を計り人の顔を恐れてしいて沈黙を守るの必要がなくなった。事に当たりて獅子のごとくに勇ましくなった。是は是なりといい、非は非といいてはばからなくなった。彼は神の子の自由に入った。人として生まれ来たりし甲斐あるをさとった。

　まことに人たるの最大名誉は高位高官に坐して民の敬崇をひくことではない。功績を追わず報賞を求めずして自由に人を愛し得ることである。「なんじのパンを水の上に投げよ」といいて、時をえらまず人をえらまず、楽しんで善をなし得ることである。この心にしてわれに賜わらんか、位階勲章われにおいて何かあらんである。しかり、人たることである。まことの人たることである。天の神より生命の恩賜にあずかることである。かくして若き時に造り主をおぼえて死に臨んで恐れざることである（一二）。川のかなたに永久朽ちざる冠のわがために備えらるるを認めて、こなたに朽つるこの世の冠を求めざることである。コーヘレスは種々の事業を試み、一時は官吏とまでなりて、ついに人生の意義をさとつていうたのである。

神をおそれてそのいましめを守るべし。
これ人たるものの全部なり（一二・一三）

と。愛すべき恵まれたるコーヘレスよ。この世はついになんじをとりことなすことができなかった。なんじはいくたびかわなにかかりたりしも、その中より救い出された。なんじは事業のなわめよりまぬかれ、官海の波浪のさらうところとならずして、ついに神の子の自由に入るを得た。栄光かぎりなくなんじの救い主エホバの神にあれかしである。

近ごろ新聞紙の伝うるところによれば、板垣伯はある人に告げていわれたとのことである。「男子、志を廟堂に得ざれば、言をはげしゆうして野処するにしかず」と。事の真否は知らずといえども、かかる思想の、東洋の志士と称せらるる人らによりていだかるるはかくれなき事実である。しかしながら聖書はかかる思想に賛成しないのである。伝道の書の教うるところもまたこれとは全く異なるのである。

（一九一六年九月「聖書之研究」）

コーヘレスの発見

伝道の書一一章一―八節

コーヘレスは「人の子はその短き生涯の間に何をなさばよからんか」との問題を設け、これに対していろいろの解答を試みた。知識を試みた。逸楽を試みた。仕官を試みた。蓄財を試みた。しかし何を試みても満足なる解決に達しなかった。「すべては空にして風を捕うることなりき」とは、彼がことごとに発する嘆声であった。人生万事ことごとく不明である。人は獣と何の異なるところはない。知愚、運命を一にす。いけにえをささぐるものにも、ささげざるものにも、その臨むところは一つなりというた。ここにおいてか、彼は命をいとうた。生まれし甲斐のいずこにあるやを知るにくるしんだ。しかし彼はユダヤ人である。彼は祖先の宗教の遺伝的感化を受けて、肉欲主義または厭世主義に終わることはできなかつた。彼はどこかに逃げ道を発見せざるを得なかった。しかして彼の至上善の探求は無益でなかった。

人生の至上善は知恵にあらず、快楽にあらず、功績にあらず、惜しむことなくほどこすにありと彼はさとった。なんじのパンを水の上に投げよと、彼は最後に叫んだ。世に無益なることとて、パンを水の上に投げるがごときはない。水はただちにパンにしみこみて、ひたされたるパンのかたまりはただちに水底へと沈むのである。パンを人に与うるはよし。これを犬に投げるも悪しからず。されどもこれを水の上に投げるに至っては無用の頂上である。しかるにコーヘレスはこの無益のことをなせよと人に告げ、おのれにさとしたのである。なんじのパンを水の上に投げよ。無効と知りつつ愛をおこなえ。人に善をなしてその結果を望むなかれ。物をほどこして感謝をさえ望むなかれ。ただ愛せよ。ただほどこせよ。ただ善なれ。これ人生の至上善なり。最大幸福はここにありとコーヘレスはいうたのである。

なんじのパンを水の上に投げよ。多くの日ののちに、なんじふたたびこれを得ん（一一・一）惜しむことなく与えよ。報いを眼中におかずして善をなすべし。多年を経てのちに、あるいは今世を終わりてのちに、なんじあるいはふたたびこれを手にするを得ん。望まざるにその結果を見るを得ん。パンはことごとくは水にひたされて水中に沈まざるべし。そのあるものは人の拾うところとなり、感謝をもって受けられ、実を結びて、あるいは三十倍、あるいは六十倍、あるいは百倍するに至らんと。

これを七人に分かてよ。また八人に分かてよ（一一・二）なるべく多くの人をしてなんじの恩恵にあずからしめよ。なんじの愛をほどこすに人をえらむなかれ。なんじに来たるすべての人をして、なんじの恩愛の受領者たらしめよ。愛を分かつに上下の差別あるべからず。貴賤、貧富、知愚の差別あるべからず。

すべてなんじの手にきたることは、力を尽くしてこれをなすべし（九・一〇）

なし得るかぎりの善を、なるべくだけ多くの人になすべし。

善をなすにまた時をえらむべからず。時をえらみて、善をおこなうの機会を失すべし。**風をうかがうものはまくことをせず、雲を望むものは刈ることをせず**（一一・四）晴るるも善をなすべし。雨降るも善をなすべし。吹く風の方向にしたがいてなんじの善行に変化あるべからず。善をおこなうに悪しき時とてはあらず。すべての時とすべての機会とは善をおこなうに適す。順境にありてはもちろん善をおこなうべし。逆境に処してもまたこれを怠るなかれ。いたる処に善行の香を放つべし。世は変化するともなんじの世に対する善意に変化あるべからず。

さればなんじ朝に種をまくべし。夕べになんじの手をゆるむるなかれ（一一・六）。朝まくべし。昼まくべし。夜まくべし。善意をたくわえ善事をなさざる時とては寸時もあるべからず。なんじのことばをして愛のことばたらしめよ。なんじの眼光をして愛の光たらしめよ。ただひとえに善をなさんと欲して、すべての時と機会とはなんじの用をなしてあやまたざるべし。

かくなしてこそ初めてまことの幸福はあるなれ。**かくて光はなんじに楽しかるべし。なんじの目は日を見ることによりて喜ぶべし**（一一・七）。知識も快楽も富貴も成功もなすあたわざることを愛はなんじになすを得べし。愛はなんじをして日光をたのしみ得るものとなすべし。日々なんじを照らすの日光、なんじは今日までこれを楽しむを得ざりき。なんじは幸福を愛の行為以外において求めて、人生最大の幸福たる日光を楽しむを得ざりき。しかして世に楽しきものとて日々すべての人を照らす太陽の光線にまさるものあらんや。しかして人はその和光の中に浴しながら、その楽しきを知らざるなり。善をなして倦まざるの報いはここにあり。日光を楽しみ得るにあり。しかしてなんじもまた日々善行のパンをこの世の水の上に投げて、世はなんじに報いずといえども、日光を楽しみ得るものとなりて、ゆたかに神に報いらるべし。

まことに**人もし多くの年生きながらえんか、彼はさいわいの内にすべての年を過ごすべきなり**（一一・八）。百年の長寿も楽しまざれば生まれざるにしかず。幸福は人生の生命である。されどもいかにして幸福なるを得んか、そのことが問題である。世のいわゆる幸福は幸福ではない。コーヘレスは知識を増して、幸福を増さずしてその反対に憂いを増した。彼は多くの妻妾を楽しみて、婦人の死よりもにがきを知った。その他すべてかくのごとしであった。ただ一事のみ、彼に幸福を供した。すなわち惜しみなくほどこすことであった。結果を望まずして善をなすことであった。忘恩的のこの世に、無益と知りつつも善行のパンを投げ与うることであった。このことのみが彼にほんとうの幸福を供した。このことに身をゆだねてより、彼は日光を楽しみ得るに至った。かくてこそ百年の長寿も幸福の連続たり得べしと彼はさとった。人生は幸福ならざるべからず。しかして愛の生涯のみ幸福の生涯なりと彼は解した。これ彼にとり大発見であった。彼はここに人生の至上善を発見した。純愛をもって世に対し、わがもつものをこれに惜しみなく与うること、そのことが至上善、最大幸福であると彼はさとった。まことに彼の探求はその目的に達したのである。

哲学者カントはいうた。全宇宙を通して最善と称すべきものは善き意志であると。善き思想ではない、善き事業でもない、善き意志であると。善をなすをもって最上の喜びとなすその心、これ神の心であって、これ以上に善きものは宇宙いずこにもこれを求むることはできない。しかして「なんじのパンを水の上に投げよ」といいて、伝道の書の著者はこの至上善を握ったのである。これ、

善事をおこないつつ、あまねくめぐりたまえり（使徒行伝一〇・三八）。

とあるイエスの心である。コーヘレスの発見はまことに大なるものであった。

コーヘレスはさらになお一つの発見をなした。それは「神が世をさばきたもう」ということであった。彼はいうた。**知るべし、そのすべてのわざのために神なんじをさばきたもうことを。さればなんじの心より憂いを去るべし。なんじの身より悲しみを除くべし**（一一・九－一〇）。と。これをつづめていえば、「神なんじをさばきたもう。ゆえに喜ぶべし」とのことである。さばきといえばつねに恐るべきこととして認めらるるに、コーヘレスはここにさばきを喜ぶべきこととして伝えているのである。しかして神のさばきの何たるかを知ってそのまことに喜ぶべきことであることがわかるのである。さばきは万事の判明である。罪は罪、義は義として判明せらるることである。

義人の、悪人の受くべき報いを受くるあり、また悪人の、義人の受くべき報いを受くるあり（八・一四）

とはこの世のことであって、神のさばきのいまだおこなわれざる時の状態である。この状態を見て、何びとも「これもまた空なり」と嘆ぜざるを得ないのである。しかしながら神のさばきを受けてこの矛盾は全然取り除かるるのである。わが罪も現わるれば、わが義も現わるる

のである。かくて善をなすことの無益ならざることが明白に示さるるのである。世に喜ぶべきこととてこれにまさるものはないのである。ことに神がさばきたもうのである。公平無私にして愛と義の基いなる神がさばきたもうのである。すべての善きことはこのさばきより来たるのである。名判官の出でて公義を国におこなうに至って、まことのさいわいは国民に臨むのである。そのごとく、神が人類のすべてのわざをさばきたもうに至って、まことのさいわいは万民に臨むのである。クリスチャンの日々の祈禱たる「主イエスよ、来たりたまえ」とのねがいもまたこれにほかならないのである、神のさばきにただ恐怖をのみ見るは、その何たるかを知らざるより出づるのである。神を慕うものにとりては、神のさばきにまさるの喜びはないのである。

　神のさばきの喜ぶべきことは聖書全体の認むるところである。詩篇第九十六篇にいわく

天は喜べよ、地もまた喜べよ。
海とその中に満つるものは声を放ちて喜べよ。
田畑とその中のすべてのものはおどり喜べよ。
林のもろもろの木もまたエホバの前に喜び歌えよ。
エホバ来たりたもう、地をさばかんとて来たりたもう。
まことをもて諸民をさばかんとて来たりたもう（一一―一三）

と。また同じことが同第九十八篇にしるされてある。エホバが世をさばき民をさばきたもうことは、抃舞雀躍して迎うべきことであるとのことである。しかしてこのことを心にさとりてコーヘレスの憂いは絶えたのである。このことを知りて彼は人生を楽しみ得るに至ったのである。彼は今やふたたびもとの青年時代に立ち帰りて、おのれをはげましていい得たのである。「青年よ、なんじの若き時に楽しめ。なんじの若き時になんじの心を喜ばしめよ」と。神、万事をみそなわし万事をさばきたもうとさとりて、不平はその根底より絶たれ、悲哀は消えて跡なきに至ったのである。彼の疑問はことごとく晴れたのである。彼は今や「愚者高き位に上げられ、賢者低き処にすわる」を見るもあえて心をいたましめなかったのである。不安をもって始まりし彼の探求は平安をもって終わったのである。コーヘレスは神の選民の一人として厭世的に人生を解釈しおわらなかった。彼は預言者の精

神を受けて、歓喜的に人生を見た。「さればなんじの心より憂いを去るべし。なんじの身より悲しみを除くべし」とは彼の最後のことばであった。

人生の至上善は何であるかとの問題に対して、コーヘレスは長き探求の結果として明確に答えていうた。(一)愛の生涯にあり、(二)歓喜の生涯にありと。しかして彼はさらにそのみなもとをきわめて最後の断案を下していうた。「神をおそれそのいましめを守るにあり」と。これで万事は尽きているのである。ゆえに彼はいうた。『これ人の全部なり』と。人生の目的はここにあるのである。生涯の意味はここにあるのである。「神をおそれ」、「恐れ」ではない、敬畏し、愛従して、心よりしてそのいましめを守ること、すなわち神のみ心をもってわが心となし、うちに聖められて外に聖くおこなうこと、そのことが人の全部である。これがための人生である。これがための知識である。これがための快楽である。これがための事業である。「神をおそれそのいましめを守ること」、まことにこれ以外に人生というまことの人生はないのである。コーヘレスの発見はまことに大発見であった。近世哲学の始祖たる哲学者カントのいわゆる思想界における革命的発見も、これ以上のものではなかったと思う。

(一九一六年六月「聖書之研究」)

伝道の書の研究

一 時を知るの必要

伝道の書三章一―一二節

天が下の万事に時がある。時にはずれて万事は失敗である。

生まるるに時あり、死ぬるに時あり、
植うるに時あり、抜くに時あり、
殺すに時あり、癒やすに時あり、
こぼつに時あり、建つるに時あり、
泣くに時あり、笑うに時あり、
悲しむに時あり、踊るに時あり、
石を散らすに時あり、石を集むるに時あり、
抱くに時あり、抱くことをつつしむに時あり、

得るに時あり、失うに時あり、
たもつに時あり、捨つるに時あり、
裂くに時あり、縫うに時あり、
黙すに時あり、語るに時あり、
愛するに時あり、憎むに時あり、
戦うに時あり、和するに時あり（伝道の書三・二―八）

まことにこのとおりである。生まるるに時を得たものはさいわいである。死ぬべき時に死なざるものは不幸である。生まるべき時に生まれ、死ぬべき時に死んで、全き生涯があるのである。また泣くべき時がある、笑うべき時がある。泣くべき時に笑い、笑うべき時に泣いて、同情はかえって人をはずかしめ、同慶はかえって怒りをまねくのである。ことにまた黙すべき時があり、語るべき時があるのである。言語もし銀ならば沈黙は金なりという。語ること、必ずしも善きことではない。伝道伝道と称して、たえず説教し、たえず演説するも、道は伝わらない。多くの場合において、沈黙は最も良き説教である。ただ時機にかないて語ることばは、銀の彫りものに金の

りんごをはめたるがごとし（箴言二五・一一）

である。時にかなわざるのことばは、すべて鳴る鐘やひびく鐃鉢（にょうはち）のごときものである。

その他すべてかくのごとしである。しかして

神のなしたもうところはみなその時にかないてうるわしかりき（三・一一）

である。神はその時にかないてその子を世におくりたもうた。イエス・キリストの降世はよく時を得て、おそくもなかった、また早くもなかった。

キリスト定まりたる日（時）におよびて罪人のために死にたまえり（ロマ書五・六）

とありて、彼は死ぬべき時に死にたもうた。神はまたその時にかないて多くの偉人を世におくりたもうた。ルーテルの世に出でしも、クロンウェルの世に生まれしも、よく時にかのうていた。「偉人、他なし、時にかのうたる人なり」ということができる。まことに神のなしたもうところはことごとくその時にかないてうるわしくある。

そのことはそうである。しかしながら、われら無知の人間はいかにして時を知ることができるか。そのことが大問題である。

空の鶴はその時を知り、やま鳩と、つばめと、かりとはその来たる時を守る（エレミヤ書八・七）

というが、人はいかにしてその時を知り、そのなすべき時を守ることができるか。これ実際上の大問題である。時を知り時を守るは理想である。されどもその実行の道いかに？　しかしこの問いに対して伝道の書の著者は答うるところがないのである。彼はただ理想を述べしにとどまりて、実行の道を教えなかった。しかして自身その道を知らざりしがゆえに、失望のあまり彼はいうたのであると思う。

われ知る、人の世の中には、その世にあるあいだ楽しみをなし善をおこなうよりほかに善きことはあらず（三・一二）

と。単に時を知るの一事においてすら、知者コーヘレスといえども自分の無知に失望せざるを得なかったのである。

しかしながら、われらは実際時を知るあたわざるか。しかり、自分で知ることはできない。人世はあまりに複雑である。その間に処して、知者といえども万事をその時にかないておこなうことはできない。ここにおいてか、また信仰の必要が起こるのである。自分で自分の身を処するをやめて、これを全然全知者にゆだぬるの必要が起こるのである。神のなしたもうところはみなその時にかないてうるわしくあれば、われはわが全部を彼にゆだねまつりて、彼をしてわれに代わり、われにありて、万事をその時にかないておこなわしむべきである。信仰の道は神の道である。人は信仰によりて人生の細事に至るまで神の指導と援助とを仰ぐことができるのである。

イエスはその弟子たちに告げていいたもうた。「なんじら、われを離れて何事をもなすあたわず」（ヨハネ伝一五・五）と。

これと相対してパウロはいうた。

われはわれに力を与うるキリストによりてすべてのことをなし得るなり（ピリピ書四・一三）

と。「何事をもなすあたわず」といい、「すべてのことをなし得るなり」という。時をさえ知るあたわず。いつ植え、いつ抜き、いつこぼち、いつ建て、いつ泣き、いつ笑い、いつたもち、いつ捨て、いつ裂き、いつ縫い、いつ黙し、いつ語るべきかさえを知るあたわず。まことに無知無能なるは神を離れたる人である。しかしてこれに反して、われに力を与うる彼によりて、われはすべてのことをなし得るのである。時を知り時を守ることができるのである。いつ訪問すべきか、いつ手紙をしたたむべきか、いつなぐさむべきか、いつほどこすべきか、これらのささいのことにおいてまで、われはわれに力を与うるキリストの助けを要するのである。ことにいつ死ぬべきかの人生の大問題を決するにあたりて、われはとくに彼の示しと助けとを要するのである。

二　時をえらばざる事業

伝道の書一一章一―六節

天が下のよろずのことに時がある。しかしただ一つの、時のないことがある。それは善をなすことである。善のみはいつなしてもよいのである。善をなすべからずというべき時はないのである。主イエスは

　あまねくめぐりて善事をおこないたまえり（使徒行伝一〇・三八）

という。善事は

　時を得るも時を得ざるも、はげみてこれをつとむ（テモテ後書四・二）

べきである。伝道の書の著者は、時をえらぶの必要を説くと同時に善事常行の必要を唱うることを怠らなかった。

　なんじの食いものを水の上に投げよ。多くの日ののちになんじふたたびこれを得ん（一一・一）

という。「食いもの」とは、この場合においてはパンのことである。あるいはパンを作る麦である。麦の種を水の上にバラまきにせよというのである。エジプトかバビロンあたりにむかしおこなわれし種まきのありさまになぞらえていうたのであろう。いうところは、善をなすに時と所とをえらぶなかれとのことである。時をえらばず、場所をえらばず、善事をおこなえとのことである。さらば「多くの日ののちになんじふたたびこれを得ん」という。その報い必ずなんじにいたるべしとのことである。パウロのいわゆる

　なんじら、つねにはげみて主のわざをつとめよ。そはなんじら、主にありてそのなすところのはたらき

のむなしからざるを知ればなり（コリント前書一五・五八）というと同じである。つねに広くまいて多く刈りとれとのことである。

食いもの（パン）を投げよ。麦をまけよ。一個のパンを七分せよ、また八分せよ。しかしてなるべく多くの人にほどこせよ。

> そはなんじ、いかなるわざわいの地にあらんかを知らざればなり（二）

と。その善き注解は、ルカ伝十六章における不義の番頭のたとえばなしである。イエスはその弟子に教えていいたもうた。

> われ、なんじらに告げん。不義の財（不義のために使用せらるるこの世の財）をもっておのが友を得よ。これ乏しからん時に彼らなんじらを永遠のすまいに迎えんがためなり（九）

と。慈善は最善の放資である。わざわいの地にあらん時の、その時のための最も確実なる準備である。永遠の国に至らん時にひとりさびしくこれに入るにあらずして、多くの友に迎えられんがためである。

善をなすに時と場所とをえらぶべからず。ま天た気をえらぶべからず。

> 雲もし雨の満つるあれば、人を待たずして地にそそぐなり。木もし南か北に倒るるあれば、人の便宜いかんをかえりみずして、その木は倒れたる処にあるなり。かくて雨は人を待たずして降り、風は人の意嚮をうかがわずしておのが欲するままに吹けば、風をうかがうものは種まくことを得ず、雲を望むものは刈ることを得ず。なんじは風の道のいかんを知らず。また婦人の胎内に胎児の骨のいかにしてそだつかを知らず。かくのごとくにしてなんじは万事をなしたもう神のみわざを知らず。宇宙に不可解のこと多し。万物はわが意のままに動かず。さらば雨の晴るるを待つべからず。風の変わるを望むべからず。晴雨のいかんを論ぜず、風位のいかんを問わず、時を得るも時を得ざるも善事はこれをなすべきなり。なんじ朝に種をまくべし、夕べに手を休むなかれ。そはなんじのまく種のいずれがみのり、いずれがみのらざるか、なんじ、これを知らざればなり（三―六）

休止なき善事の遂行をすすむることばにしてこれよりも雄弁なるものを余輩は知らないのである。

コーヘレスのこのことばは善事全体に適用すべきものである。しかしことに善事中の善事なるキリストの福音宣伝に適用すべきものである。肉体のパンを与えて害のない場合はないではない。しかしながら霊魂のパンを与えて害のある場合を余輩は考うることあたわずである。

なんじ、道（福音）を宣べ伝うべし。時を得るも時を得ざるも、はげみてこのことをつとむべし。さまざまの忍耐と教えをもて人を責め、戒め、すすむべし（テモテ後書四・二）

との聖書のことばは、これを文字どおりに服膺すべきである。ことに福音を宣べ伝うるにあたりて人えらびをなしてはならない。「そはなんじのまく種のいずれがみのり、いずれがみのらざるか、なんじこれを知らざればなり」とのコーヘレスのことばは、ことに福音の種をまく時にあたりて最も適切である。たれが救わるるか、たれが救われざるか、そのことは人にはわからないのである。「この人は」と思う人はかえって救われないで、「こんな人が」と思う人がかえって救わるるのである。まことに

人は外のかたちを見、エホバは心を見るなり（サムエル前書一六・七）

である。ゆえに人という人はすべて救わるべきものと見て、福音の道を宣べ伝うべきである。かくいいて、もちろん会う人ごとにキリストを語れ、小冊子をくばれというのではない。手段と方法とをえらぶに時がある。すなわち黙すべき時がある。語るべき時がある。しかしながら福音を伝えんと欲する切なる願いに時があってはならない。われらはすべての機会をうかがい、すべての人に生命のパンを供給すべきである。しかしてその報いたるや、物質の慈善にくらぶべくもない。生命のパンを供給せられて、人はその全霊全体において復活するのである。人のすべての思うところに過ぐる平安はその心に臨むのである。彼は人生の至上善を握るに至るのである。人にキリストの福音を与えて、われらは彼を永遠の友となすのである。「乏しからん時に彼らなんじを永遠のすまいに迎えん」とイエスのいいたまいしその友は、ことにこの種の友人をさしていいたもうたのである。

しかして効果の多きこと、福音の播種にまさるものは

ないのである。召さるるものは多くして救わるるものは少なしとあるが、しかし救わるるものは比較的に多くして、受けし福音の効果を感ぜざるものとては皆無といいてもよいのである。

わが口より出づることばはむなしくはわれに帰らず。わが喜ぶところをなし、わが命じおくりしことを果たすべし（イザヤ書五・一一）

とあるごとしである。効験の確実なるものにして、実はキリストの福音のごときはないのである。

さらばまかんかな、道の種を。時を得るも時を得ざるも、世に迎えらるるも、しりぞけらるるも、貴族にも平民にも、富者にも貧者にも、すべての機会を利用し、時をえらばずして、永遠に至る生命の種をまかんかな。

春のあさけ　　　夏のまひる
秋のゆうべ　　　冬の夜も
いそしみまく　　道のたねの
垂り穂となる　　時いたらん

三　神に仕うるの時期

伝道の書一二章一―七節

なんじの若き日になんじの造り主をおぼえよ（一）

と。「**若き日**」とは少年時代をのみいうのではない。幼年時代をも壮年時代をもいうのである。血気のさかんなる時代を総称していうのである。「**おぼえよ**」とは、単に記憶せよということではない。記憶するはもちろん、探求せよ、発見せよ、しかして師事せよということである。なんじの生涯の最も善き部分をなんじの神にささげよといいて、この半節の意を尽くすことができると思う。

いうこころは、この世の教えるところと正反対である。この世は教えていうのである。なんじの壮時はこれをおのれのために過ごせよ。楽しみをきわめよ。名誉に誇れよ。野心の遂行、何の罪かこれあらん。宗教は壮者にふさわしからず。年老いてこの世に何のなすところなきに至りてこれを求むるもあえておそしとなさず。後生の追求はこれを老爺老媼にゆずれよ。しかしてなんじは来たりて長く人生を楽しめよ。覇気に乏しき青年のごときは共に人生を語るに足らざるなりと。

　この世のこの教訓に対して、伝道の書の作者はいうのである。あらず、なんじの若き時になんじの造り主をおぼえよと。まことに信仰は老年時代のことではないのである。神は恋人のごときものである。「われエホバ、なんじの神はねたむ神なれば……」とある。また「エホバの熱心（熱情）このことをなすべし」とある。神は壮者である。老爺ではない。熱情をもってあふるるものである。ゆえに壮者のみよく彼の心を解することができる。信仰は恋愛の一種である。ゆえに若き心にさかんにして老いたる心に乏しくある。世に恋愛を老人にすすむるものはない。しかるに信仰はこれ老人特有のものなりと思うのである。信仰のことに関する世の謬見もまたはなはだしからずや。

「なんじの若き時になんじの造り主をおぼえよ」と。

　子をその道に従いて教えよ。さらば老いたる時もこれを離れじ（箴言二二・六）

と。

　人若き時に（エホバの）くびきを負うは良し（哀歌三・二七）

と。神はこれを若き時に求むべきである。宗教教育はなるべく早く始むべきである。神のいましめ（くびき）はこれを幼年時代より守る（負う）べきである。神はいつでも求め得らるべきものではない。神を求め彼を愛するに一定の時期がある。あたかも男女に一定の婚期のあるがごとくに、神と結びつくに一定の信仰期があるのである。その時期は若き時である。心のいまだ固まらざる時である。印象を受けやすき時である。いわゆる春期発動期である。この時、またはその前後に、神を信じ彼と信仰的（恋愛的）関係に入ったものが、終生祝すべきこの関係を維持するのである。もちろんこの時期を過ぎて神を信ずるあたわずというのではない。まれには、よわいすすみて神を発見せし人にして、熱信を終生持続したものがないではない。しかしこれ例外である。深遠にして不変の信仰は概して幼年または青年時代に始まりしものである。世のいわゆる大宗教家なるものは、たいていは「若き時に造り主をおぼえ」たものである。ルーテルは幼年時代より、彼の敬虔なる父母に教えられて深く神をおそれた。ウェスレーもまた同じであった。しかして外国においてのみならず、わが国においてもそのとおりである。恵心僧都は十四歳にしてその母におくられて叡山に登り、源空（法然）は十二歳にしてすでに浄土を求むるの志を起こし、親鸞（時に範宴と称す）の剃髪は彼の九歳の時なりという。

あすありと思うこころのあだ桜
　夜はあらしの吹かぬものかや

いとけなき心にこのうるわしき思いをいだきし彼、親鸞に、億兆済度の資はすでに備わっていたのである。

なんじの若き時になんじの造り主をおぼえよ。すなわち悪しき日の来たり、歳のすすみて、われもはや何も楽しむところなしというに至らざるさきに、また視力にぶりて外界の日や光や月や星の暗くならざるさきに、また雨ののちに天は晴れずして雲のとざすところとならざるさきに、すなわち青春はふたたび帰らずして永久の凋落のわが前途に横たわらざるさきに、なんじはなんじの造り主をおぼえて彼につかえよ。もし人の身を家屋にたとえていわんか、手は家を守る番人である。足は家人をはこぶ担夫（かるこである。歯は食物を粉にするひき臼である。目は窓よりうかがう家人である。鼻と耳とはちまたに開く門である。のどは美声を放つ歌い女である。ゆえにいわんと欲す。手はおとろえて家を守るものふるえ、足はなえて力ある担夫はかがみ、歯は脱してひきこなすものは少なきによりてやみ、眼は朦して窓よりうかがうものはくらみ、歯牙少なきがゆえにひきこなす声低くして、嗅感、聴感ともにおとろえて、ちまたに面する門は閉ざされ、老年眠りがたくして鳥の声に起き上り、詩心うちに絶えて、歌はやんで歌い女は身を低くす。かかる人は恐怖にかられ、高きを恐れ、小丘も大山のごとくに見え、途上至る所に害物横たわりて危害の彼を待つあるがごとくに感ず。冬いまだ寒きにはたんきょうの花咲くも、彼はその香と色とを喜ぶあたわず、小虫のいなごすら彼はその重きに耐えざるに至る。かくて彼の嗜欲は絶えて、人生何ものも楽しむところなきに至る。しかして彼ついに永遠の家に至らんとすれば、泣き女の彼の柩に先だちてちまたに行きかうを見ん。人生はまたこれを燈火にたとうるを得べし。油をもれる金の皿は銀のひも（くさり）をもって天井よりつり下げらる。皿は体である。ひもは露命である。ひもは解け皿は砕くる時に命は終わるのである。人生はまたこれを泉にたとうるを得べし。生命の泉より、日に日にろくろにより、つるべをもって生命の水をくみ取るによりて、この身は存続するのである。しかるにつるべは泉の側に破れ、ろくろは井戸のかたわらに破れて、この身は破壊に終わるのである。しかしてこの時にあたりて神を求めんとするもすでにおそし。神はこれを破壊せる殿堂に招くべからず。また使用しつくしたる体をもって祭るべからざるなり（一―六）

人に肉体と霊魂とがある。しかして肉体はちりより出でしものであって、時いたればもとのごとくに土にかえるものである。これに反して霊魂は、これを授けし神にかえるべきものである。しかしながら霊魂はおのずからにして神にかえるものではない。神を求め、彼と親しみ、彼と結び、連続せる生命の供給を彼より受けて、ついに彼に似たるものとなりて、彼にかえることができるのである。人は生まれながらにして不滅ではない。彼は不滅たるべき性をそなえている。しかしながら不滅は彼のかち得べきものである。しかして彼は不滅なる神と結びつきて不滅たるを得るのである。ここにおいてか、早く神を知るの必要が起こるのである。人生もとこれ不滅に達するために設けられたる機会である。ゆえにその寸時寸刻たりとも、これをこの目的以外のことのために浪費してはならない。神にかえるのしたくは、生まるるやいなやただちに始むべきである。霊魂の完全なる成熟は全生涯を要するのである。ことに成長によく適したる青春時期を要するのである。霊魂は、年老いて死に近づいて、にわかに成熟せしめんとするもあたわずである。壮時はこれを肉体のために消費し、老年はこれを霊魂のために過ごさんとするも、事すでにおそしである。天然の法則はかかることを許さないのである。これはテモテのごとくに

いとけなき時より聖書を知り、キリスト・イエスを信ずるによりて救いを得んための知恵（テモテ後書三・一五）

を蓄うべきである。生涯の長き経験によりて深くこのことを感ぜしがゆえに、知者コーヘレスはその著書の終わりにおいていうたのである。

なんじの若き日になんじの造り主をおぼえよと。

（一九一五年十二月「聖書之研究」）

本文書きかえ　内村美代子

解説

本巻は著者（内村鑑三）の詩篇、箴言、伝道の書に関する注解を集めたもので、詩篇に関するもの五七編、箴言に関するもの一六編、伝道の書に関するもの一一編、計八四編からなる。

これらの諸編は、いずれも、著者主筆の『聖書之研究』誌が創刊された直後の一九〇〇年（明治三十三年、四十才）十二月から、死の前年にあたる一九二九年（昭和四年、六十九才）六月までの二十九年間に、『聖書之研究』誌上に発表されたものである。

詩篇、箴言、伝道の書の三書は、実験の書なる聖書の中でも、特に実験の書である。信仰と人生とを、体験にもとづいて説き、教え、さとした本である。従って著者のように、早くから数奇な、豊富な信仰体験をかさねた上に、常に実験にもとづいて聖書と信仰とを説いた人が、この三書について早くから、多くを語るであろうことは、当然期待できる。

しかし実際には、著者は比較的老年になるまで、この三書について多くを語っていない。このことは、八四編の注解がものされた時期を著者の年齢によってわけた次の表に明らかである。

	四十一才より五十才まで	五十一才より六十才まで	六十一才より七十才まで	計
詩篇	一四編	二五編	一八編	五七編
箴言	一	二	一三	一六
伝道の書	—	一一	—	一一

すなわちこれらの注解は、大部分五十才以上になってから執筆されたものである。特に詩篇の場合は、六十一才

から七十才までの間の作一八編の中の一六編が六十八―六十九才の作であり、箴言の場合は、大部分が六十五才の時に講じられ、伝道の書では、全部が五十五―五十六才の間に執筆されている。

著者は多くの偉人に見られるように、きわめて早く大成した人である。四十才で『聖書之研究』を創刊して伝道生活に入った時には、すでに彼の名は日本の津々浦々までひろく知られて、すでに完成した人であった。この頃までに著者は、社会人としては、「第一高等中学校不敬事件」のような深刻な、国家的事件を始めいくたの波瀾に富んだ事件に直面し、宗教界、教育界、文壇、新聞雑誌界などに豊富な体験をつみ、家庭人としては、妻との離婚、再婚、死別、三婚、弟妹との決定的不和、友人らの離叛など、痛烈な苦難のうちに、幾度となく饑餓線上にさまよっていたのである。著者ほどに、若くして人生のあらゆる面を経験し、あらゆる辛苦を体験した人はめずらしい。著者は四十才にしてすでに人生の老兵（ベテラン）であり、人生について語り、論じる資格を、ことごとく身につけていたのである。ゆえに著者は、詩篇、箴言、伝道の書のような信仰と人生の書を注解する人としては、まさにうってつけの人である。彼が『聖書之研究』の創刊と同時に、この三書について大いに語り、大いに書いたとしても、少しもふしぎでないばかりか、むしろ当然のことである。

しかし著者は、さらに十年、二十年をへて、ようやくに注解のペンをとりあげたのである。ちょうど、満を持してはなたない人のように、たやすく動かなかったのである。そして、五十才、六十才になってから、あるいは七十才になんなんとして、ものされたこれらの注解は、当然に、最大の資格者によって、最良の時期に、全生涯の体験と情熱とをかたむけてつづられた最高の注解――最高の信仰・人生談、最高の信仰・人生訓となるのである。

著者は生れながらの詩人であった。著者の『所感十年』は世界にも類を見ない無韻の一大信仰詩集であるが、その序文で著者は次のように言っている。

所感なり、真理の直覚なり、天国の瞥見（べっけん）なり、信者の朝の夢なり……所感なればとて必ずしも感情の発作（ほっさ）にあらず、真正の所感は神の霊が人の霊にふるる時に生ず、ただうらむ楽器の不完全なる、もって天の美曲を完全に伝うるあたわざることを（『内村鑑三全集』第十九巻「雑篇」三五七頁）。

この詩人の著者が、詩篇について、その全部について、くり返えし、たくさんに語ったとしても、少しもふしぎでないばかりか、むしろ著者のような人にこそ、詩篇について徹底的に注解してほしいと、われわれは期待するのである。

しかし実際には、著者が注解しているのは詩篇一五〇編中の四五編、すなわちその三分の一にもみたず、量としても決して多くはない。意外な事実である。

しかしこれは、著者の詩篇観からすれば、むしろ当然である。著者は、詩篇は祈禱の実験録である、とする。

歌は祈禱の実験録である。詩人は祈禱に従事しつつある間に、知らず知らずの間に苦難の境遇を脱して歓喜の状態に入ったのである。まことに祈禱そのものが救いである。信者は祈禱に従事してすでに救われたのである。たすけの到来を待つまでもない。祈りつつある間に霊はすでに救われて、身は救われざるにすでに讃美の声があがるのである（五八頁）。

著者にとっては、詩篇はそのままに、祈禱の実験録である。ゆえに詩篇は信者がそのままに読み、歌い、たたえるべきものであって、改めて解説を加えたり、注解を試みたりする必要のないものである。そして著者自身がそれを実行していたのである。詩篇に関する注解が意外にすくなく、その文も簡潔なのは当然である（八八頁参照）

しかし同時に、そのゆえに、この詩篇の注解には、著者の聖書観、信仰観、人生観などが遺憾なく語られる。たとえば、信仰とは聖書の神の言を守ることだけに生きることである、と著者の信仰の根本精神を語る「詩篇第一篇の研究」（一〇頁）、神の人（信者）の特権と栄光の何たるかを語って慰さめにあふれる「世人と神人」（二一頁）、人の神はその人のごとし、という深い真理を大胆に説く「詩篇第十八篇」（二三頁）、科学者としての著者の面目と信仰とを発揮してあますところのない「詩篇第十九篇の研究」（二八頁）、救いは制度の改革にあらず、主にすがることであると、キリスト教の真のありかたを説く「詩篇第二十篇」（三六頁）、神は愛のみの神ではない、怒りの神でもあるとする「詩篇第二十三篇」（三八頁）、著者の剛健な信仰を示す「詩篇第二十六篇」（五三頁）、体験にもとずいて信者の患難をなぐさめる「義者と患難」（七三頁）、「義人と患難」（七六頁）、大胆に性善説を否定する「詩篇三十五篇」（七七頁）など、など、どの一篇にも著者の信仰の精髄があますところなく語られている。この詩篇の注解は、そのままに、内村鑑三の信仰と精神の最も深いところを端的に語るところの彼の霊魂の歌であり、信仰の詩である。

なお著者が本巻で二回以上注解している詩篇は

一、一九、二三、二七、三〇、三四、四六、六五、九〇、一〇三、一一八、一二一、一三六の一三編である。著者の詩篇観を知るための一助となるであろう。

第三回夏期講談会については第八巻『マタイ伝』の解説（三三三頁）を参照されたい。

「詩篇第七十二篇」（一〇四頁）は「拾珠録」中の一編である（第十二巻『コリント書、ガラテヤ書』解説三〇八頁参照）。

「詩篇第三十篇五節」（六一頁）「詩篇第五十篇二節」（九七頁）「詩篇第五十五篇二十二節」（九八頁）「詩篇第六十二篇九節」（九九頁）「秋郊の歌」（一〇〇頁）「詩篇第七十一篇二十節」（一〇三頁）「詩篇第七十六篇」（一〇五頁）「詩篇第七十七篇」（一〇六頁）「詩篇第百六篇十五節」（一二〇頁）「詩篇第百十八篇八、九節」（一二四頁）「詩篇第百二十篇五節」（一二四頁）「詩篇第百二十一篇一、二節」（一二六頁）はいずれも「詩篇片々」と題してまとめて発表されたものである。

著者は箴言を重視していた。「聖書について語らねばならぬことがたくさんある。特に箴言について青年に語っておきたい」という意味のことを、つねに口にしていた。

著者はついにその機会を得た。一九二四年（大正十三年、六十四才）春のことである。関東大震災のために、日曜日の聖書研究会の会場であった丸の内の大日本私立衛生会講堂を失って、ふたたび柏木の自邸内の今井館聖書講堂に帰ったが、手ぜまなため約六〇〇人の会員（毎日曜日の出席者は三五〇―四〇〇人位）を収容し切れず、拡張工事を加えたが到底一回では無理なため、著者は集会を朝、夕の二回にわけ、夕べ（間もなく午後に変えられた）の会には主として青年が出席するように、と勧告した。（なお、朝の集会に出席した者は、原則として、午後の集会には出席を許されなかった。）

こうして青年中心の集会を持った著者は、まず手始めに箴言を講じた。それが「箴言第一章七―九節」（一五〇頁）以下の一三編である。時に著者は六十四才。東京大学ほか各大学、諸学校の優秀な青年学徒、社会の第一線に活躍する少壮有為の男女など一五〇人余りの愛する青年子女に向かって、多年の念願である箴言について語ることができた著者の喜びは察するに余りがある。

そして著者は、箴言を語るべき人であった。日本武士（サムライ）の最後の一人であり、儒教道徳のうちに人となり、後に、キリストの福音によってその武士道精神と儒教精神とをきよめられた上に、西欧の近代の人生観にも深く通じていた著者は、ただに古い、旧い箴言をそのままに語ることができただけでなく、新しい光りと力とをそれに加えることができたのである。

こうしてなったこの箴言の注解は、真の知恵の何たるかを説く始めの数編以下、心を防衛し、身の清潔を守り、姦淫をさけることとの大切なことを痛論し、保証の危険を教え、蟻に学んで勤労にいそしむべきことをさとし、理想の婦人は誰であるかを語るなど、人生の老兵なる老教師が、愛する青年の群を前に、じゅんじゅんと信仰と人生を語り、教え、いましめ、さとす慈愛と思いやりとにあふれるのである。著者はこの注解によって、古い旧い箴言を今日にいかしている。

伝道の書はヨブ記と共に、深遠な人生哲学の書である。哲学者ではなかったが、哲学を愛し、哲学することを知っていた著者のような人が、この伝道の書を見のがすはずはない。彼は一連の伝道の書の注解をのこした。本巻に収録したものがそれである。

これらの各編はいずれも、一九一五年（大正四年）—一九一六年（大正五年）になったもので、著者は五十五—五十六才であった。著者は人生のま昼どきに、コーヘレスと共に人生の真意義を発見するのである。Summum bonum（至上善）の探求にのぼり、いくたの曲折をへて、ついにコーヘレスと共に人生の真意義を発見するのである。

「伝道の書解訳」（二〇〇頁）は、当時行われていた日本訳を用い、その文字や配列を少し変え、必要な題目を挿入して、全編を聖書のままに通読できるようにしたものである。聖書は神の言であるから、説明や注解を加えないで、そのままに読んで、そのままに理解できるはずである、との著者のかねての持論を、実地に試みたものである（八八頁参照）。

この試みは充分に成功し、著者はこの解訳と「伝道の書について」（一八九頁）との二編を編集して『旧約聖書伝道の書　一名　至上善の探求』と題する単行本として、一九一六年（大正五年、五十六才）六月に発行した。さらに、この二編に「事業熱に捕えられしコーヘレス」（二二五頁）以下の五編を加えて再編集し、『空（くう）の空なるかな』と題して一九二七年（昭和二年、六十七才）十一月に発行した。その時、この書につけた著者の序文は次のとおりである。

著者は十余年前、その主宰する『聖書之研究』誌上に旧約聖書中の伝道の書について、数回にわたりてその研究の結果を発表した。今日これを読む人に多少の益を与え得べしと信じて、これを編集し、少許の訂正を加えて刊行したのである。解訳せられたる本文を精読し、またこの解説を熟読する時は、ほぼこの旧記を解し得べしと信ずる。（『内村鑑三全集』第十九巻「雑篇」三八八頁）

著者は古えのイスラエルの人生哲学者コーヘレスを地下から呼びおこして、そのひじをとって、ともどもに人生を語りつつ、この深刻な人生の意義と信仰の意義とを、ついに新約の精神によって解決したのである。この注解もまた著者とともに、不朽にのこるであろう。

なお「伝道の書第一章」（二二三頁）の末尾に記される今井樟太郎とは、大阪の香料商である。今井は事業に失敗して困難の極にあった時、著者の信仰によって救われ、その後事業は成功に向かい、巨万の富を積むに至った。彼はこれをいつに著者のおかげであるとして、深く著者に感謝していた。著者は、困難の時に困難をうったえず、成功するやまっさきに成功を感謝する今井の人となりと信仰とを愛し、一九〇六年（明治三十九年）彼が永眠するや、愛惜のあまり

馨（かぐ）わしき人ありたり
馨わしき業に従事し
馨わしき生涯を送れり
ここに馨わしき記念を留む

という墓碑銘をおくった。今井の遺志により遺族は著者に聖書講堂をおくり、著者はこれを邸内に建てて記念して「今井館」と名づけ、死に至るまでこれを利用した（『内村鑑三全集』第十九巻「雑篇」中の「今井樟太郎君逝く」—一八四頁、「交友の秘義—故今井樟太郎君追悼演説」—一八五頁参照）。

なお著者の聖書注解に関する一般的な解説については、第一巻の解説を参照されたい。

山本泰次郎

内村鑑三聖書注解全集　第5巻
(オンデマンド版)

2005年12月1日　発行

著　者	内村　鑑三
編　者	山本泰次郎
発行者	渡部　満
発行所	株式会社 教文館 〒104-0061　東京都中央区銀座4-5-1 TEL 03(3561)5549　FAX 03(5250)5107 URL http://www.kyobunkwan.co.jp
印刷・製本	株式会社 デジタルパブリッシングサービス URL http://www.d-pub.co.jp/
配給元	日キ販 〒162-0814　東京都新宿区新小川町9-1 TEL 03(3260)5670　FAX 03(3260)5637

AD140

ISBN4-7642-0237-9　　Printed in Japan